上海市高职院校一流专业建设"会计"系列教材

小企业
财务会计（第二版）

总主编／严玉康
主　编／李　敏　李　杰

图书在版编目(CIP)数据

小企业财务会计/李敏主编. —2版. —上海:立信会计出版社,2019.8
ISBN 978-7-5429-6274-4

Ⅰ.①小… Ⅱ.①李… Ⅲ.①中小企业—财务会计—高等职业教育—教材 Ⅳ.①F276.3

中国版本图书馆 CIP 数据核字(2019)第 175121 号

策划编辑　蔡莉萍
责任编辑　蔡莉萍
封面设计　南房间

小企业财务会计(第二版)

出版发行	立信会计出版社
地　　址	上海市中山西路 2230 号　邮政编码　200235
电　　话	(021)64411389　传　真　(021)64411325
网　　址	www.lixinaph.com　电子邮箱　lixinaph2019@126.com
网上书店	http://lixin.jd.com　http://lxkjcbs.tmall.com
经　　销	各地新华书店
印　　刷	上海天地海设计印刷有限公司
开　　本	787 毫米×1092 毫米　1/16
印　　张	18
字　　数	402 千字
版　　次	2019 年 8 月第 2 版
印　　次	2019 年 8 月第 1 次
印　　数	1—3100
书　　号	ISBN 978-7-5429-6274-4/F
定　　价	42.00 元

如有印订差错,请与本社联系调换

上海市高职院校一流专业建设"会计"系列教材编审委员会

主　任　项家祥
副主任　尹雷方　严玉康
总策划　严玉康　戎其玉
编　委　严玉康　李　敏　吕　薇　李晓荣
　　　　　刘舒叶　朱丹萍　李　杰　励　丹
　　　　　刘振峰　谢咏梅　周　曼　张　戈

总　序

为深入贯彻国家以及上海市中长期教育改革和发展规划纲要,加快落实《国务院关于加快发展现代职业教育的决定》,全面推进上海市教育综合改革,深化职业教育内涵发展,加快培养知识型、发展型技能人才,从2015年起,上海市启动了以"高等职业教育质量提升计划项目"为主的"开展高职院校一流专业建设"工作。其一流建设切入点或力求达成的目标是:在上海市高等教育内涵建设"085"工程已建设一批高职院校重点专业的基础上,对接国际标准、服务产业升级、聚焦民生需求,遴选建设20个左右国内领先、具有国际竞争力的高职一流专业,开发与国际先进标准对接的专业教学标准,促进高职院校专业建设科学化、标准化和规范化。

作为上海市特色高职院校及示范性民办高校的建设单位——上海东海职业技术学院(简称上海东海学院),从1993年创办以来,在专业设置与结构布局上,把握不同时期地方经济和社会发展对高素质技能人才多样化的要求,结合自身办学条件与民办高校灵活的办学机制,传承上海东海学院"自尊自强、认真求真"的创业精神,创立与形成了以经管类专业为主体,以机电工程类和艺术设计类专业为两翼的专业定位与发展格局,较好地适应了我国经济新常态下产业升级与创新发展的需要,满足了高职院校学生学习专业技能及成就一生事业的发展需要。

尤其是由上海东海学院长年积淀而创建的"会计"品牌专业,其人才培养目标重点锁定在有角度(瞄准有发展潜质小企业,与普通高校错位发展)、有高度(办学质量超前,可与名牌院校同类专业建设媲美)、有深度(课程内涵充实,注重会算、会管、会写的能力提升),即重点锁定在"既会算收入、算支出、算成本、算经济效益,又会管资金、管资产、管负债、管效率、管效益,还会把算的结果和管的效果以应用文形式表达出来"的财会复合型人才这个点上。上海东海学院在高职院校中脱颖而出,成为上海市教委第一批立项进行一流专业重点建设的高职院校。

围绕高职院校一流专业建设,通过近2年的积淀与近半年的冲刺,由上海东海学院校长项家祥教授、副校长尹雷方教授、经管学院院长严玉康教授等领衔主编的"上海市高职院校一流专业建设'会计'系列教材"面世了。第一期教材出版包括《小企业会计基础》《小企业财务会计》《小企业成本会计》《小企业财务管理》《小企业会计电算化》《小企业会计综合实训》。

本套"上海市高职院校一流专业建设'会计'系列教材"的编写,以财务会计基本理论和《小企业会计准则》为指南,以小企业日常会计核算与管理的内容为重点,在解析《小企业会计准则》的同时,根据高职院校学生特点和企业的实际需要,突出"新颖""简洁"和"实用"的特点,且语言文字简明易懂。本系列的每本教材均有适量的"知识拓展"

与"温馨提醒",必要的图表解析与解答提示,并配合教学微课,这就使得本系列教材不仅具有可读性,还增强了实用性与操作性。本系列的每本教材各章前安排的"案例导入",具有教学提示作用;每本教材各章后安排的"知识归纳""基本训练(包括单项选择题、多项选择题、判断题)"和"实战演练",既复习和巩固了教学内容,又对教学内容作了必要的提示与补充,便于读者进一步理解与消化所学的知识。

本套"上海市高职院校一流专业建设'会计'系列教材"的编写,不仅是上海东海学院在创建上海市特色高职院校及示范性民办高校中所取得的突出成果,也是上海东海学院为上海市"开展高职一流专业建设"所作出的努力和贡献。衷心希望本系列教材的出版,能加速推动上海高等职业教育质量的不断提升。

2016年4月10日

前言 (第二版)
Foreword

根据教委实施"高等职业教育质量工程",开展"高职院校一流专业建设"工作的要求,作为上海市高职院校"会计一流专业"建设单位,我们策划编写了"上海市高职院校一流专业建设'会计'系列教材",以满足高职院校培养"服务于有潜质的小企业,培养'会算、会管、会写',具有'一人多能、多岗兼顾'"的复合型会计专业人才的需要。

《小企业财务会计》是"上海市高职院校一流专业建设'会计'系列教材"之一,属于会计专业的一门主干课程,主要阐述小企业财务会计的基础理论、基本知识、基本方法以及财务报告的编制。随着经济的发展和社会的进步,财务会计信息在经济和社会活动中的作用越来越广泛。无论是+互联网,还是互联网+,都离不开收集、理解和运用财务会计信息。我们现在认真学好财务会计的基本理论与基础知识,掌握好财务会计的基本方法与工具运用,正是为了适应现在与未来的发展需求。本教材以财务会计基本理论和《小企业会计准则》为指南,以构成会计的六大要素为结构框架,以小企业日常会计核算与管理的内容为重点,在解析《小企业会计准则》的同时,编写内容力求体现新、实、精。教材中有大量的案例分析与练习演示、必要的图表解析与解答提示,这使本教材不仅有可读性,还具有实用性和可操作性。

本教材蕴含了教学团队多年的教学实践和教改成果,教材第一版问世至今近3年,期间,团队"面向小微企业,聚焦'三会'能力,培养'一人多能、多岗兼顾'的复合型会计人才的创新实践"的教改项目获得了"国家级教学成果一等奖"。"小企业会计系列教材"也已被全国40多所院校选为专业教材,得到了同行的认可和青睐。

但是,随着经济的发展,我国的会计和税收法律制度也在得以不断地修订和完善,特别是《增值税暂行条例》和《增值税会计处理规定》等相关法律规范发生了较大的变化。为此,我们对本教材的相关内容进行了修改,并对课后训练也作了同步调整,以适应行业变化对会计教学的新要求。

我国的经济仍处于快速发展中,会计政策、财税政策等仍将继续深入,我们也将与时俱进作出新的调整。欢迎广大读者在使用教材的过程中不断提出新的意见,以使教材日臻完善。

编　者
2019 年 6 月

目录 Contents

第1章 总论

财务会计是小企业经营活动过程中不可缺少的信息系统与管理活动,本章将带你对小企业财务会计进行初步的认知

- 第1节 小企业会计准则 ………………………………… 2
- 第2节 小企业会计工作 ………………………………… 9
- 第3节 小企业会计科目 ………………………………… 11
- 第4节 小企业核算程序 ………………………………… 15
- 知识归纳 ……………………………………………… 20
- 基本训练 ……………………………………………… 20
- 实战演练 ……………………………………………… 23

第2章 流动资产

资产是企业最重要的经济资源,库存现金、银行存款、应收票据、应收账款及预付账款、短期投资、存货等流动资产的核算是本章的主要内容

- 第1节 资产概述 ………………………………………… 26
- 第2节 货币资产核算 …………………………………… 28
- 第3节 短期投资核算 …………………………………… 40
- 第4节 应收及预付款项核算 …………………………… 43
- 第5节 存货核算 ………………………………………… 49
- 知识归纳 ……………………………………………… 68
- 基本训练 ……………………………………………… 68
- 实战演练 ……………………………………………… 72

第3章　非流动资产

本章对非流动资产的介绍，可以让读者学习到长期投资、固定资产、无形资产、长期待摊费用的核算内容

第1节　长期投资核算	76
第2节　固定资产核算	82
第3节　生物资产核算	98
第4节　无形资产核算	103
第5节　长期待摊费用核算	106
知识归纳	107
基本训练	107
实战演练	111

第4章　负债

负债是企业承担的现时义务，本章主要介绍流动负债和非流动负债的概念、计价和核算方法

第1节　负债概述	114
第2节　应付及预收款项核算	115
第3节　应付职工薪酬核算	119
第4节　应交税费核算	126
第5节　借款与利息核算	142
知识归纳	144
基本训练	145
实战演练	150

第5章　所有者权益

所有者权益是指企业资产扣除负债后，由所有者享有的剩余权益。本章主要介绍实收资本、资本公积、盈余公积及未分配利润的核算

第1节　所有者权益概述	154
第2节　资本金与投入资本核算	156
第3节　盈余公积核算	160
第4节　未分配利润核算	161
知识归纳	162
基本训练	162
实战演练	166

第6章 收入

收入是小企业日常经济活动中产生的经济利益流入,本章学习收入及其相关的核算内容

第1节　收入概述 …………………………………… 168
第2节　主营业务收入核算 ………………………… 171
第3节　其他业务收入核算 ………………………… 177
第4节　政府补助与递延收益核算 ………………… 177
知识归纳 ……………………………………………… 181
基本训练 ……………………………………………… 181
实战演练 ……………………………………………… 185

第7章 费用

费用是小企业日常经济活动中的产生的经济利益流出,本章学习成本、费用及其相关的核算内容

第1节　费用概述 …………………………………… 188
第2节　成本核算 …………………………………… 194
第3节　期间费用核算 ……………………………… 204
知识归纳 ……………………………………………… 207
基本训练 ……………………………………………… 208
实战演练 ……………………………………………… 211

第8章 利润

利润是小企业一定会计期间的经营成果,包括营业利润、利润总额和净利润,本章学习利润及其相关的核算内容

第1节　利润概述 …………………………………… 214
第2节　利润核算 …………………………………… 215
第3节　所得税费用核算 …………………………… 219
第4节　利润分配核算 ……………………………… 227
知识归纳 ……………………………………………… 228
基本训练 ……………………………………………… 229
实战演练 ……………………………………………… 232

第9章 财务报表

本章主要介绍财务报表的概念、构成、分类、作用、编制的要求和编制的方法

第1节　财务报表概述 ……………………………… 236

第 2 节　资产负债表 …………………………………………… 239
第 3 节　利润表 ………………………………………………… 249
第 4 节　现金流量表 …………………………………………… 252
第 5 节　财务报表附注 ………………………………………… 258
知识归纳 ………………………………………………………… 266
基本训练 ………………………………………………………… 266
实战演练 ………………………………………………………… 270

第 1 章 总 论

通过本章你可以学到：
- 财务会计的特点
- 小企业会计准则
- 小企业会计工作
- 小企业会计科目
- 小企业会计核算程序

小王考入本市一所财经院校的会计专业,亲朋好友纷纷前来祝贺,他们对小王将来的学习和工作寄予深厚的期望:只要好好学习,将来就有机会做财务会计工作。小王听了这些话,踌躇满志,看到了未来美好的职业前景。那么财务会计是做什么的?其发展前景如何?怎样才能学好财务会计?通过本章的学习,同学们可以对财务会计有一个初步的认识和了解。

第1节 小企业会计准则

一、财务会计的发展趋势

当你刚开始学习本课程的时候,你首先想到的问题可能就是——什么是财务会计?当你走进单位的会计部门,看见会计人员在埋头工作,你也许会问——会计究竟是干什么的?现在,当你翻开本书第一页的时候,就可以接触到财务会计的基本概念及其核算特点等内容。本书将分章按节循序渐进地和你一起学习财务会计的基本理论、基础知识与基本方法。

财务会计是专门用于处理数据信息的一种综合性的会计管理活动,在处理过程中,财务会计必须以货币作为主要计量单位,以凭证作为记账依据,并采用会计特有的技术方法对特定会计主体的经济业务进行连续、系统、完整的核算和监督。

所谓连续,就是指在会计核算时应按经济业务发生时间的先后顺序,不间断地进行确认、计量、记录与报告。

所谓系统,就是指从开始记录一次经济业务到最后编制财务报告的整个核算过程中,通过分类、汇总、加工、整理等会计方法,逐步把会计资料加以系统化,以取得综合性的指标。

所谓完整,就是指对企业发生的能以货币计量的经济业务都要进行记录与计算,既不能遗漏,也不能任意取舍。

数据信息作为经济生活中最重要、最庞大的资源,在经济活动日益复杂、企业数量日益庞大、市场竞争日益加剧的今天,其处理的能力与效率等问题考验和制约着任何一个企业的进一步发展。所以,财务会计在企业的经济管理中是不可或缺的。

数据作为一种能够带来经济利益的资产,已经大量地摆在各种类型企业的面前。人们最好能把精力关注在大数据能给企业带来的好处上,而不仅仅是只关注挑战。舍恩伯格在《大数据时代》一书中指出,"数据已经成为一种商业资本,一项重要的经济投入,可以创造新的经济利益。事实上,一旦思维转变过来,数据就能被巧妙地用来激发新产品和新型服务。数据的奥秘只为谦逊、愿意聆听且掌握了聆听手段的人所知。"大数据的价值堪比石油和黄金,而且还可以换回更多的石油和黄金。

从＋互联网,到互联网＋,是财务会计发展的必然趋势。财务会计必须要嫁接互联网,与经济业务整合,与管理思维互联,才能获得更加强大的生命力与发展空间;但财务会计与互联网的接口必须统一规范,使之能够电算化、信息化、数据化。互联网也必然会嫁接财务会计,不仅线上线下的各种资源会整合起来,而且任何业务、管理、资源的整合都离不开财务会计信息的支持。财务会计一直拥有最可靠、最有效的数据资源。也就是说,我们现在认真学好财务会计的基本理论与基础知识,掌握好财务会计的基本方法与工具运用,正是为了适应现在与未来的发展需求。

随着经济的发展和社会的进步,财务信息在经济和社会活动中将被越来越广泛地运用。无论是＋互联网,还是互联网＋,都离不开财务会计信息。只有正确进行会计核算,及时收集、整理和理解各种财务会计数据,对企业的财务状况、经营成果和现金流量情况进行比较、分析和评价,才能为财务报表使用者提供有用的信息。因此,经济越发展,财务会计信息就越重要。

现在的问题就在于如何能够做到算管结合,算为管用,有效地分析和应用数据信息,这既是财会行业或财会人员的巨大潜力之所在,也是他们目前面临的最大机遇。财务部门或财会人员运用其核算工具与分析技能,能够为管理层提供更多变量的实时动态和决策有用的关键信息,这将使他们跃居于战略管理的核心位置。

尤其是小企业,一方面要关注海量数据对经营环境的影响,另一方面更要关注自身已有的数据资料,结合自身经营或产品的特点,通过优化业务流程和会计信息处理流程,整合数据资源,建立起财务和业务一体化的信息处理系统,实现财务、业务相关信息一次性处理和实时共享,这将有利于充分发挥会计核算和财务分析的积极作用。以云计算为标志的新的财务共享模式,有助于大数据时代下再造财务管理流程和提高财务处理效率。也就是说,信息共享作为一种先进的管理模式,在大数据时代下对财务分析乃至财务管理尤为必要,这也正是会计核算和财务分析的价值所在。

微课:小微企业有花头

二、会计准则的重要作用

会计作为经济管理的一个重要组成部分,经过了漫长的演变和逐步的发展。到目前为止已经形成两大分支:对外报告会计与对内报告会计。

财务会计是对外报告会计,是按照会计准则的要求对已经发生的经济业务,通过记账、算账、定期编制财务报告等一系列专门的会计方法,向企业外部与企业有利害关系的团体和个人提供反映企业财务状况、经营成果、现金流量及其变动情况等会计信息的对外报告会计。

管理会计是对内报告会计,是根据企业管理当局的需要,利用财务会计提供的会计信息及其他经营活动中的有关资料,运用数学、统计等一系列方法,对企业内部各级责任单位的现在和未来的经济活动进行预测、决策、预算、规划,以指导和控制企业经营活动的对内报告会计。[①]

本书介绍的主要是财务会计方面的教学内容。作为对外报告的财务会计,首先必须遵循企业会计准则的规范要求。会计准则是会计人员从事会计工作的规则和指南,是规范会计核算与会计报告的一整套文件,其目的在于把会计处理建立在统一规范的基础之上,并使不同时期、不同主体之间的会计结果的比较成为可能。统一的会计准则的贯彻执行,将有助于＋互联网,或互联网＋。

我国会计准则按其使用单位的经营性质,可分为营利组织的会计准则和非营利组织的会计准则。在营利组织的会计准则中,按经营规模的适用范围又分为企业会计准则和小企业会计准则。

按照我国企业会计改革的总体框架,《企业会计准则——基本准则》是纲,适用于在中华人民共和国境内设立的所有企业;《企业会计准则》和《小企业会计准则》是基本准则框架下的两个子系统,分别适用于大型中型企业和小型微型企业(简称小企业)。

会计准则一般具有以下特性。

1. 规范性和权威性

会计准则是会计人员在进行会计核算时必须共同遵循的标准。各行各业的经济活动虽有差异,但会计标准和会计行为应当规范统一,这样产生的会计信息具有广泛的一致性和可比性,从而提高了会计信息的质量。

我国的会计准则属于国家的立法,是会计核算工作必须遵守的规范和处理会计业务的准绳,具有很高的权威性。

2. 稳定性和发展性

会计准则是在一定的社会经济环境下对会计实践进行理论上的概括而形成的,虽然具有相对稳定性,但随着社会经济环境的发展变化,会计准则也要随之变化,进行相应的修改、充实和提高。

2006年以后,我国会计改革的方向是以会计准则取代会计制度,并不断与国际会计准则趋同。

3. 理论与实践的相融性

会计准则既是指导会计实践的理论依据,也是会计理论与会计实践相结合的产物。会计理论指导使会计准则具有科学性;会计实践检验使会计准则

[①] 关于管理会计的具体内容,请阅读李敏主编《管理会计学》,上海财经大学出版社2014年5月出版。

具有操作针对性。

三、《小企业会计准则》的适用范围

2009年7月9日，国际会计准则理事会发布了《中小主体国际财务报告准则》。该准则在考虑了中小主体财务报表使用者需求和成本效益后，与完整版国际财务报告准则相比，作了适当简化。它适用于所有中小主体，但是公开交易证券的主体以及银行和保险公司等金融机构除外。

我国小企业面广量大。据国家工商总局全国小型微型企业（下称小微企业）发展报告课题组《全国小型微型企业发展情况报告》的统计，截至2013年年底，全国各类企业总数为1 527.84万户。其中，小微企业1 169.87万户，占到企业总数的76.57%。将4 436.29万个体工商户纳入统计后，小微企业所占比重达到94.15%。我国中小微企业创造的最终产品和服务价值相当于国内生产总值（GDP）总量的60%，纳税占国家税收总额的50%，完成了65%的发明专利和80%以上的新产品开发。

目前我国小企业多处于创业阶段和成长初期，发展迅速。与大中型企业相比，小企业经营规模较小，经营方式灵活；不在或主要不在资本市场上筹集资金；所有权与经营权一般没有明确的分离，管理结构较为简单等。同时，小企业的会计基础工作比较薄弱，对会计实务以及财务报表和相关会计信息的披露要求相对简单，会计信息需求与大中型企业相比存在着很大的差别。因而单独制定适合小企业自身发展需求的《小企业会计准则》很有必要。图表1-1为财政部关于印发《小企业会计准则》的通知。

图表1-1

财政部关于印发《小企业会计准则》的通知

《小企业会计准则》小在哪

《小企业会计准则》适用于在中华人民共和国境内设立的、同时满足下列三个条件的企业。

1. 经营规模较小

经营规模较小是指符合国务院发布的中小企业划型标准所规定的小企业

标准或微型企业标准。

根据《关于印发中小企业划型标准规定的通知》（工信部联企业〔2011〕300号），我国将中小企业划分为中型、小型、微型三种类型，具体标准根据企业从业人员、营业收入、资产总额等指标，结合行业特点制定。

例如，工业划型标准：从业人员1 000人以下或营业收入40 000万元以下的为中小微型企业。其中，从业人员300人及以上，且营业收入2 000万元及以上的为中型企业；从业人员20人及以上，且营业收入300万元及以上的为小型企业；从业人员20人以下或营业收入300万元以下的为微型企业。

又如，零售业划型标准：从业人员300人以下或营业收入20 000万元以下的为中小微型企业。其中，从业人员50人及以上，且营业收入500万元及以上的为中型企业；从业人员10人及以上，且营业收入100万元及以上的为小型企业；从业人员10人以下或营业收入100万元以下的为微型企业。

统计上关于各类企业的划分标准如图表1-2所示。

我国小企业的行业分布

图表1-2

统计上大中小微型企业划分标准

行业名称	指标名称	计量单位	大型	中型	小型	微型
农、林、牧、渔业	营业收入(Y)	万元	Y≥20 000	500≤Y<20 000	50≤Y<500	Y<50
工业*	从业人员(X)	人	X≥1 000	300≤X<1 000	20≤X<300	X<20
	营业收入(Y)	万元	Y≥40 000	2 000≤Y<40 000	300≤Y<2 000	Y<300
建筑业	营业收入(Y)	万元	Y≥80 000	6 000≤Y<80 000	300≤Y<6 000	Y<300
	资产总额(Z)	万元	Z≥80 000	5 000≤Z<80 000	300≤Z<5 000	Z<300
批发业	从业人员(X)	人	X≥200	20≤X<200	5≤X<20	X<5
	营业收入(Y)	万元	Y≥40 000	5 000≤Y<40 000	1 000≤Y<5 000	Y<1 000
零售业	从业人员(X)	人	X≥300	50≤X<300	10≤X<50	X<10
	营业收入(Y)	万元	Y≥20 000	500≤Y<20 000	100≤Y<500	Y<100
交通运输业*	从业人员(X)	人	X≥1 000	300≤X<1 000	20≤X<300	X<20
	营业收入(Y)	万元	Y≥30 000	3 000≤Y<30 000	200≤Y<3 000	Y<200
仓储业	从业人员(X)	人	X≥200	100≤X<200	20≤X<100	X<20
	营业收入(Y)	万元	Y≥30 000	1 000≤Y<30 000	100≤Y<1 000	Y<100
邮政业	从业人员(X)	人	X≥1 000	300≤X<1 000	20≤X<300	X<20
	营业收入(Y)	万元	Y≥30 000	2 000≤Y<30 000	100≤Y<2 000	Y<100
住宿业	从业人员(X)	人	X≥300	100≤X<300	10≤X<100	X<10
	营业收入(Y)	万元	Y≥10 000	2 000≤Y<10 000	100≤Y<2 000	Y<100
餐饮业	从业人员(X)	人	X≥300	100≤X<300	10≤X<100	X<10
	营业收入(Y)	万元	Y≥10 000	2 000≤Y<10 000	100≤Y<2 000	Y<100

(续表)

行业名称	指标名称	计量单位	大型	中型	小型	微型
信息传输业*	从业人员(X)	人	X≥2 000	100≤X<2 000	10≤X<100	X<100
	营业收入(Y)	万元	Y≥100 000	1 000≤Y<10 000	100≤Y<1 000	Y<100
软件和信息技术服务业	从业人员(X)	人	X≥300	100≤X<300	10≤X<100	X<10
	营业收入(Y)	万元	Y≥10 000	10 000≤Y<10 000	50≤Y<1 000	Y<50
房地产开发经营	营业收入(Y)	万元	Y≥200 000	1 000≤Y<200 000	100≤Y<1 000	Y<100
	资产总额(Z)	万元	Z≥10 000	5 000≤Z<10 000	2 000≤Z<5 000	Z<2 000
物业管理	从业人员(X)	人	X≥1 000	300≤X<1 000	100≤X<300	X<100
	营业收入(Y)	万元	Y≥5 000	1 000≤Y<5 000	500≤Y<1 000	Y<500
租赁和商务服务业	从业人员(X)	人	X≥300	100≤X<300	10≤X<100	X<10
	资产总额(Z)	万元	Z≥120 000	8 000≤Z<120 000	100≤Z<8 000	Z<100
其他未列明行业*	从业人员	人	X≥300	100≤X<300	10≤X<100	X<10

2. 既不是企业集团内的母公司也不是企业集团内的子公司

小企业会计信息的使用者主要是银行及税务,不是投资人。如果一个企业已经是母公司了,能够控制其他企业,那么就需要编制合并财务报表,其股东就成为会计信息的主要使用者,对该企业应当从高要求。由于企业集团需要统一会计政策和编制合并财务报表等,则企业集团内的母公司和子公司均应当执行《企业会计准则》。

3. 不承担社会公众责任

承担社会公众责任主要包括两种情形:一是企业的股票或债券在市场上公开交易,如上市公司和发行企业债的非上市企业、准备上市的公司和准备发行企业债的非上市企业;二是受托持有和管理财务资源的金融机构或其他企业,如非上市金融机构、具有金融性质的基金等其他企业(或主体)。小企业一般不承担以上两项社会公众责任。凡是承担社会公众责任的企业不能划分为小企业。

温馨提醒

《小企业会计准则》的适用范围并不区分所有制形式,不管是国有企业还是其他企业,不管是内资企业还是外资企业,只要符合《小企业会计准则》适用范围的企业,均应执行《小企业会计准则》。但下列三类小企业不适合执行《小企业会计准则》:①股票或债券在市场上公开交易的小企业。②金融机构或其他具有金融性质的小企业。③企业集团内的母公司和子公司。

四、《小企业会计准则》的主要内容

《小企业会计准则》简洁明了,在体例上分为正文和附录两个部分。正文10章90条,具体规范了小企业会计确认、计量、记录和报告的基本要求,几乎囊括了小企业日常会计核算的主要内容;附录部分是"会计科目、主要账务处理和财务报表",对如何规范小企业的会计核算作出较为详细的指导,具有很强的操作性。《小企业会计准则》主要内容概括如图表1-3所示。

图表1-3

《小企业会计准则》主要内容一览表

章 名	条款数	主要内容提要
第一章 总则	4条	立法宗旨、适用范围、执行本准则的相关规定
第二章 资产	40条	流动资产(包括货币资金、短期投资、应收及预付款项、存货等)、长期投资、固定资产和生产性生物资产、无形资产、长期待摊费用
第三章 负债	8条	流动负债(包括短期借款、应付及预收款项、应付职工薪酬、应交税费、应付利息等)、非流动负债(包括长期借款、长期应付款等)
第四章 所有者权益	5条	实收资本、资本公积、盈余公积和未分配利润
第五章 收入	7条	销售商品收入和提供劳务收入
第六章 费用	2条	营业成本、税金及附加、销售费用、管理费用、财务费用
第七章 利润及利润分配	6条	营业利润、利润总额、净利润、营业外收入、营业外支出、政府补助、利润分配
第八章 外币业务	6条	外币、外币交易、外币财务报表折算
第九章 财务报表	10条	资产负债表、利润表、现金流量表、附注
第十章 附则	2条	微型企业参照执行准则、准则施行日期
附录		会计科目、主要账务处理和财务报表

五、实施《小企业会计准则》的政策规定

制定与实施《小企业会计准则》是我国会计准则体系建设的组成部分,同时也是促进小企业发展的重要制度安排。在选择执行《小企业会计准则》时应当注意以下规定。

(1) 符合《小企业会计准则》规定条件的小企业,可以按照《小企业会计准则》进行会计处理,也可以选择执行《企业会计准则》。但一经选择,不得随意变更。国家鼓励小企业执行《企业会计准则》,是希望小企业更有成长性,由小企业变成中型、大型企业;同时,通过执行《企业会计准则》,也能够提高小企业的会计信息质量,毕竟,《企业会计准则》的要求更高。

(2) 凡是按照《小企业会计准则》进行会计处理的小企业,如果其发生的交易或者事项,《小企业会计准则》未作规范的,应当根据《企业会计准则》相关

规定进行处理。

（3）选择执行《企业会计准则》的小企业，不得在执行《企业会计准则》的同时，选择执行《小企业会计准则》的相关规定。

（4）执行《小企业会计准则》的企业，如公开发行股票或债券的，应当转为执行《企业会计准则》；因经营规模或企业性质变化导致连续3年不符合《小企业会计准则》规定的小企业标准而成为大中型企业或金融企业的，应当转为执行《企业会计准则》。

（5）执行《小企业会计准则》的小企业，转为执行《企业会计准则》时，应当按照《企业会计准则第38号——首次执行企业会计准则》等相关规定进行会计处理。

第2节 小企业会计工作

一、小企业会计机构

会计机构是直接从事和组织领导会计工作的职能部门。根据《中华人民共和国会计法》（以下简称《会计法》）的规定，小企业应当根据会计业务的需要来决定是否设置会计机构。

为了科学、合理地组织开展会计工作，保证正常的经济核算，小企业原则上应当设置会计机构。然而，企业规模有大小，业务有繁简，且是否设置机构及其设置哪些机构，应当是企业的内部事务。但无论是否需要设置会计机构，会计工作必须依法开展，绝不能因为没有会计机构而对会计工作放任不管。如果不单独设置会计机构的，应当在有关机构中设置会计人员并指定会计主管人员，其目的是强化责任制度，防止出现会计工作无人负责的局面。"会计主管人员"是《会计法》的一个特指概念，不同于通常所说的"主管会计""主办会计"等，而是指负责组织管理会计事务、行使会计机构负责人职权的负责人。

> **温馨提醒**
>
> 对于不具备设置会计机构和会计人员条件的，应当委托经批准设立的从事代理记账业务的中介机构进行代理记账。从事代理记账业务的机构包括会计师事务所、专业代理记账公司、从事代理记账业务的社会咨询服务机构。

二、小企业会计人员

配备数量适当的会计人员，设置适应需要的会计岗位，是提高会计工作效率和会计信息质量的重要保证。但是，一个企业究竟需要配备多少会计人员，设置多少会计岗位，主要取决于企业的组织结构形式和业务工作量、经营规模等因素，不同的企业可以有不同的要求，但应当符合不相容职务分离等内部控制的规范要求。

小企业会计人员按职责不同可分为会计主管或主办会计、出纳员、成本核算员、稽核员等，按会计技术职称不同可分为高级会计师、会计师、助理会计师、会计员。

《会计法》规定："从事会计工作的人员，必须取得会计从业资格证书。"未取得会计从业资格证的人员，不得从事会计工作。

担任单位会计机构负责人（会计主管人员）的，除取得会计从业资格证书外，还应当具备会计师以上专业技术职务资格或者从事会计工作3年以上经历的条件。

会计人员从业资格管理办法由国务院财政部门规定。因有提供虚假财务会计报告，做假账，隐匿或者故意销毁会计凭证、会计账簿、财务会计报告，贪污、挪用公款，职务侵占等与会计职务有关的违法行为被依法追究刑事责任的人员，不得取得或者重新取得会计从业资格证书。除前款规定的人员外，因违法、违纪行为被吊销会计从业资格证书的人员，自被吊销会计从业资格证书之日起5年内，不得重新取得会计从业资格证书。

人人都想做主管

三、小企业会计岗位职责

小企业应当建立内部会计管理体系和会计工作岗位责任制度，对会计人员进行科学合理的分工，使之相互监督和制约。

内部会计管理体系主要内容包括：单位领导人、总会计师对会计工作的领导职责；会计部门以及会计机构负责人和会计主管的职责、权限；会计部门与其他职能部门的关系；会计核算的组织形式等。

> **知识拓展**
>
> 会计工作的组织形式应视单位的具体情况不同有集中核算和非集中核算之分。在集中核算的组织形式下，会计部门要完成单位经济业务的明细核算、总分类核算、会计报表编制和各有关项目的考核分析等工作；其他职能部门、车间、仓库的会计组织或会计人员只负责登记原始记录和填制原始凭证等。在非集中核算组织形式下，某些业务的凭证整理、明细核算、适应单位日常管理需要的内部报表的编制与分析等，被分散到各个从事该项业务的车间、部门进行；而公司会计部门集中进行总分类核算和会计报表的编制与分析等。

会计工作岗位责任制度主要内容包括：会计人员的工作岗位设置；各会计工作岗位的职责和标准；各会计工作岗位的人员和具体分工；会计工作岗位轮

换办法;对各会计工作岗位的考核办法等。

会计工作岗位一般可分为:会计机构负责人或者会计主管人员、出纳、财产物资核算、工资核算、成本费用核算、财务成果核算、资金核算、往来结算、总账报表、稽核、档案管理等。开展会计电算化和管理会计的单位,可以根据需要设置相应工作岗位,也可以设置与其他工作岗位相结合的岗位。

会计工作岗位,可以一人一岗、一人多岗或者一岗多人。但出纳人员不得兼管稽核、会计档案保管以及收入、费用、债权债务账目的登记工作。会计人员的工作岗位应当有计划地进行轮换。

会计人员工作调动或者因故离职,必须将本人所经管的会计工作全部移交给接替人员。没有办清交接手续的,不得调动或者离职。接替人员应当认真接管移交工作,并继续办理移交的未了事项。

会计人员调动工作或者离职,必须与接管人员办清交接手续。一般会计人员办理交接手续,由会计机构负责人(会计主管人员)监交;会计机构负责人(会计主管人员)办理交接手续,由单位负责人监交,必要时主管单位可以派人会同监交。

会计机构、会计人员对违反《会计法》和国家统一的会计制度规定的会计事项的行为,有权拒绝办理或者按照职权予以纠正。发现会计账簿记录与实物、款项及有关资料不相符的,按照国家统一的会计制度的规定有权自行处理的,应当及时处理;无权处理的,应当立即向单位负责人报告,请求查明原因,作出处理。

综上所述,小企业会计就是以货币为主要计量单位,运用会计方法,对小企业的经济业务活动进行连续、系统、全面核算与监督的一种经济管理活动。《小企业会计准则》已经考虑到我国小企业规模小、业务简单、会计基础工作较为薄弱、会计信息使用者的信息需求相对单一等实际情况,其会计工作可以适当简化。从总体上来看,小企业的会计核算与管理应当从小企业的实际出发,切实做到"核算从简,简而有效;管理从严,严而有用;算管结合,算为管用"。

第3节 小企业会计科目

一、会计要素的构成与分类

会计要素由资产、负债、所有者权益、收入、费用和利润六个方面构成,不论小企业会计核算是复杂还是简单,都包含在这六大会计要素之中,没有例外。

☞ 会计要素是根据交易或者事项的经济特征所确定的财务会计对象的基本分类,是会计核算对象的具体化,是组成会计核算的基本框架,也是会计科目和账户进一步分类的基础。通过会计要素的归类,可以将千变万化、纷繁复杂的经济业务予以归集、汇总,分门别类地加以反映。

由于财务报表中最主要、最基本的是资产负债表和利润表,小企业发生的各项经济业务,通过会计要素分门别类的核算,最终会反映在资产负债表和利润表中。

构成资产负债表要素的有资产、负债、所有者权益三项,这是小企业资金运动相对静止状态时的会计表现,来源于某一会计期间的时点数(账户的期末数),并由此形成了反映特定日期财务状况的平衡公式,即

$$资产=负债+所有者权益$$

构成利润表的要素有收入、费用、利润三项,这是小企业资金运动处于变动状态时的会计表现,来源于某一会计期间的时期数(账户的累计发生额),并由此形成了反映一定会计期间经营成果的基本公式,即

$$收入-费用=利润$$

小企业会计核算的过程,实质上就是对以上六大会计要素进行确认、计量、记录与报告的过程。《小企业会计准则》已经对六大会计要素如何进行确认、计量、记录与报告作出具体规定,使之成为小企业会计核算的依据。会计人员通过会计核算,就可以从静态和动态两个方面来反映和描述小企业的财务状况和经营成果等。

中国古代会计

二、会计科目分类方法

任何小企业都应按《小企业会计准则》的规定,设置和使用会计科目,并使用统一规定的会计科目编号,以便于编制会计凭证、登记账簿、查阅账目、实行会计电算化。

会计科目最通常的分类有以下两种方法。

(一)按会计要素和经营管理的要求分类

《小企业会计准则》中对会计科目按会计要素和经营管理要求分为资产类、负债类、所有者权益类、成本费用类、损益类五个大类。其中,六大会计要素中前三项要素(资产、负债、所有者权益)保持不变,将后三项要素(收入、费用、利润)适当简化归并为成本费用类和损益类。

少了哪一类

1. 资产类会计科目

根据资产的一般分类和资金的流动性强弱,将资产类会计科目分为流动资产类和非流动资产类(包括长期投资、固定资产、无形资产、长期待摊费用等)会计科目。

2. 负债类会计科目

根据债务偿还期限的长短和负债的构成,将负债类会计科目分为流动负债类和非流动负债(长期负债)类会计科目。

3. 所有者权益类会计科目

包括资本类、公积类和未分配类会计科目。

4. 成本费用类会计科目

主要分为生产成本、制造费用等会计科目。

5. 损益类会计科目

根据企业经营损益形成的内容划分的，可将损益类会计科目分为主营业务收入与成本、其他业务收支、期间费用、投资收益和营业外收支等类别的会计科目。

（二）按隶属关系分类

会计科目按其隶属关系可以分为总分类科目和明细分类科目两大类。

（1）总分类科目，又称为总账科目或一级科目，它是反映各种经济业务总括资料的会计科目。例如，库存现金、银行存款，原材料、应收账款、固定资产等。

（2）明细分类科目，又称为子目，可以分为二级明细科目、三级明细科目等，它是对某个总分类科目提供详细资料的会计科目。例如，为了反映短期投资的详细情况，在"短期投资"总分类科目下可按股票、债券、基金等短期投资种类设置明细账，详细反映短期投资增减变动的情况；又如，在应收账款总分类科目下，可按债务人设置明细科目，进行明细核算，详细、具体地反映应收账款的增减变动情况。

三、小企业会计科目一览表

小企业的会计科目和主要账务处理是依据《小企业会计准则》中确认和计量的规定制定的，涵盖了各类小企业的交易或者事项。现将《小企业会计准则》中规范的会计科目列表如下（见图表1-4）。会计实务操作与会计教学时都应当规范使用会计科目，既不能写错别字，也不能任意增减字。

图表 1-4

小企业会计科目一览表

顺序号	编号	会计科目名称	顺序号	编号	会计科目名称
		一、资产类	11	1401	材料采购
1	1001	库存现金	12	1402	在途物资
2	1002	银行存款	13	1403	原材料
3	1012	其他货币资金	14	1404	材料成本差异
4	1101	短期投资	15	1405	库存商品
5	1121	应收票据	16	1407	商品进销差价
6	1122	应收账款	17	1408	委托加工物资
7	1123	预付账款	18	1411	周转材料
8	1131	应收股利	19	1421	消耗性生物资产
9	1132	应收利息	20	1501	长期债券投资
10	1221	其他应收款	21	1511	长期股权投资

(续表)

顺序号	编号	会计科目名称	顺序号	编号	会计科目名称
22	1601	固定资产	45	3001	实收资本
23	1602	累计折旧	46	3002	资本公积
24	1604	在建工程	47	3101	盈余公积
25	1605	工程物资	48	3103	本年利润
26	1606	固定资产清理	49	3104	利润分配
27	1621	生产性生物资产			四、成本类
28	1622	生产性生物资产累计折旧	50	4001	生产成本
29	1701	无形资产	51	4101	制造费用
30	1702	累计摊销	52	4301	研发支出
31	1801	长期待摊费用	53	4401	工程施工
32	1901	待处理财产损溢	54	4403	机械作业
		二、负债类			五、损益类
33	2001	短期借款	55	5001	主营业务收入
34	2201	应付票据	56	5051	其他业务收入
35	2202	应付账款	57	5111	投资收益
36	2203	预收账款	58	5301	营业外收入
37	2211	应付职工薪酬	59	5401	主营业务成本
38	2221	应交税费	60	5402	其他业务成本
39	2231	应付利息	61	5403	税金及附加
40	2232	应付利润	62	5601	销售费用
41	2241	其他应付款	63	5602	管理费用
42	2401	递延收益	64	5603	财务费用
43	2501	长期借款	65	5711	营业外支出
44	2701	长期应付款	66	5801	所得税费用
		三、所有者权益			

上述会计科目的编号是根据会计科目的分类和排序确定的。一般采用四位数字编号,第一位数字表示科目的大类;第二位数字表示科目的小类;第三、第四位数字表示各小类之下科目的序号。例如,1002号科目,从左至右第一位数字"1"代表资产大类;第二位数字"0"代表货币资金小类;第三、第四位数字"02"代表货币资金类的银行存款科目的序号。会计科目的编号除了表明它们的类别和具体名称外,还有助于填制会计凭证、登记账簿以及会计电算化的

实现。

小企业会计核算应当按照规定的会计处理方法进行，会计科目与会计指标应当口径一致、前后可比。小企业也可在不违反会计准则中确认、计量和报告规定的前提下，根据实际情况自行增设、分拆、合并会计科目，具有较大的灵活性。

（1）小企业不存在的交易或者事项，可不设置相关会计科目。

（2）对于明细科目，小企业可以比照《小企业会计准则》规定自行设置。

（3）会计科目编号供小企业填制会计凭证、登记会计账簿、查阅会计账目、采用会计软件系统参考，小企业可结合本企业实际情况自行确定会计科目编号。

（4）某些会计科目之间留有空号，供增设会计科目之用；在不影响对外提供统一财务报告的前提下，小企业可以根据实际情况自行增设或减少某些会计科目，如小企业对外提供劳务发生的成本，可将"4001 生产成本"科目改为"4001 劳务成本"科目，或单独设置"4002 劳务成本"科目进行核算；为了小企业（农业）消耗性生物资产收获为农产品时的核算，应增设"农产品"科目；包装物较少的小企业，可以将包装物并入"原材料"科目核算等。

第 4 节　小企业核算程序

千变万化的经济业务经过会计核算的分类整理，归纳为一项项可重复的有规范的会计业务。程序控制法就是对重复出现的业务，按客观要求，规定其处理的标准化程序的行动准则，它不仅要求按照牵制的原则进行程序设置，而且要求所有的业务活动都要建立切实可行的处理程序，还要注意程序的经济性与有效性。

小企业对一定会计期间内发生的各项经济业务，都要求必须填制和审核凭证，运用复式记账法，按规定的账户在账簿中进行登记；对经营过程中发生的费用，要通过有关账户汇总计算成本，并在此基础上确定盈亏；对账簿记录，要通过财产清查核实，在账实相符的基础上，以账簿记录为依据编制财务报表。在上述各种核算方法运用的过程中，如何进行会计确认、会计计量、会计记录和会计报告，构成了会计处理程序中的关键控制点，这也是会计准则重点予以规范的对象。

一、会计确认

会计确认是依据一定的标准，确认某经济业务事项，能否记入会计信息系统，并列入会计报告的过程，即是否记录、何时记录、当作哪一项会计要素来记录；应否计入财务报表、何时计入、当作哪一项会计要素来报告。

例如，A 公司因加工产品的需要，经经营者批准，于 1 月 10 日购入甲材料

20 000元,已验收入库,并投入使用。该款项于2月10日以银行存款支付。

  分析:该笔经济业务发生的主体是A公司,发生的会计期间为1月份,以人民币作为计量单位,应当记入1月份的会计账户中。在1月份的会计账户中增加原材料20 000元,同时增加应付账款20 000元;等到2月10日支付时,减少应付账款20 000元,同时减少银行存款20 000元。

  在上述分析过程中,我们可以看到,小企业进行会计确认的基本前提是必须遵从会计基本假设。会计基本假设包括会计主体、持续经营、会计分期和货币计量四个方面。会计主体确立了会计核算的空间范围,持续经营与会计分期确立了会计核算的时间长度,货币计量为会计核算提供了必要的手段。任何小企业的会计核算首先要确立与划分会计主体,然后在考虑持续经营和进行会计分期的前提下,采用货币计量进行会计核算与监督。会计基本假设是企业会计确认、计量、记录和报告的前提,是对会计核算所处时间、空间环境等所作的合理设定。

  会计主体是一个独立的经济实体,是独立于财产所有者之外的会计核算单位,小企业会计核算应当以企业发生的各项交易或事项为对象,记录和反映企业本身的各项生产经营活动。应当注意的是,会计主体与法律主体(法人)并非是对等的概念,法人可作为会计主体,但会计主体不一定是法人。例如,由自然人所创办的个人独资企业与合伙企业不具有法人资格,这类企业的财产和债务在法律上被视为业主或合伙人的财产和债务,但在会计核算上必须将其作为会计主体,以便将小企业的经济活动与其所有者个人的经济活动以及其他实体的经济活动区别开来。又如,对于私营企业来说,有的业主(或投资者)往往会把业主个人的费用记入小企业的会计账户中,也许这些业主会这样认为,因为公司是业主(或投资者)自己的公司,也就是业主私营的财产,收益和费用都归业主,所以,把个人的费用记入企业的账户也是业主自己的事。事实上,会计主体和业主个人也是两个不同的概念。会计核算一个重要的前提条件就是会计主体假设。明确会计主体是组织会计核算工作的首要前提。会计主体是指一个独立的经济实体,即独立于财产所有者之外的会计核算单位。它独立地记录、核算与本单位有关的经济业务,严格地排除与企业生产经营无关的而属于其他单位或所有者本人的收支活动。

  会计核算应当划分会计期间,分期结算账目和编制财务报表。会计期间分为年度、半年度、季度和月度,按公历确定起讫日期。也就是说,小企业会计核算应当在会计主体核算范围内,以持续、正常的生产经营活动为前提,以人民币为记账本位币,通过正确划分会计期间,分期结算账目,于会计期末编制财务报表。

  会计确认的具体内容包括会计要素项目确认和会计要素时间确认两个主要方面。

1. 会计要素项目确认

  会计要素项目确认包括两个重要方面:一是某项经济业务或会计事项是

否属于会计核算内容;二是某项经济业务或会计事项应当归属哪一个要素项目。

关于这两项确认的基本标准:一是必须符合会计要素的定义;二是该项经济业务或会计事项可以用货币进行计量。

2. 会计要素时间确认

会计要素时间确认的基本标准是指按哪种会计核算基础来确认:即是按权责发生制还是按收付实现制来确认交易或事项。小企业会计核算应当以权责发生制作为核算基础进行会计确认、计量和报告。

☞ 按照权责发生制,凡是本期已经实现的收入和已经发生或应当负担的费用,不论其款项是否已经收付,都应作为当期的收入和费用处理;凡是不属于当期的收入和费用,即使款项已经在当期收付,都不应作为当期的收入和费用。在上例中,购买原材料的经济业务发生在1月10日,应当按照权责发生制的要求,在1月份的会计账户中增加原材料20 000元,同时增加应付账款20 000元;至于2月10日支付20 000元的款项时,应当在2月份的账户中减少应付账款20 000元,减少银行存款20 000元。权责发生制明确了会计确认与计量方面的要求,解决了收入和费用何时予以确认及确认多少等问题。

与权责发生制相对应的是收付实现制。收付实现制是以款项的实际收付为标准来处理经济业务,确定本期收入和费用,计算本期盈亏的会计处理基础。在现金收付的基础上,凡在本期实际以现款付出的费用,不论其应否在本期收入中获得补偿均应作为本期应计费用处理;凡在本期实际收到的现款收入,不论其是否属于本期均应作为本期应计的收入处理。反之,凡本期还没有以现款收到的收入和没有用现款支付的费用,即使它归属于本期,也不作为本期的收入和费用处理。对于上例业务,假如按照收付实现制,可以在2月份支付时作增加原材料20 000元和减少银行存款20 000元的会计处理。

思考:某企业2016年3月份收到2015年应收账款30 000元,存入银行,尽管该项收入不是2016年3月份创造的,但因为该项收入在3月份收到,所以在收付实现制上的会计核算也作为2016年3月份的收入处理,你认为对吗?

收付实现制处理方法的好处在于计算方法比较简单、也符合人们的生活习惯,但按照这种方法计算的盈亏不合理、不准确,所以《小企业会计准则》规定,企业会计核算应当采用权责发生制,而不能采用收付实现制。

二、会计计量

☞ 会计计量是指在会计核算过程中,对各项财产物资都以某种尺度为标准来确定它的量,包括计量单位和计量属性。

小企业会计应当以货币计量。货币计量单位通常以元、百元、千元、万元等为计量单位。

计量属性是指计量对象可供计量的某种特性或标准。会计计量属性主要包括历史成本、重置成本、可变现净值、现值、公允价值等。

在历史成本计量下,资产按照购置时支付的现金或者现金等价物的金额,或者按照购置时所付出的对价的公允价值计量。负债按照因承担现时义务而实际收到的款项或者资产的金额,或者承担现时义务的合同金额,或者按照日常活动中为偿还负债预期需要支付的现金或者现金等价物的金额计量。

小企业会计核算主要以历史成本作为会计计量属性。例如,会计要素采用历史成本作为记账基础,没有采用税法上不认可的公允价值为记账基础;按照税法上实际发生制原则,对所有资产不计提减值准备,而是在实际发生损失时参照税法有关的认定标准确认资产损失;如此等等。

> **知识拓展**
>
> 重置成本。在重置成本计量下,资产按照现在购买相同或者相似资产所需支付的现金或者现金等价物的金额计量。负债按照现在偿付该项债务所需支付的现金或者现金等价物的金额计量。
>
> 可变现净值。在可变现净值计量下,资产按照其正常对外销售所能收到现金或者现金等价物的金额扣减该资产至完工时估计将要发生的成本、估计的销售费用以及相关税费后的金额计量。
>
> 现值。在现值计量下,资产按照预计从其持续使用和最终处置中所产生的未来净现金流入量的折现金额计量。负债按照预计期限内需要偿还的未来净现金流出量的折现金额计量。
>
> 公允价值。在公允价值计量下,资产和负债按照市场参与者在计量日发生的有序交易中,出售资产所能收到或者转移负债所需支付的金额计量。
>
> 小企业在将符合确认条件的会计要素登记入账并列报于财务报表及其附注时,应当按照规定的会计计量属性进行计量,确定其金额,不可随意变动与调整。

三、会计记录

 会计记录是指各项经济业务经过确认、计量后,采用一定的文字、金额和方法在账户中加以记录的过程,包括以原始凭证为依据编制记账凭证,再以记账凭证为依据登记账簿等。

会计记录包括序时记录和分类记录。在记录的生成方式上,有手工记录和电子计算机记录。

四、会计报告

👉 会计报告是指以账簿记录为依据,采用表格和文字形式,将会计数据提供给信息使用者的手段。财务报表是会计报告的主要表现形式。

小企业应当按照规定编制资产负债表、利润表和现金流量表,但不适合编制合并财务报表。

上述会计处理程序与各种会计核算方法之间的相互关系如图表1-5所示。

图表 1-5

会计核算程序与方法

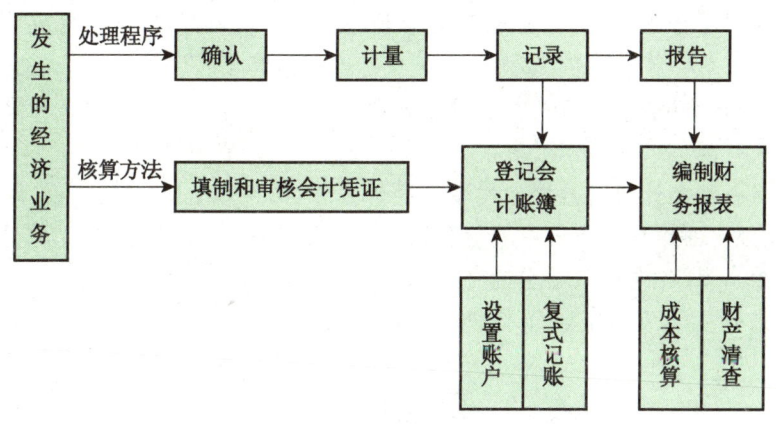

小企业在会计核算过程中必须遵循我国《会计法》和《小企业会计准则》的相关规定,依法进行会计核算与监督。

> **温馨提醒**
>
> 按照会计法规的规定,小企业进行会计核算不得有下列行为:①随意改变资产、负债、所有者权益的确认标准或者计量方法,虚列、多列、不列或者少列资产、负债、所有者权益。②虚列或者隐瞒收入,推迟或者提前确认收入。③随意改变费用、成本的确认标准或者计量方法,虚列、多列、不列或者少列费用、成本。④随意调整利润的计算、分配方法,编造虚假利润或者隐瞒利润。⑤违反国家统一的会计制度规定的其他行为。

企业虽小内控不能少

综上所述,会计核算程序是一种典型的程序控制法,也是一种事前控制的方法。进行会计核算程序控制,有一个科学的操作路径和可依照的科学标准,有助于小企业按规范处理同类业务,避免会计工作无章可循或有章不循,避免职责不清、互相扯皮等;有利于及时处理业务和提高工作效率;也有利于减少差错,或暴露或查明差错;还有利于追究有关责任,及时处理和解决相关问题等。

1. 为了规范小企业会计确认、计量和报告行为,促进小企业可持续发展,发挥小企业在国民经济和社会发展中的重要作用,根据《中华人民共和国会计法》及其他有关法律和法规,财政部制定了《小企业会计准则》,并于2013年1月1日在全国范围内正式施行。
2. 小企业会计就是以货币为主要计量单位,运用会计方法,对小企业的经济业务活动进行连续、系统、全面地核算与监督的一种经济管理活动。《小企业会计准则》已经考虑到我国小企业规模小、业务简单、会计基础工作较为薄弱、会计信息使用者的信息需求相对单一等实际情况,其会计工作可以适当简化。
3. 《小企业会计准则》中对会计科目按会计要素和经营管理要求分为资产类、负债类、所有者权益类、成本费用类、损益类五个大类。
4. 小企业对一定会计期间内发生的各项经济业务,必须填制和审核凭证,运用复式记账法,按规定的账户在账簿中进行登记;对经营过程中发生的费用,要通过有关账户汇总计算成本,并在此基础上确定盈亏;对账簿记录,要通过财产清查核实,在账实相符的基础上,以账簿记录为依据。

一、单项选择题

1. 《小企业会计准则》开始执行的时间是(　　)1月1日。
   A. 2012年　　　　　　　　　　B. 2013年
   C. 2011年　　　　　　　　　　D. 2014年
2. 按照《关于印发中小企业划型标准规定的通知》(工信部联企业〔2011〕300号)的规定,下列各项中,符合工业小企业标准的是(　　)。
   A. 从业人数20～300人以下,营业收入300万～2 000万元以下
   B. 从业人数20～300人以下,营业收入300万～6 000万元以下
   C. 从业人数20～100人以下,营业收入100万～1 000万元以下
   D. 从业人数10～100人以下,营业收入100万～2 000万元以下
3. 下列各项中,属于反映企业财务状况的会计要素是(　　)。
   A. 收入　　　　　　　　　　　B. 所有者权益
   C. 费用　　　　　　　　　　　D. 利润
4. 下列各项中,属于企业流动资产的是(　　)。
   A. 长期股权投资　　　　　　　B. 固定资产

C. 预付账款　　　　　　　　　D. 无形资产

5. 下列各项中,不属于小企业应遵守的会计核算的基本前提的是(　　)。
   A. 会计主体　　　　　　　　　B. 持续经营
   C. 货币计量　　　　　　　　　D. 历史成本

6. 借贷记账法的理论依据是(　　)。
   A. 资产＝负债＋所有者权益
   B. 收入－费用＝利润
   C. 借方发生额＝贷方发生额
   D. 期初余额＋本期增加数－本期减少数＝期末余额

7. 下列各项中,属于小企业会计确认、计量和报告基础的是(　　)。
   A. 权责发生制　　　　　　　　B. 持续经营
   C. 货币计量　　　　　　　　　D. 实质重于形式

8. 《小企业会计准则》规定小企业可以采用的计量方法是(　　)。
   A. 现值　　　　　　　　　　　B. 历史成本
   C. 重置成本　　　　　　　　　D. 可变现净值

9. 企业取得或生产制造某项财产物资时所实际支付的现金或现金等价物属于(　　)。
   A. 现值　　　　　　　　　　　B. 重置成本
   C. 历史成本　　　　　　　　　D. 可变现净值

10. 会计科目是对如下哪一内容进行分类核算的项目(　　)。
    A. 会计主体　　　　　　　　　B. 会计要素
    C. 会计对象　　　　　　　　　D. 经济业务

11. 因为有了如下哪一基本假设,从而产生了收付实现制和权责发生制两种会计基础(　　)。
    A. 会计主体　　　　　　　　　B. 持续经营
    C. 会计分期　　　　　　　　　D. 货币计量

12. 下列经济业务中,应当采用重置成本核算的是(　　)。
    A. 固定资产盘亏　　　　　　　B. 固定资产盘盈
    C. 库存现金盘盈　　　　　　　D. 存货盘亏

13. 下列会计科目中,不属于所有者权益科目的是(　　)。
    A. 投资收益　　　　　　　　　B. 盈余公积
    C. 实收资本　　　　　　　　　D. 资本公积

14. 下列各项中,哪一选项不仅应有明确的核算内容,而且还应当具备一定的格式和结构(　　)。
    A. 会计科目　　　　　　　　　B. 会计账户
    C. 会计对象　　　　　　　　　D. 会计要素

15. 企业对融资租入的固定资产视同自有固定资产进行管理并按月计提折旧,这种会计核算方法体现的原则是（　　）。
  A. 重要性　　　　　　　　　　　B. 相关性
  C. 实质重于形式　　　　　　　　D. 可理解性

二、多项选择题

1. 下列各项中，不应当纳入《小企业会计准则》核算范围的小企业是（　　）。
  A. 股票或债券在市场上公开交易的小企业
  B. 金融机构
  C. 具有金融性质的小企业
  D. 企业集团内的母公司和子公司

2. 财务会计对经济业务必须进行（　　）的核算与监督。
  A. 连续　　　　　　　　　　　　B. 系统
  C. 重点　　　　　　　　　　　　D. 完整

3. 下列财务报表，小企业应当编制的有（　　）。
  A. 资产负债表　　　　　　　　　B. 利润表
  C. 现金流量表　　　　　　　　　D. 所有者权益变动表

4. 下列会计科目中，属于小企业资产类科目的有（　　）。
  A. 库存商品　　　　　　　　　　B. 应收票据
  C. 累计折旧　　　　　　　　　　D. 管理费用

5. 下列会计科目中，属于小企业流动负债核算内容的有（　　）。
  A. 应付账款　　　　　　　　　　B. 预收账款
  C. 长期借款　　　　　　　　　　D. 长期应付款

6. 下列会计科目中，属于小企业所有者权益类的科目有（　　）。
  A. 实收资本　　　　　　　　　　B. 本年利润
  C. 长期股权投资　　　　　　　　D. 主营业务收入

7. 下列单位的会计核算一般采用权责发生制的有（　　）。
  A. 某国有服务企业　　　　　　　B. 某民营工业企业
  C. 某房地产开发企业　　　　　　D. 某事业单位

8. 下列各项中，符合企业资产定义的有（　　）。
  A. 经营租出的设备　　　　　　　B. 经营租入的设备
  C. 准备购入的设备　　　　　　　D. 融资租入的设备

9. 企业以权责发生制为核算基础，下列各项不属于本期收入或费用的有（　　）。
  A. 本期支付的下期房租金　　　　B. 本期预收的货款
  C. 本期支付的上期房租金　　　　D. 本期售出商品但尚未收到货款

10. 小企业的会计工作主要是通过一系列会计程序，对小企业的经济活动和财务收支进行核算和监督，反映小企业的（　　）。
  A. 财务状况　　　　　　　　　　B. 经营成果
  C. 现金流量　　　　　　　　　　D. 企业管理层受托责任履行情况

三、判断题

1. 《中小企业划型标准规定》所界定的零售小企业是指符合从业人数 5~20 人以下，营业收入 100 万~500 万元以下的企业。（   ）
2. 《小企业会计准则》所界定的小企业不同于《中华人民共和国增值税暂行条例实施细则》所界定的小规模纳税人。（   ）
3. 《小企业会计准则》所界定的小企业不同于《中华人民共和国企业所得税法实施条例》所界定的小型微利企业。（   ）
4. 符合《中小企业划型标准规定》的小企业，可以执行《小企业会计准则》，也可以执行《企业会计准则》。（   ）
5. 执行《小企业会计准则》的小企业转为执行《企业会计准则》时，应当按照《企业会计准则第 38 号——首次执行企业会计准则》等相关规定进行会计处理。（   ）
6. 已执行《企业会计准则》的小企业，可以转为执行《小企业会计准则》。（   ）
7. 《小企业会计准则》仅要求采用历史成本对会计要素进行计量。在资产计量方面，要求按照成本计量，不再对任何资产计提资产减值准备。（   ）
8. 小企业在进行会计核算时，要遵循《企业会计准则——基本准则》的要求，按照《小企业会计准则》的规定，建账建制，加强会计基础工作。（   ）
9. 根据权责发生制，凡是不属于当期的收入和费用，即使款项在当期收付，也不作为当期的收入和费用。（   ）
10. "收入－费用＝利润"这一会计等式，是复式记账法的理论基础，也是编制资产负债表的依据。（   ）

业 务 题 一

一、目的：熟悉权责发生制。

二、资料：东海公司 2019 年 1 月份发生下列支出业务。

1. 预付全年仓库租金 36 000 元。
2. 支付上年第 4 季度银行借款利息 16 200 元。
3. 以现金 520 元购买行政管理部门使用的办公用品。
4. 预提本月应负担的银行借款利息 4 500 元。

三、要求：计算按权责发生制应当确认的本月费用。

业 务 题 二

一、目的：熟悉权责发生制与收付实现制的区别。

二、资料：东海公司 2019 年 6 月份发生下列经济业务。

1. 6 月 5 日，收到 4 月份销售给瑞达公司的产品货款 10 000 元。
2. 6 月 10 日，销售给欣华公司货物，价值 30 000 元，按照合同约定已收到欣华公司货款 15 000 元，其余款项次月结算。

3. 6月15日，以银行存款支付第三季度的房租1 200元。

4. 6月30日，发生燃料费用500元，将在次月支付。

三、要求：根据以上资料，请分别采用权责发生制和收付实现制计算东海公司6月份的收入和费用。

课后习题答案

第 2 章

流动资产

通过本章你可以学到：

- 库存现金的管理及核算
- 银行存款的管理及核算
- 应收票据的核算
- 应收账款及预付账款等的账务处理
- 短期投资的账务处理
- 实际成本法下存货取得和发出的账务处理

案例导入

小王在暑寒假期间分别去了两家公司的财务科实习,发现一家公司的存货计价采用个别计价法,另一家公司的存货计价却采用加权平均法,小王满腹疑问,为什么同样是存货,却采用不同的成本计价方法呢?本章带领同学们了解存货及其他流动资产的核算内容。

第1节 资产概述

一、资产的基本特征

☞ 资产是指小企业过去的交易或者事项形成的、由小企业拥有或者控制的、预期会给小企业带来经济利益的资源。

作为小企业的资产,一般应同时具有以下几个基本特征。

1. 由过去的交易、事项形成的

一个企业的资产,都是由已经发生的经济业务引起的。尚未发生的经济业务,或者计划中的经济业务,不能确认为企业的资产。例如,企业的存货是包括询价、看货、订立合同、付款、提货等过去所发生的一系列行为的结果,对于尚处于谈判中的采购行为,或已签订但还未执行的合同,就不能确认为一笔存货,因为采购行为还没有发生,企业还没有拥有这批存货,也就没有控制这批存货的权利,所以不能将其作为企业的资产。如果仅仅订立了一份购货合同,就将合同中约定购入的存货作为企业的资产,列入企业的资产负债表,则该存货就属于虚列资产。

2. 由企业拥有或者控制

资产必须是由企业拥有或控制的资源。如果企业不能拥有或控制能创造经济利益的某项目(资源),则企业不能将该项目视作其资产。例如某项专利权,如果企业不能通过自创并申请获准拥有专利权、或通过购入等方式拥有或控制它,那么企业就不能将该专利权视作其资产。又如经营租入的固定资产,由于企业不能控制它,因而不能将其作为企业的资产;而融资租入的固定资产,虽然企业还未拥有其所有权,但能够控制它,应将其作为企业的资产。所有权与控制权的存在,对于判断某项目是否属于企业的资产是至关重要的。

3. 预期会给企业带来经济利益

资产之所以成其为资产,就在于其能够给企业带来经济利益。换句话说,如果某项目不能给企业带来经济利益,那么该项目不能作为企业的资产。例如待处理财产损失,由于其是已发生但未被批准处理的损失,预期不会导致经济利益流入企业,因而不能在财务报表上确认为资产。

二、资产的分类

资产总是占用于经营过程中的不同阶段并具有不同的具体形态,因而可以从不同的角度进行分类。按流动性的大小,小企业的资产可分为流动资产和非流动资产,其中流动资产又可进一步分为货币资金、短期投资、应收及预付款、存货等;按是否具有实物形态,小企业的资产可分为有形资产和无形资产;按其来源不同,小企业的资产可分为自有资产和租入资产等。

在会计核算上,流动资产和非流动资产是对资产最基本的分类。

小企业的流动资产,是指预计在1年或超过1年的一个正常营业周期中变现、出售或耗用的资产,包括:库存现金、银行存款、短期投资、应收及预付款项、存货等。其中,短期投资是指各种随时变现,持有时间不超过1年的有价证券以及不超过1年的其他投资;应收及预付款项包括应收票据、应收账款、其他应收款、预付货款等;存货是指企业在生产经营过程中为销售或者耗用而储存的各种资产,包括商品、产成品、半成品、在产品以及各类材料、燃料、包装物、低值易耗品、消耗性生物资料等。

流动资产不"流动"

非流动资产主要包括以下几个部分:

长期投资。长期投资是指不准备在1年内变现的投资,包括长期股权投资、长期债券投资。

固定资产。固定资产是指使用年限在1年以上,单位价值在规定的标准以上,并在使用过程中保持原有的物质形态的资产,包括房屋及建筑物、机器设备、运输设备、工具用具等。

无形资产。无形资产是指企业长期使用而无实物形态的资产,包括专利权、非专利技术、商标权、著作权、土地使用权、商誉等。

长期待摊费用。长期待摊费用是指不能全部计入当年损益,应当在以后年度内分期摊销的各项费用。

小企业资产的项目及其分类如图表2-1所示。

图表 2-1　　　资产分类简图

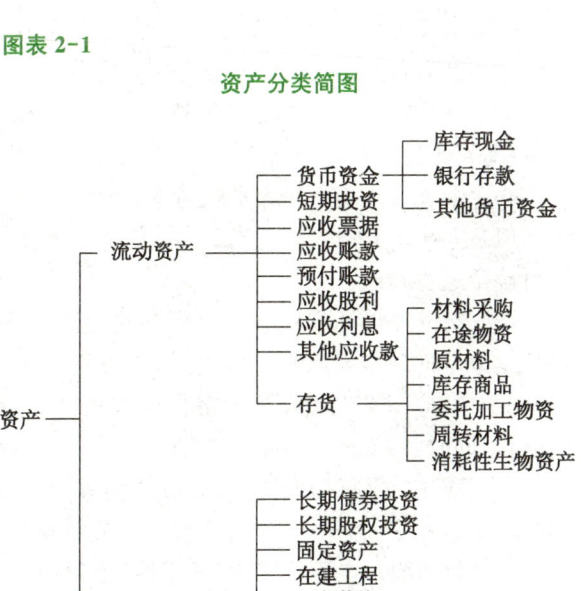

第 2 节　货币资金核算

一、库存现金核算

☞ 库存现金是指小企业持有的现金,包括人民币现金和外币现金,通常是存放在财务科的保险箱里的。

库存现金是小企业流动性最强的资产,小企业应当严格遵守国家有关现金管理制度,正确进行现金收支的核算,监督现金使用的合法性和合理性。国务院发布的《现金管理暂行条例》,对现金的使用范围和收支的核算都作了严格的规定。

（一）现金的使用范围

小企业可以使用现金支付的款项。

（1）职工工资、津贴。

（2）个人劳务报酬。

（3）根据国家规定颁发给个人的科学技术、文化艺术、体育等各种奖金。

（4）各种劳保、福利费用以及国家规定的对个人的其他支出。

（5）向个人收购农副产品和其他物资的价款。

（6）出差人员必须随身携带的差旅费。

（7）结算起点(1 000 元)以下的零星支出。

（8）中国人民银行确定需要支付现金的其他支出。

除上述情况可以用现金支付外,其他款项的支付应通过银行转账结算。

（二）现金收支的规定

小企业在办理有关现金收支业务时,至少应当遵守以下几项规定。

（1）全部现金收入应于当日存送开户银行,当日存送困难的,由开户银行另行确定送存时间。

（2）支付现金可以从本企业库存现金限额中支付或从开户银行提取,不得从本单位的现金收入中直接支付,即不得"坐支"现金,因特殊情况需要"坐支"现金的,应当事先报经开户银行审查批准,并在核定的"坐支"范围和限额内进行,同时,收支的现金必须入账。

（3）从开户银行提取现金时,应如实写明提取现金的用途,有本单位财会部门负责人签字、盖章,并经开户银行审查批准后予以支付。

（4）因采购地点不确定,交通不便,抢险救灾以及其他特殊情况必须使用现金的单位,应向开户银行提出书面申请,由本单位财会部门负责人签字,并经由开户银行审查批准后予以支付。

（5）不得"白条顶库";不准谎报用途套取现金;不准用银行账户代替其他单位和个人存入或支取现金;不准用单位收入的现金以个人名义存储;不准保

留账外公款,即不得"公款私存",不得私设"小金库"等。

(三) 库存现金核算

为了总括地反映库存现金的收入、支出和结存情况,小企业应设置"库存现金"总分类科目。"库存现金"科目属资产类科目,它的借方登记现金的增加;贷方登记现金的减少;期末借方余额反映库存现金的实有金额。"库存现金"账户可以根据现金(或银行存款)收、付款凭证直接登记。

为了加强对现金的管理,随时掌握现金收付动态和库存余额,保证现金的安全,企业必须设置"现金日记账",由出纳人员根据收、付款凭证,按照业务发生顺序逐笔登记。每日终了,应当计算当日的现金收入合计额、现金支出合计额和结余额,将结余额与实际库存额核对,做到账款相符。月终,"现金日记账"的余额必须与"库存现金"总账的余额核对相符。

有外币现金的小企业,应当按照人民币现金、外币现金的币种分别设置"现金日记账"进行明细核算。

【例 2-1】 东海实业有限公司 2019 年 3 月 1 日售出甲商品,收到现金 700 元,根据销货发票填制"现金收款凭证",应进行账务处理如下:

借:库存现金　　　　　　　　　　　　　　　　　700
　　贷:主营业务收入　　　　　　　　　　　　　　　　700

【例 2-2】 东海实业有限公司 2019 年 3 月 1 日以现金支付邮寄费 30 元,根据发票填制"现金付款凭证",应进行账务处理如下:

借:管理费用　　　　　　　　　　　　　　　　　30
　　贷:库存现金　　　　　　　　　　　　　　　　　　30

【例 2-3】 东海实业有限公司 2019 年 3 月 1 日以现金支付载重汽车修理费 560 元,根据修理发票填制"现金付款凭证",应进行账务处理如下:

借:制造费用　　　　　　　　　　　　　　　　　560
　　贷:库存现金　　　　　　　　　　　　　　　　　　560

【例 2-4】 东海实业有限公司 2019 年 3 月 1 日开出现金支票,从银行提取现金 1 000 元,以备日常开支所需。根据现金支票存根填制"银行存款付款凭证",应进行账务处理如下:

借:库存现金　　　　　　　　　　　　　　　　　1 000
　　贷:银行存款　　　　　　　　　　　　　　　　　　1 000

【例 2-5】 东海实业有限公司销售经理黄海 2019 年 3 月 1 日到北京开展销会,暂借差旅费 1 000 元。根据审批核准后的借款单填制"现金付款凭证",应进行账务处理如下:

借:其他货币资金——备用金(黄海)　　　　　　1 000
　　贷:库存现金　　　　　　　　　　　　　　　　　　1 000

零花钱的来源

"其他货币资金——备用金"是指为了满足企业内部各部门和职工个人生产经营活动的需要而暂付给有关部门和人员使用的备用现金,其借方登记备用金的领用数额;贷方登记备用金的收回数额;余额在借方,表示暂付周转使用的备用金数额。

小企业内部各部门、各单位周转使用的备用金,应在"其他货币资金"科目核算,也可以单独设置"备用金"科目核算。根据备用金的管理制度,备用金的核算分为定额制和非定额制两种情况。

非定额备用金制是指为了满足临时性需要而暂付给有关部门和个人现金,使用后实报实销,应收回备用金的制度。

【例2-6】承[例2-5],销售经理黄海3月8日出差归来,报销旅费850元,退回现金150元,应进行账务处理如下:

借:管理费用　　　　　　　　　　　　　　　　　　　850
　　库存现金　　　　　　　　　　　　　　　　　　　150
　贷:其他货币资金——备用金(黄海)　　　　　　　1 000

定额备用金制是指根据使用部门和人员工作的实际需要,先核定其备用金定额并依此拨付备用金,使用后再拨付现金,补足其定额,而不收回备用金的制度。

【例2-7】3月10日,东海实业有限公司第一生产车间核定的备用金定额为600元,以现金拨付,应进行账务处理如下:

借:其他货币资金——备用金(一车间)　　　　　　　600
　贷:库存现金　　　　　　　　　　　　　　　　　　600

上述第一生产车间报销日常管理支出500元,应进行账务处理如下:

借:制造费用　　　　　　　　　　　　　　　　　　　500
　贷:库存现金　　　　　　　　　　　　　　　　　　500

 温馨提醒

在会计实务中,凡是现金收入、支出和保管的业务都应该由出纳人员负责办理,非出纳人员不得经管现金。企业每笔现金的收入、付出都必须有原始凭证作为收、付款的书面证明,并应分别编制"现金收款凭证"或"现金付款凭证",由会计主管人员或指定人员严格审核。出纳人员在收、付款后,应在收、付款凭证上签名盖章,在所附的原始凭证上,要加盖带有日期的"现金收讫"或"现金付讫"的戳记,并将经审核无误的现金收、付款凭证作为登记账簿的依据。

为了及时反映现金的收入、付出和结存状况,企业应设置"现金日记账"进行序时登记,现金日记账一般采用订本式的三栏式账页。东海实业有限公司

2019年3月1日登记现金日记账情况详见图表2-2所示。

图表2-2

现金日记账　　　　　　　　　　　　　　　单位：元

2019年		凭证		摘要	对方账户	收入	支出	结存
月	日	种类	号数					
3	1			月初余额				90
3	1	现收	1	甲产品10件	主营业务收入	700		
3	1	现付	2	邮寄费	管理费用		30	
3	1	现付	3	汽车修理	制造费用		560	
3	1	银付	2	提现备用	银行存款	1 000		
3	1	现付	4	黄海预借差旅费	其他应收款		1 000	
				本日收付合计及余额		1 700	1 590	200
				……				
				……				
3	31			本月发生额及余额		34 000	34 040	50

现金日记账应当根据现金收款凭证（或银行存款付出凭证）和现金付款凭证，按照业务发生的顺序在"收入"栏和"支出"栏逐笔登记。每日终了，应加计收付总数，结算出库存现金结存额，以便和实际现金库存数额进行核对。通过登记现金日记账，可以反映现金增减和结存状况，便于现金管理和合理使用。

出纳人员在日常现金报销与管理业务中发现现金长短款（现金溢余或短缺），待查明原因后，应分别情况进行会计处理：

(1) 如为现金短缺，属于应由责任人赔偿的部分应计入其他应收款；属于无法查明的其他原因，根据管理权限，经批准后计入管理费用；属于玩忽职守，违反纪律，有章不循等原因造成的重大责任性差错，应追究失职者的经济责任，给予适当的处分；数额较大、影响严重的，应追究法律责任。

(2) 如为现金溢余，属于应支付给有关人员或单位的，应计入其他应付款；属于确实无法查明原因的现金溢余，经批准后计入营业外收入。

二、银行存款核算

☞ 银行存款是指储存在银行的款项。按照国家现金管理和支付结算办法的规定，每个小企业都要在所在地银行开立账户，用来办理存款、取款和转账结算。企业除按规定留有限额内的少量现金外，多余的现金都必须存入银行，银行可以把企业暂时闲散的资金集中起来充分加以利用。小企业应根据业务需要，在其所开设的银行账户中进行存款、取款以及各种收支转账业务的结算。

（一）银行结算账户

银行结算账户是指银行为存款人开立的办理资金收付结算的人民币活期存款账户。存款人以单位名称开立的银行结算账户为单位银行结算账户。单位银行结算账户按用途分为基本存款账户、一般存款账户、专用存款账户、临时存款账户。

（1）基本存款账户是存款人因办理日常转账结算和现金收付需要开立的银行结算账户。

（2）一般存款账户是存款人因借款或其他结算需要，在基本存款账户开户银行以外的银行营业机构开立的银行结算账户。

（3）专用存款账户是存款人按照法律、行政法规和规章，对其特定用途资金（如基本建设资金，党、团、工会设在单位的组织机构经费等）进行专项管理和使用而开立的银行结算账户。

（4）临时存款账户是存款人因临时需要（如注册验资等）并在规定期限内使用而开立的银行结算账户。

小企业在生产经营过程中，由于采购材料、供应劳务、发放工资、上缴税金等必须和其他经济组织发生经济往来，则必然会引起与其他单位、企业内部和职工个人发生各种应收、应付、暂收、暂付等款项的结算。小企业必须按照经济合同和结算制度及时收付款项，去银行办理结算手续。

温馨提醒

小企业之间的业务结算除按规定可以使用现金以外，都应通过银行转账结算。转账结算就是企业之间发生款项收付时，不用现金而是通过银行从付款单位的存款户中把款项转到收款单位的存款户上，把账目结算清楚。任何企业都应当执行中国人民银行令〔2003〕第5号《人民币银行结算账户管理办法》，不得利用银行结算账户进行偷逃税款、逃废债务、套取现金及其他违法犯罪活动。

（二）结算方式及其有关规定

结算方式是指用一定的形式和条件来实现各单位（或个人）之间货币收付的程序和方法。结算方式是办理结算业务的具体组织形式，是结算制度的重要组成部分，分现金结算方式和非现金结算方式。小企业除按规定的范围使用现金结算外，大部分货币收付业务应使用非现金结算。支付结算方式要适应商品交易多样化的需要。根据中国人民银行有关支付结算办法规定，现行的银行转账结算方式主要有汇票（包括商业汇票和银行汇票）、本票、支票、委托收款、汇兑、托收承付、信用卡、信用证等结算方式。银行结算方式分类详见图表2-3。

图表 2-3

银行结算方式分类图

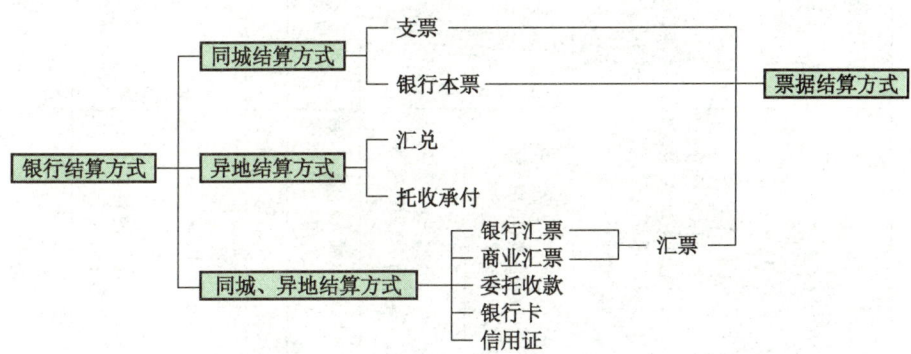

结算方式按照适用范围不同可以分为同城结算和异地结算。同城结算方式是指在同一城市范围内各单位或个人之间的经济往来,通过银行办理款项划转的结算方式,主要有本票和支票;异地结算方式是指不同城镇、不同地区的单位或个人之间的经济往来通过银行办理款项划转的结算方式,主要有汇兑、托收承付;同城、异地均可适用的结算方式有银行汇票、商业汇票、委托收款、银行卡、信用证。

结算方式按照结算形式不同可以分为票据结算和非票据结算。票据结算包括银行汇票、商业汇票、本票和支票结算;非票据结算包括委托收款、异地托收承付、汇兑结算、银行卡结算和信用证结算。

结算方式按照申请人不同可以分为申请人为付款人的结算方式和申请人为收款人的结算方式。申请人为付款人的结算方式包括支票、本票、银行汇票、商业汇票、汇兑、银行卡、信用证等结算方式;申请人为收款人的结算方式包括委托收款和托收承付等结算方式;申请人可以是付款人也可以是收款人的结算方式为商业承兑汇票结算方式。

对付款人来说,执行结算方式的基本原则是:恪守信用,履约付款;对收款人来说,执行结算方式的基本原则是:谁的钱进谁的账,由谁支配的原则。

每一种结算方式的结算程序、适用范围、运用的会计科目等各不相同,可参阅图表 2-4。

企业之间的支付结算必须通过经中国人民银行批准的金融机构进行,必须遵守银行结算纪律。企业不准签发没有资金保证的票据和远期支票,套取银行信用;不准签发、取得和转让没有真实交易和债权、债务的票据,套取银行和他人资金;不准无理拒绝付款,任意占用他人资金;不准违反规定开立和使用账户。企业必须严格遵守银行有关开立账户和支付结算办法规定的结算纪律,保证结算业务的正常运行。

(三) 银行存款核算

为了反映和监督"银行存款"的增减变化及其结存情况,小企业应当设置"银行存款"科目,核算小企业存入银行或其他金融机构的各种款项。小企业

图表 2-4　现行银行结算方式与核算规范一览表

种类	支票	本票	银行汇票	商业汇票	汇兑	托收承付	委托收款	银行卡	信用证
产生过程	出票人委托银行见票时支付确定金额给持票人	由银行签发的票据支付确定金额给持票人	银行签发付款给持票人	出票人委托付款人支付确定金额给收款人	汇款人委托银行向收款人付款	按购销合同,由收款人委托银行向付款人收款	收款人委托银行向付款人收款	商业银行发行的具有消费信贷特制载体卡片	申请人向银行申请开出
种类	现金支票、转账支票、普通支票	定额本票、不定额本票		按承兑人分:商业承兑汇票、银行承兑汇票;按是否带息分:带息商业汇票、不带息商业汇票	信汇、电汇	邮寄、电划		按使用对象分:单位卡、个人卡;按信用额度分:信用卡、借记卡	国际信用证、国内信用证
用途	支取现金、转账	支取现金、转账	支取现金、转账	交易关系、债权债务关系均可使用的延期付款	异地之间的款项结算	按经济合同,异地之间的款项收取	商品交易、劳务供应等应收款结算	向特约单位购物消费、单位卡不得支取现金	解决购销双方付款与交货之间的矛盾
结算程序	出票、付款	签发、使用、收受、划转账	办理、使用、收受、银行转账	汇款委托、银行转账项、划转款、接受汇款	汇款委托、银行转账项、接受汇款	委托、承付	托收、承付	办理、持卡购物消费、划转款项	交存、使用
是否记名	一律记名	一律记名	一律记名	列明收、付款人名称	列明收、付款人名称	列明收、付款人名称	列明收、付款人名称	申领人应登记、持卡人用卡时应签字	申请人应登记
可否背书	转账支票可以	可以	可以	可以				不得出租、出借	
金额起点	取消了金额起点限制	定额:1 000元、5 000元、10 000元、50 000元	不定额;取消了金额起点限制	取消了限制		新华书店系统1 000元,其余为10 000元		单位卡 10 万元以下	
适用范围	同城或票据交换区域	同城	同城或异地	同城或异地	异地	异地	同城、异地	该卡的特约单位和银行	国际、国内贸易
付款期	10 天	2 个月	1 个月	最长不超过 6 个月	2 个月	验单付款为 3 天、验货付款 10 天	3 天	透支期 60 天	验单即付款

增加银行存款,应借记"银行存款"科目,贷记"库存现金""应收账款"等科目;减少银行存款时,作相反的会计分录。"银行存款"科目期末借方余额,反映小企业存在银行或其他金融机构的各种款项。

银行结算户存款的收付业务,应由财会部门的出纳人员负责办理。企业必须以银行结算户存款收付业务所规定的会计手续取得各种银行结算凭证,如汇票、支票、本票、委托收款、托收承付等结算凭证,作为收、付款的原始凭证。原始凭证经会计部门有关人员审核签证后,据以填制银行结算户存款收款凭证或付款凭证后才能作为银行结算户收、付款项的记账依据。

小企业可按开户银行和其他金融机构、存款种类等设置"银行存款日记账",由出纳人员根据收、付款凭证,按照业务的发生顺序逐笔登记。每日终了,应结出余额。"银行存款日记账"应定期与"银行对账单"核对,至少每月核对一次。小企业银行存款账面余额与银行对账单余额之间如有差额,应编制"银行存款余额调节表",调节相符。

有外币银行存款的小企业,还应当分别按人民币和外币进行明细核算。

"银行存款日记账"一般采用订本式的三栏式账页,其内容、结构、登记方法及作用与"现金日记账"基本相同。

小企业日常发生的货币资金收付业务通常可以采用以下几种结算方式,通过银行办理转账结算。

1. 支票核算

支票是单位或个人签发的,由委托办理支票存款业务的银行在见票时无条件支付确定的金额给收款人或持票人的票据。支票结算方式是同城结算中应用比较广泛的一种结算方式。单位和个人在同一票据交换区域的各种款项结算,均可使用支票。

【例 2-8】 东海实业有限公司为一般纳税人企业,从鼎新公司购入原材料一批,增值税专用发票上注明的价款为 20 000 元,增值税额为 2 600 元,款项已用转账支票付讫,原材料已验收入库。

企业开出支票时,根据支票存根和收款人开出的发票等原始凭证,借记有关科目,贷记"银行存款"科目。应进行账务处理如下:

```
借:原材料                                      20 000
    应交税费——应交增值税(进项税额)            2 600
    贷:银行存款                                      22 600
```

【例 2-9】 鼎新公司为一般纳税人企业,本期销售一批产品,增值税专用发票上注明的价款为 20 000 元,增值税额为 2 600 元,收到转账支票。

企业收到支票时,应填制进账单连同收到的支票到银行办理收款手续,届时借记"银行存款"科目,贷记有关科目。应进行账务处理如下:

```
借:银行存款                                    22 600
    贷:主营业务收入                                  20 000
        应交税费——应交增值税(销项税额)              2 600
```

2. 汇票核算

👉 汇票是指出票人签发的、委托付款人在见票时或者在指定日期无条件支付确定的金额给收款人或者持票人的票据。

在银行开立账户的法人之间根据购销合同进行的商品交易均可使用汇票。汇票在同城和异地均可使用。汇票承兑期限由交易双方商定，付款日期有见票即付、定日付款、出票后定期付款、见票后定期付款等形式。如属分期付款，应一次签发若干张不同期限的汇票。汇票承兑后，承兑人即付款人负有到期无条件支付票款的责任。汇票一律记名，允许背书转让。汇票按照出票人的不同分为商业汇票和银行汇票。

1) 银行汇票

👉 银行汇票是出票银行签发的，由出票银行在见票时按照实际结算金额无条件支付给收款人或持票人的票据。银行汇票适用于先收款后发货或钱货两清的商品交易。单位和个人在同城或异地结算各种款项，均可使用银行汇票。

银行汇票核算可以通过银行存款相应的明细科目进行核算，也可以通过增设"其他货币资金"科目核算。

👉 其他货币资金是指小企业除库存现金、银行存款以外的其他各种货币资金。即：指存放地点和用途均与现金和银行存款不同的货币资金。

小企业应当设置"其他货币资金"科目，核算小企业的银行汇票存款、银行本票存款、信用卡存款、信用证保证金存款、外埠存款、备用金等其他货币资金，并应当按照银行汇票或本票、信用卡发放银行、信用证的收款单位、外埠存款的开户银行，分别"银行汇票""银行本票""信用卡""信用证保证金""外埠存款"等进行明细核算。小企业增加其他货币资金，借记"其他货币资金"科目，贷记"银行存款"科目；减少其他货币资金，作相反的会计分录。"其他货币资金"科目期末借方余额，反映小企业持有的其他货币资金。

其他货币资金就其性质而言，同库存现金和银行存款一样均属于货币资金，但是存放地点和用途不同于库存现金和银行存款，因而在会计上可以分别核算。

【例2-10】 东海实业有限公司为一般纳税人企业，持银行汇票20 000元从东北公司购买材料，增值税专用发票上注明的价款为10 000元，增值税额为1 300元，支付运杂费2 000元。材料已验收入库，剩余票款已退回并存入银行。

(1) 申请签发银行汇票时，应进行账务处理如下：

借：其他货币资金——银行汇票　　　　　　　　　　　　20 000
　　贷：银行存款　　　　　　　　　　　　　　　　　　20 000

(2) 购买材料与支付运杂费时，应进行账务处理如下：

借：原材料　　　　　　　　　　　　　　　　　　　　12 000
　　应交税费——应交增值税(进项税额)　　　　　　　　1 300
　　贷：其他货币资金——银行汇票　　　　　　　　　　13 300

(3) 收到剩余票款时,应进行账务处理如下：

借：银行存款　　　　　　　　　　　　　　　　　　　6 700
　　贷：其他货币资金——银行汇票　　　　　　　　　　　　6 700

2) 商业汇票

☞ 商业汇票是出票人签发的,委托付款人在指定日期无条件支付确定的金额给收款人或者持票人的票据。在银行开立存款账户的法人以及其他组织之间须具有真实的交易关系或债权、债务关系,才能使用商业汇票。商业汇票包括商业承兑汇票和银行商业汇票。

商业汇票应通过"应收票据"和"应付票据"科目核算。

"应收票据"科目属于资产类科目,用以核算企业因销售产品等而收到的商业汇票,其借方登记收到的汇票金额；贷方登记兑现或转让的汇票金额；余额在借方,表示尚未收讫的汇票金额。

"应付票据"科目属于负债类科目,用以核算企业购买材料物资而开出的或发生债务时开出的承兑的商业汇票,其借方登记付款的汇票金额；贷方登记开出承兑的汇票金额；余额在贷方,表示尚未清偿的汇票金额。

【例 2-11】　东海实业有限公司（购货单位、承兑人）因购买一项专利技术开出为期 1 个月的商业承兑汇票 100 000 元,交给收款人,应进行账务处理如下：

借：无形资产　　　　　　　　　　　　　　　　　　100 000
　　贷：应付票据——商业承兑汇票　　　　　　　　　　100 000

1 个月后,购货单位在汇票到期支付汇票款 100 000 元时,应进行账务处理如下：

借：应付票据——商业承兑汇票　　　　　　　　　　100 000
　　贷：银行存款　　　　　　　　　　　　　　　　　　100 000

收款人在收到商业承兑汇票 100 000 元并已发货给对方时,应进行账务处理如下：

借：应收票据——商业承兑汇票　　　　　　　　　　100 000
　　贷：其他业务收入　　　　　　　　　　　　　　　　100 000

1 个月后,销货单位（收款人）在收到银行有关收款通知时,应进行账务处理如下：

借：银行存款　　　　　　　　　　　　　　　　　　100 000
　　贷：应收票据——商业承兑汇票　　　　　　　　　　100 000

银行承兑汇票由银行承兑,由在承兑银行开立存款账户的存款人签发。企业申请使用银行承兑汇票时,应向其承兑银行按票面金额的 5‰ 交纳手续费。银行承兑汇票的出票人应于汇票到期前将票款足额交存其开户银行。银行承兑汇票的出票人于汇票到期前未能足额交存票款时,承兑银行除凭票向持票人无条件付款外,对出票人尚未支付的汇票金额按照每天5‰计收利息。

【例2-12】 甲公司为一般纳税人企业,为向乙公司购买A材料,向开户银行申请使用银行承兑汇票,票面金额为234 000元,并支付手续费100元。乙公司开出的增值税专用发票上注明A材料价款200 000元,增值税额26 000元,A材料已收到并验收入库。2个月到期后,甲公司接到银行的付款通知,当即承诺付款。

甲公司账务处理说明如下:
（1）申请使用银行承兑汇票,支付手续费时,应进行账务处理如下:

借:财务费用　　　　　　　　　　　　　　　　　　　　　100
　　贷:银行存款　　　　　　　　　　　　　　　　　　　　　100

（2）购买A材料,交付银行承兑汇票时,应进行账务处理如下:

借:原材料　　　　　　　　　　　　　　　　　　　　　200 000
　　应交税费——应交增值税(进项税额)　　　　　　　　26 000
　　贷:应付票据——银行承兑汇票　　　　　　　　　　　226 000

（3）到期收到银行付款通知,同意付款时,应进行账务处理如下:

借:应付票据——银行承兑汇票　　　　　　　　　　　226 000
　　贷:银行存款　　　　　　　　　　　　　　　　　　　226 000

乙公司账务处理如下:
（1）收到银行承兑汇票时,应进行账务处理如下:

借:应收票据——银行承兑汇票　　　　　　　　　　　226 000
　　贷:主营业务收入　　　　　　　　　　　　　　　　　200 000
　　　　应交税费——应交增值税(销项税额)　　　　　　26 000

（2）收到银行入账通知时,应进行账务处理如下:

借:银行存款　　　　　　　　　　　　　　　　　　　226 000
　　贷:应收票据——银行承兑汇票　　　　　　　　　　226 000

3. 委托收款核算

☞ 委托收款是收款人委托银行向付款人收取款项的结算方式。无论单位还是个人都可凭已承兑商业汇票、债券、存单等付款人债务证明办理收取同城或异地款项手续。委托收款还适用于收取电费、电话费等付款人众多且分散的公用事业费等有关款项。

委托收款结算款项的划回方式分邮寄和电报两种,由收款人选用。

【例2-13】 东海实业有限公司持有AA公司签发并承兑的已到期商业承兑汇票,金额为12 000元。东海实业有限公司委托开户银行办理收款事项,并填妥电划委托收款凭证,连同到期的商业承兑汇票提交给开户银行。不日,东海实业有限公司收到开户银行转来的收款通知,应进行账务处理

如下：

  借：银行存款   12 000
    贷：应收票据——商业承兑汇票   12 000

  付款单位接到银行付款通知，审查债务凭证后，通知银行付款时，借记"应付账款""应付票据"等科目，贷记"银行存款"科目。

  AA 公司应进行账务处理如下：

  借：应付票据——商业承兑汇票   12 000
    贷：银行存款   12 000

（四）银行存款余额调节表

  为了保证会计账簿记录的真实、准确，避免银行存款账目发生差错，月份终了，除了"银行存款日记账"的余额必须与"银行存款"总账的余额核对相符外，还必须与银行核对存款账目。

  出纳员应定期将银行存款日记账的收入、付出和余额与银行定期送来的对账单进行逐笔核对，每月至少要核对一次。两者如不一致，除了是因为记账错误外，还可能是因有未达账项所造成的。

  ☞ 未达账项是指银行收付业务的结算凭证，在企业与银行之间传递存在时间先后的差别，造成一方已经入账，而另一方尚未入账的款项。

  未达账项一般有下列几种情况：

  （1）银行已记作企业存款增加，而企业尚未入账的款项，如银行已经入账，而收款通知尚未到达企业的托收款项。

  （2）银行已记作企业存款减少，而企业尚未入账的款项，如银行已经付款转账，而付款通知尚未到达企业的供货单位的托收款项。

  （3）企业已记作存款增加，而银行尚未入账的款项，如企业送存其他单位交来的转账支票，而银行尚未收妥入账的款项。

  （4）企业已记作存款减少，而银行尚未入账的款项，如企业开出支票，而对方尚未到银行办理转账手续的款项。

  上述四种未达账项的情况，企业除根据银行送来的对账单逐笔核对外，还需编制银行存款余额调节表。现举例说明如下：

  【例 2-14】 2019 年 5 月 31 日，东海实业有限公司"银行存款日记账"的账面余额为 5 400 000 元，而银行对账单的企业存款余额为 8 300 000 元，经过逐笔核对，发现有以下的未达账项：

  （1）5 月 30 日，企业收到并送存的其他单位的转账支票 6 000 000 元，银行尚未登入企业存款账户。

  （2）5 月 31 日，企业开出普通支票 4 500 000 元，持票人尚未到银行支取。

  （3）5 月 30 日，委托银行代收购货款 4 800 000 元，银行已收到入账，而企业尚未接到银行通知。

  （4）5 月 31 日，银行代付电话费 400 000 元，而企业尚未收到付款通知。

根据以上未达账项,编制银行存款余额调节表如图表2-5所示。

图表2-5

银行存款余额调节表

2019年5月31日　　　　　　　　　　　　　　　　　　单位:元

项　目	金　额	项　目	金　额
企业银行存款账户余额	5 400 000	银行对账单上企业存款余额	8 300 000
加:银行已收,企业未收的款项	4 800 000	加:企业已收,银行未收的款项	6 000 000
减:银行已付,企业未付的款项	400 000	减:企业已付,银行未付的款项	4 500 000
调整后的存款余额	9 800 000	调整后的存款余额	9 800 000

调节后的银行存款余额,是月末企业银行存款的真正实有数额,即企业实际可动用的存款数额。若余额不等,应查明原因,如为企业错账,应予以更正;如为银行错误,应通知银行更正。对于银行已经入账的未达款项,企业应保持银行存款日记账的原来余额,不应变动任何账面记录,待银行转来有关收、付款结算凭证后,再进行账务处理。

第3节　短期投资核算

一、短期投资概述

小企业的对外投资可以分为短期投资和长期投资两种。

👉 短期投资是指小企业购入的能随时变现并且持有时间不准备超过1年(含1年)的投资,如小企业以赚取差价为目的从二级市场购入的股票、债券等。

短期投资的主要特点是企业利用暂时闲置的资金去购买股票、债券等,以获取高于市场利率的收益。因此,一旦所购入的股票、债券能够获得一定收益时,或企业急需现金时,即可在证券市场抛售出去,收回投出的资金及其相应产生的投资收益。所以,小企业短期投资的目的在于冒低程度的风险,获取较高的收益,它能够随时变现,是一项货币性的流动资产。

放在别人家的货币资金会赚钱

知识拓展

划清短期投资与长期投资的界限主要有以下几条:

一是投资目的性不同。短期投资只是充分运用暂时闲置的资金所进行的临时性投资;长期投资是为了长远的、全局的利益所进行的投资,如为了参与其他企业的经营决策或其经营业务,以配合自身的经营,以及为将来扩充经营规模作准备等等。

二是投资回收期不同。短期投资的回收期在1年以内,长期投资回收期在1年以上。

三是投资变现能力不同。短期投资随时能够变现,长期投资一般不能或者不要求随时变现或不准备随时变现。

二、短期投资的核算

为了总括地反映企业对外短期投资增减变动的经济业务,小企业应设置"短期投资"科目。该科目属资产类科目,用以核算小企业购入的能随时变现并且持有时间不准备超过1年(含1年)的投资。"短期投资"科目可按股票、债券等短期投资种类进行明细核算。

1. 取得短期投资的核算

小企业取得短期投资,应当按照实际支付的购买价款作为成本进行计量。购入各种股票、债券等作为短期投资时,应当按照实际支付的全部价款,借记"短期投资"科目,贷记"银行存款"科目。

如实际支付价款中包含的已宣告但尚未发放的现金股利或已到付息期但尚未领取的债券利息,应当单独确认为应收股利或应收利息,不计入短期投资的成本。

(1) 小企业购入股票,如果实际支付的价款中包含已宣告但尚未发放的现金股利,应当按照实际支付的全部价款扣除已宣告但尚未发放的现金股利,借记"短期投资"科目;按应收的现金股利,借记"应收股利"科目;按实际支付的全部价款,贷记"银行存款"科目。

(2) 小企业购入债券,如果实际支付的价款中包含已到付息期但尚未领取的债券利息,应当按照实际支付的全部价款扣除已到付息期但尚未领取利息,借记"短期投资"科目;按应收的利息,借记"应收利息"科目;按实际支付的全部价款,贷记"银行存款"科目。

2. 短期投资持有期间的核算

短期投资在持有期间,被投资单位宣告发放的现金股利或在资产负债表日按分期付息、一次还本债券投资的票面利率计算的利息收入,应当计入投资收益。

(1) 小企业在短期投资持有期间,被投资单位宣告发放的现金股利,借记"应收股利"科目,贷记"投资收益"科目。

(2) 月度终了,按照分期付息、一次还本债券投资的票面利率计算的利息收入,借记"应收利息"科目,贷记"投资收益"科目。

(3) 实际收到现金股利或利息,借记"银行存款"科目,贷记"应收股利"或"应收利息"科目。

3. 出售短期投资的核算

小企业短期投资出售时,应当将实际取得的价款与短期投资账面余额之间的差额计入投资收益。即应当按照实际收到的价款,借记"银行存款"或"库存现金"科目;按该项短期投资的账面余额,贷记"短期投资"科目;按尚未收到的现金股利或利息,贷记"应收股利"或"应收利息"科目;按其差额,贷记或借记"投资收益"科目。

4. "短期投资"科目期末借方余额,反映小企业持有的短期投资成本

【例2-15】 甲公司以50 000元购入每股面值5元的乙公司普通股股票10 000股,其中包括发行公司已宣布分派但尚未支付的股利2 500元,应进行账务处理如下:

借:短期投资——乙股票　　　　　　　　　　　　　　　　47 500
　　应收股利　　　　　　　　　　　　　　　　　　　　　2 500
　　贷:银行存款　　　　　　　　　　　　　　　　　　　50 000

【例2-16】 收到乙公司支付的股利2 500元,应进行账务处理如下:

借:银行存款　　　　　　　　　　　　　　　　　　　　2 500
　　贷:应收股利　　　　　　　　　　　　　　　　　　　2 500

【例2-17】 甲公司售出乙公司股票5 000股,实收价款25 000元。该股票原账面成本价为23 750元,应进行账务处理如下:

借:银行存款　　　　　　　　　　　　　　　　　　　　25 000
　　贷:短期投资——乙公司股票　　　　　　　　　　　23 750
　　　　投资收益——股票投资收益　　　　　　　　　　1 250

出售股票后,应按实收价款大于股票账面成本价值的差额,贷记"投资收益"科目;如果实收价款小于股票账面成本价值的差额,则借记"投资收益"科目。

【例2-18】 乙公司以30 000元购入每份面值100元B债券300张,应进行账务处理如下:

借:短期投资——B债券　　　　　　　　　　　　　　　30 000
　　贷:银行存款　　　　　　　　　　　　　　　　　　30 000

【例2-19】 乙公司售出B公司债券300张,实收价款31 500元。该债券原账面成本价为30 000元,应进行账务处理如下:

借:银行存款　　　　　　　　　　　　　　　　　　　　31 500
　　贷:短期投资——B债券　　　　　　　　　　　　　　30 000
　　　　投资收益——债券投资收益　　　　　　　　　　1 500

出售债券后,应按实收价款大于债券投资的账面成本价的差额,贷记"投资收益"科目;如果实际价款小于债券投资的账面成本价,则其差额借记"投资收益"科目。

第4节 应收及预付款项核算

一、应收及预付款项概述

☞ 应收及预付款项,是指小企业在日常生产经营过程中发生的各项债权,包括应收款项(应收票据、应收账款、其他应收款)和预付账款等。

应收及预付款项应当按照以下规定进行账务处理:

(1)应收及预付款项应当按照实际发生额入账,并按照往来户名等设置明细账,进行明细核算。

(2)应收及预付款项实际发生坏账时,应当作为损失计入当期管理费用,同时冲销应收及预付款项。

(3)带息的应收款项,应于期末按照本金(或票面价值)与确定的利率计算的金额,增加其账面余额,并将其确认为利息收入,计入当期损益。

(4)到期不能收回的应收票据,应按其账面余额转入应收账款,并不再计提利息。

二、应收票据

☞ 应收票据是指企业因采用商业汇票结算方式销售商品、产品等而收到的商业汇票。商业汇票是一种由出票人签发的,委托付款人在指定日期无条件支付确定金额给收款人或者持票人的票据。

根据承兑人的不同,商业汇票分为商业承兑汇票和银行承兑汇票。根据票据是否带息,商业汇票分为带息商业汇票(简称带息票据)和不带息商业汇票(简称不带息票据)。

☞ 带息票据是指汇票到期时,承兑人按票据面额及应计利息之和向收款人付款的商业汇票。在这类商业汇票中,票面价值为本金,另外标有票面利率(一般是年利率),即:票据到期值=票据面值+票据利息。应收票据一般按其面值计价,但对于带息的应收票据,应于期末按应收票据的票面价值和确定的利率计提利息,计提的利息应增加应收票据的账面余额。

☞ 不带息票据是指票据到期时,承兑人仅按票据面值向收款人付款的票据。在这一商业汇票中,票面价值一般为本利和,即已将票据的利息计入面值,不另外标有票面利率,即:票据到期值=票据面值。

> **温馨提醒**
>
> 小企业应当设置"应收票据备查簿",逐笔登记每一商业汇票的种类、号数、出票日期、票面金额,交易合同号,付款人、承兑人、背书人的姓名或单位名称、到期日期、利率以及收款日期、收回金额等资料;商业汇票

到期结清票款后，应在应收票据备查簿内逐笔注销。应收票据备查簿是控制应收票据的有效手段之一。

1. 取得应收票据

因债务人抵偿前欠货款而取得的应收票据，借记"应收票据"账户，贷记"应收账款"账户；因企业销售货物等取得的应收票据，借记"应收票据"账户，贷记"主营业务收入""应交税费——应交增值税（销项税额）"等账户。

【例2-20】A企业销售一批产品给B公司，货已发出，货款40 000元，增值税额为5 200元。按合同约定3个月以后付款。B公司交给A公司一张不带息3个月到期的商业承兑汇票，面值45 200元，A企业应进行账务处理如下：

借：应收票据　　　　　　　　　　　　　　　　　　　　45 200
　　贷：主营业务收入　　　　　　　　　　　　　　　　　　40 000
　　　　应交税费——应交增值税（销项税额）　　　　　　　5 200

2. 收回到期票款

不带息票据的到期值即是票据的面值，因此收回时，应按票面金额借记"银行存款"账户，贷记"应收票据"账户。

【例2-21】[例2-20]中，3个月后，应收票据到期收回款项45 200元，存入银行，应进行账务处理如下：

借：银行存款　　　　　　　　　　　　　　　　　　　　45 200
　　贷：应收票据　　　　　　　　　　　　　　　　　　　　45 200

带息票据到期收回时，首先应计算票据到期值。按到期值收回票款时，借记"银行存款"账户；按票面金额，贷记"应收票据"账户；按票据利息额，贷记"财务费用"账户。

$$应收票据到期值＝票据面值×(1＋票面利率×票据期限)$$

如无特别指明，应收票据上注明的利率一般指年利率，全年按360天计算，每个月一般不分实际天数，均按30天计算。

【例2-22】C企业收到D企业签发的一张带息3个月到期的商业承兑汇票，用于抵偿前欠货款，汇票的面值40 000元，票面利率6%，C企业应进行账务处理如下：

取得应收票据时：

借：应收票据　　　　　　　　　　　　　　　　　　　　40 000
　　贷：应收账款　　　　　　　　　　　　　　　　　　　　40 000

3个月后，应收票据到期收回款项，存入银行时：

$$应收票据到期值＝40\ 000×(1＋6\%/12×3)＝40\ 600(元)$$

借：银行存款   40 600
　　贷：应收票据   40 000
　　　　财务费用   600

3. 应收票据贴现

👉 应收票据贴现是指持票人因急需资金，将未到期的商业汇票背书后转让给银行，贴给银行一定利息后收取剩余票款的业务活动。银行计算贴现利息的利率称为贴现率，企业从银行获得的票据到期值扣除贴现利息后的货币收入，称为贴现收入。其公式为：

贴现收入＝票据到期值－贴现利息
贴现利息＝票据到期值×贴现率×贴现期
贴现期＝票据期限－企业已持有票据期限

企业应按商业汇票的贴现收入，借记"银行存款"账户；按贴现商业汇票的账面价值，贷记"应收票据"账户；对于贴现收入与账面价值的差额，借记或贷记"财务费用"账户。

【例 2-23】 EE 公司于 2019 年 4 月 1 日将 2 月 1 日开出并承兑的面值为 100 000 元，年利率 8%，5 月 1 日到期的商业承兑汇票向银行贴现，贴现率为 10%，则贴现利息和贴息收入计算如下：

到期值＝100 000×(1+8%×90/360)＝102 000(元)
贴现期＝90－60＝30(天)
贴现利息＝102 000×10%×30/360＝850(元)
贴现收入＝102 000－850＝101 150(元)

应进行账务处理如下：

借：银行存款   101 150
　　贷：应收票据   100 000
　　　　财务费用   1 150

【例 2-24】 仍沿用[例 2-23]，假定该票据为不带息票据，则贴现利息和贴现收入计算如下：

票据到期值＝100 000(元)
贴现利息＝100 000×10%×30/360＝833(元)
贴现收入＝100 000－833＝99 167(元)

应进行账务处理如下：

借：银行存款   99 167
　　财务费用   833
　　贷：应收票据   100 000

4. 应收票据的转让

👉 应收票据转让是指持票人因偿还前欠货款等原因，将未到期的商业汇票背书后转让给其他单位或个人的业务活动。应收票据转让时,按实际转让收入,借记"应付账款"等账户;按票面价值,贷记"应收票据"账户;按其差额借记或贷记"财务费用"账户。

三、应收账款

☞ 应收账款是指企业因销售产品、商品或提供劳务等,应向购货或接受劳务单位收取的款项。应收账款主要包括企业出售产品、商品、材料、提供劳务等应向有关债务人收取的价款及代购货方垫付的运杂费等。

小企业应当设置"应收账款"科目,用以核算小企业因销售商品、提供劳务等经营活动应收取的款项。"应收账款"科目可按债务人进行明细核算。小企业因销售商品或提供劳务形成应收账款,应当按照应收金额,借记"应收账款"科目;按照应交增值税销项税额,贷记"应交税费——应交增值税(销项税额)"科目;按其差额,贷记"主营业务收入"或"其他业务收入"科目;收回应收账款时,借记"银行存款"或"库存现金"科目,贷记"应收账款"科目;"应收账款"科目期末借方余额,反映小企业尚未收回的应收账款。

【例2-25】 东海实业有限公司销售一批产品。按价目表标明的价格计算,金额为40 000元(不含税)。由于是成批销售,该公司给予购货方10%的商业折扣。其现金折扣条件为2/10、1/20、n/30,适用增值税税率为13%。客户于第17天付款,应作账务处理如下:

(1)销售商品时。商业折扣是销货企业为了鼓励客户多购商品而在商品标价上给予的扣除。由于商业折扣在销售发生时即已发生,在开出的发票上已予以扣除,企业只需按扣除商业折扣后的净额确认销售收入和应收账款即可。

应收账款的入账价值=40 000×90%×(1+13%)=40 680(元)

借:应收账款	40 680
贷:主营业务收入	36 000
应交税费——应交增值税(销项税额)	4 680

(2)第15天付款,收到款项时。现金折扣是企业为了鼓励客户提前偿付货款而向客户提供的债务扣除。现金折扣一般用符号"折扣/付款期限"来表示。例如,"2/10、1/20、n/30"表示买方在10天内付款,销货企业将按商品售价给客户2%的折扣;买方在20日内付款,销货企业可按售价给客户1%的折扣;销货企业允许客户最长付款期限为30天,但客户在21天至30天内付款,将不能享受到现金折扣。

现金折扣为40 680×1%=406.80(元)

借:银行存款	40 273.20
财务费用	406.80
贷:应收账款	40 680.00

微课:促销打折有真假

知识拓展

由于现金折扣使销货企业应收账款的实际数额随客户的付款时间不同而不同,故应收账款入账价值的确定有两种处理方法,一种是总价法,另一种是净价法。大多数企业采用总价法核算。总价法是将未扣除折扣现金前的实际售价(即总价)作为应收账款的入账价值,把实际发生的现金折扣视为销货企业为了尽快回笼资金而发生的理财费用,在现金折扣实际发生时计入财务费用。

不容错过的优惠

四、预付账款

预付账款是指企业按照合同规定预付给供应单位的货款,它是被供货单位暂时占用的资金。企业预付货款后,有权要求对方按照合同规定发货。预付账款必须以购销双方签订的购销合同为条件,按照规定的程序和方法进行核算。

小企业应当设置"预付账款"科目核算小企业按照合同规定预付的款项,包括根据合同规定预付的购货款、租金等。小企业进行在建工程预付的工程价款,也在"预付账款"科目核算。"预付账款"科目可按供货单位或个人进行明细核算。

预付账款的核算包括预付款项和收回货物两个方面。小企业因购货而预付的款项,借记"预付账款"科目,贷记"银行存款"等科目。收到所购物资,按照应计入购入物资成本的金额,借记"在途物资"或"原材料""库存商品"等科目;按照应交增值税进项税额,借记"应交税费——应交增值税(进项税额)"科目;按照应支付的金额,贷记"预付账款"科目。补付的款项,借记"预付账款"科目,贷记"银行存款"等科目;退回多付的款项,作相反的会计分录。

小企业进行在建工程预付的工程价款,借记"预付账款"科目,贷记"银行存款"等科目。按工程进度结算工程价款,借记"在建工程"科目,贷记"预付账款"科目、"银行存款"等科目。

本科目期末借方余额,反映小企业预付的各种款项。

预付货款不多的企业,可以不设置"预付账款"科目,将预付账款并入"应付账款"科目核算。

【例 2—26】 东海实业有限公司向前锋公司采购甲材料 20 吨,单价 2 000 元,货款总额 40 000 元。按照合同规定向前锋公司预付货款的 30%,验收货物后补付其余款项。

(1)预付 30% 的货款,应进行账务处理如下:

借:预付账款——前锋公司　　　　　　　　　　12 000
　　贷:银行存款　　　　　　　　　　　　　　　　12 000

（2）收到前锋公司发来的 20 吨材料，经验收无误，有关发票记载的货款为 40 000 元，增值税额为 5 200 元。据此以银行存款补付不足款项，应进行账务处理如下：

借：原材料 40 000
　　应交税费——应交增值税（进项税额） 5 200
　　贷：预付账款——前锋公司 45 200
借：预付账款——前锋公司 33 200
　　贷：银行存款 33 200

五、其他应收款

其他应收款是指小企业除应收票据、应收账款、预付账款、应收股利、应收利息等以外的其他各种应收及暂付款项，包括各种赔款、罚款、应向职工收取的各种垫付款项等。其核算内容主要包括以下几个方面。

（1）应收的各种赔款、罚款。
（2）应收出租包装物租金。
（3）应向职工收取的各种垫付款项。
（4）其他各种应收、暂付款项。

小企业的其他应收款应设置"其他应收款"科目核算。当小企业发生其他各种应收款项时，借记"其他应收款"科目，贷记"库存现金""银行存款""固定资产清理"等科目。小企业收回其他各种应收款项时，借记"库存现金""银行存款""应付职工薪酬"等科目，贷记"其他应收款"科目。"其他应收款"科目期末借方余额，反映小企业尚未收回的其他应收款项，该科目可按对方单位（或个人）进行明细核算。

六、坏账损失

坏账，是指小企业无法收回或收回的可能性极小的各种应收款项。由于坏账而产生的损失，称为坏账损失。

小企业对于往来款项可采用与对方单位核对账目的方法进行清查。可在检查结算往来款项账目正确性和完整性的基础上，根据有关明细分类账的记录，按用户编制对账单，送交对方单位进行核对。对账单一般一式两联，其中一联作为回单。如果对方单位核对相符，应在回单上盖章后退回；如果数字不符，则应将不符的情况在回单上注明，或另抄对账单退回，以便进一步清查。在核对过程中，如果发现未达账项，双方都应采用调节账面余额的方法，来核对往来款项是否相符。尤其应注意查明有无双方发生争议的款项、没有希望收回的款项以及无法支付的款项，以便及时采取措施进行处理，避免或减少坏账损失。

按照我国《小企业会计准则》的规定，小企业应收及预付款项符合下列条件之一的,减除可收回的金额后确认的无法收回的应收及预付款项,可以作为坏账损失。

（1）债务人依法宣告破产、关闭、解散、被撤销,或者被依法注销、吊销营业执照,其清算财产不足清偿的。

（2）债务人死亡,或者依法被宣告失踪、死亡,其财产或者遗产不足清偿的。

（3）债务人逾期3年以上未清偿,且有确凿证据证明已无力清偿债务的。

（4）与债务人达成债务重组协议或法院批准破产重整计划后,无法追偿的。

（5）因自然灾害、战争等不可抗力导致无法收回的。

（6）国务院财政、税务主管部门规定的其他条件。

当小企业应收账款实际发生坏账时,应当按照实际发生的坏账金额,经核实并办理报批手续后可直接借记"营业外支出"科目,贷记"应收账款"科目。小企业发生的坏账损失经主管税务部门批准同意的,可以税前列支；未经主管税务部门批准同意的,应调整应纳税所得额。

【例2-27】 东海实业有限公司6月因大海公司破产,应收大海公司的10 000元账款无法收回。

东海公司应进行如下账务处理：

借：营业外支出——坏账损失　　　　　　　　　　　　10 000
　　贷：应收账款——大海公司　　　　　　　　　　　　　10 000

第5节 存货核算

一、存货概述

（一）存货的概念与特征

存货是指小企业在日常生产经营过程中持有以备出售的产成品或商品、处在生产过程中的在产品、在生产过程或提供劳务过程中耗用的材料和物料等,以及农业小企业为出售而持有的、或在将来收获为农产品的消耗性生物资产。

存货区别于固定资产等非流动资产的最基本的特征是,企业持有存货的最终目的是为了出售,包括可供直接销售的产成品、商品,以及需经过进一步加工后出售的原材料等。

在会计核算上,作为存货还必须同时具备以下两个条件：一是该存货包含的经济利益很可能流入企业；二是该存货的成本能够可靠地计量。

存货在流动资产总额中一般占有较大的比重。企业应注意存货的保管、维护和安全,防止损失;应加强对存货的管理、控制和核算,做好存货的收发计量工作;应合理安排好存货储备,避免因存货积压而引起的资金周转困难或因存货不足而影响企业正常的生产经营活动。有效地使用存货,对降低生产和经营成本,加速资金周转,提高企业的经济效益有着十分重要的作用。

(二) 存货分类
小企业的存货通常包括以下内容。

1. 原材料

原材料是指企业在生产过程中经加工改变其形态或性质并构成产品主要实体的各种原料及主要材料、辅助材料、外购半成品(外购件)、修理用备件(备品备件)、包装材料、燃料等。为简化起见,小企业为建造固定资产等各项工程而储备的各种材料,列入原材料的范畴。

2. 包装物

包装物是指为了包装本企业产品而储备的各种包装容器,如桶、箱、瓶、坛、袋等。

3. 低值易耗品

低值易耗品是指不作为小企业固定资产核算的各种用具物品,如工具、管理用具、玻璃器皿以及在经营过程中周转使用的包装容器等。

4. 在产品

在产品是指企业正在制造的尚未完工的产品,包括正在各个生产工序加工的产品,和已加工完毕但尚未检验或已检验但尚未办理入库手续的产品。

5. 半成品

半成品是指经过一定生产过程并已检验合格交付半成品仓库保管,但尚未制造完工成为产成品,仍需进一步加工的中间产品。

6. 产成品

产成品是指工业企业已经完成全部生产过程并验收入库,可以按照合同规定的条件送交订货单位,或者可以作为商品对外销售的产品。企业接受外来原材料加工制造的代制品和为外单位加工修理的代修品,制造和修理完成验收入库后应视同企业的产成品。

7. 商品

商品是指商品流通企业外购或委托加工完成验收入库用于销售的各种商品。

8. 消耗性生物资产

消耗性生物资产是指小企业(农业)生长中的大田作物、蔬菜、用材林以及存栏待售的牲畜等。

(三) 存货成本的确定

企业在持续经营的前提下,存货入账价值的基础是存货取得时的历史成本或者实际成本。小企业取得存货,应当按照成本进行计量。

（1）外购存货的成本，包括购买价款、相关税费、运输费、装卸费、保险费以及在外购存货过程中发生的其他直接费用，但不包括按照税法规定可以抵扣的增值税额。

（2）通过进一步加工取得的存货的成本，包括材料费、人工费以及按照一定方法分配的制造费用。

（3）投资者投入存货的成本，应当按照投资合同或协议约定的价值确定。

（4）提供劳务的成本，包括与劳务提供直接相关的人工费、材料费和折旧费等应分摊的间接费用。

微课：存货值几何

（5）自行栽培、营造、繁殖或养殖的消耗性生物资产的成本，应当按照下列规定确定：①自行栽培的大田作物和蔬菜的成本，包括在收获前耗用的种子、肥料、农药等材料费、人工费和应分摊的间接费用。②自行营造的林木类消耗性生物资产的成本，包括郁闭前发生的造林费、抚育费、营林设施费、良种试验费、调查设计费和应分摊的间接费用。③自行繁殖的育肥畜的成本，包括出售前发生的饲料费、人工费和应分摊的间接费用。④水产养殖的动物和植物的成本，包括在出售或入库前耗用的苗种、饲料、肥料等材料费、人工费和应分摊的间接费用。

（6）盘盈存货的成本，应当按照同类或类似存货的市场价格确定。

（四）外购存货的计价

购入存货的实际成本一般由下列各项组成：

（1）买价。

（2）运杂费。

（3）运输途中的合理损耗。

（4）入库前的挑选整理费用。

（5）购入存货负担的税金和其他费用。

> **温馨提醒**
>
> 属于增值税一般纳税人的小企业，购入存货需支付的增值税进项税额，应单独核算，不包括在购入存货成本中。小规模纳税人和购入存货不能取得增值税专用发票的小企业，购入存货支付的不可抵扣的增值税进项税额，计入所购存货的成本。

以上第（1）项应当直接计入各种存货的实际成本。第（2）、（3）、（4）、（5）项，凡能分清的，应直接计入各种存货的实际成本；不能分清的，应按存货的重量或买价等比例，合理分摊计入各种存货的实际成本。

【例 2-28】 东海实业有限公司从外地购入 A 材料 4 000 千克、B 材料 6 000 千克，共计支付运杂费 1 000 元，款项按购料重量比例分摊计入各材料采购成本。其计算公式如下：

$$分摊率 = \frac{运杂费合计}{各种材料重量之和}$$

每千克材料分摊率 $= \dfrac{1\,000}{4\,000\,千克 + 6\,000\,千克} = 0.10(元/千克)$

A材料应负担运杂费 $= 4\,000\,千克 \times 0.10\,元/千克 = 400(元)$

B材料应负担运杂费 $= 6\,000\,千克 \times 0.10\,元/千克 = 600(元)$

为了简化核算,在存货采购过程中发生的、一般是以现金支付的采购人员的零星差旅费等,由于其金额较小,可直接作为管理费用列支,不计入存货采购成本。

(五)存货发出的计价方法

在采用按实际成本对存货计价时,由于期初的单位成本与本期内不同批次购入或生产出来的存货单位成本不相一致,因此,在确定发出(减少)的存货价值和期末存货价值时,就必须选择一定的存货计价方法,以解决发出(减少)的存货和期末存货的计价问题。

小企业应当采用月末一次加权平均法、移动平均法、先进先出法或者个别计价法确定发出存货的实际成本。计价方法一经选用,不得随意变更;如确需变更,应在财务报表附注中说明。

对于性质和用途相似的存货,应当采用相同的存货计价方法确定发出存货的成本。

1. 月末一次加权平均法

月末一次加权平均法,是指以当月全部进货数量加上月初存货数量作为权数,去除当月全部进货成本加上月初存货成本,计算出存货的加权平均单位成本,以此为基础计算当月发出存货的成本和期末存货的成本的一种方法。

其计算公式如下:

$$\frac{发出存货加}{权平均单价} = \frac{期初结存存货金额 + 本期收入存货金额合计}{期初结存存货数量 + 本期收入存货数量合计}$$

加权平均法计算发出存货成本如图表2-6所示。

图表2-6

原材料明细账(按加权平均法计价)

金额单位:元

材料名称:甲材料　　　　　　　　　　　　　　　　　　　计量单位:千克

月	日	凭证及编号	摘要	收入			发出			结存		
				数量	单价	金额	数量	单价	金额	数量	单价	金额
6	1		期初余额							800	0.90	720
	1		领用				350			450		
	4	(略)	购入	2 500	1.00	2 500				2 950		
	5		领用				650			2 300		

(续表)

月	日	凭证及编号	摘要	收入			发出			结存		
				数量	单价	金额	数量	单价	金额	数量	单价	金额
	9		领用				100			2 200		
	18		购入	400	0.95	380				2 600		
	25		领用				500			2 100		
	30		合计	2 900		2 880	1 600	0.973	1557	2 100	0.973	2 043

$$发出存货加权平单价 = \frac{720+2\,880}{800+2\,900} = 0.973(元/千克)$$

采用这种计价方法,由于每期发出存货的加权平均单价在期末一次计算,因而可以大大简化平时的核算工作,但月内发生存货和结存存货的单价和金额均不能及时计算、登记,只能在月末时才计算、登记一次全月发出存货的单价和发出存货的金额合计以及月末结存存货的单价和金额,平时账面不能及时反映存货的发出金额和结存金额,不利于存货的日常管理,这要影响存货核算工作的均衡性及时性。采用加权平均法计算存货价值时,发出存货成本较为均衡,但与现价有一定差距。当市价上涨时,加权平均成本会小于现行市价;当市价下跌时,加权平均成本又会大于现行市价。

2. 移动加权平均法

移动加权平均法,是指以每次进货的成本加上原有库存存货的成本,除以每次进货数量与原有库存存货的数量之和,据以计算加权平均单位成本,将其作为在下次进货前计算各次发出存货成本的依据。其计算公式如下:

$$\frac{发出存货移动}{加权平均单价} = \frac{本次购进前存货结存金额+本次购进存货金额}{本次购进前存货结存数量+本次购进存货数量}$$

用移动加权平均法计算发出存货成本如图表2-7所示。

图表 2-7

原材料明细账(按移动加权平均法计价)

金额单位:元

材料名称:甲材料　　　　　　　　　　　　　　　　　　计量单位:千克

月	日	凭证及编号	摘要	收入			发出			结存		
				数量	单价	金额	数量	单价	金额	数量	单价	金额
6	1		期初余额							800	0.90	720
	1		领用				350	0.90	315	450	0.90	405
	4	(略)	购入	2 500	1.00	2 500				2 950	0.9847	2 905
	5		领用				650	0.9847	640	2 300	0.9847	2 265
	9		领用				100	0.9847	99	2 200	0.9847	2 166

(续表)

月	日	凭证及编号	摘要	收入			发出			结存		
				数量	单价	金额	数量	单价	金额	数量	单价	金额
	18		购入	400	0.95	380				2 600	0.9792	2 546
	25		领用				500	0.9792	490	2 100	0.9792	2 056
	30		合计	2 900		2 880	1 600		1 544	2 100	0.9792	2 056

图表2-7所示材料明细账中,6月1日领用的材料应按原结存材料的单价0.90元计价,4日购入新材料后,该日结存材料的移动加权平均单价应为:

$$移动加权平均单价 = \frac{405 + 2\,500}{450 + 2\,500} = 0.9847(元)$$

5日和9日发出的材料,就应按上列单价计价;18日又购入材料之后,应重新计算移动平均单价;25日发出的材料,应按新的移动平均单价计价。

采用这种计价方法,可以在发出存货时就对发出的存货计价,并登记明细账上发出的存货的金额,这样可均衡核算工作。但在存货收入较为频繁的情况下,要经常计算移动加权平均单价,核算的工作量较大。采用移动加权平均法计算的发出存货成本比较均衡,但与加权平均法一样,计算出来的存货价值与现行市价有一定差距,计算工作量较大。一般适用于品种简单、前后进价相差幅度大的存货。

3. 先进先出法

先进先出法是以先购入的存货应先发出(销售或耗用)这样一种存货实物流动假设为前提,对发出存货进行计价。采用这种方法,先购入的存货成本在后购入存货成本之前转出,据此确定发出存货和期末存货的成本。

先进先出法的优点是期末库存存货的成本接近市价,缺点是一次发出存货涉及不同批次、不同单价的,需要按两个以上不同的单价计算存货的发出成本,计价比较复杂。

先进先出法计算发出存货成本如图表2-8所示。

图表2-8

原材料明细账(按先进先出法计价)

金额单位:元

材料名称:甲材料　　　　　　　　　　　　　　　　　计量单位:千克

月	日	凭证	摘要	数量	单价	金额	数量	单价	金额	数量	单价	金额
6	1		期初余额							800	0.90	720
	1		领用				350	0.90	315	450	0.90	405
	4	(略)	购入	2 500	1.00	2 500				450	0.90	405
										2 500	1.00	2 905
	5		领用				450	0.90	405	2 500	1.00	2 500
							200	1.00	200	2 300	1.00	2 300
	9		领用				100	1.00	100	2 200	1.00	2 200

(续表)

月	日	凭证		数量	单价	金额	数量	单价	金额	数量	单价	金额
	18	购入		400	0.95	380				2 200	1.00	
										400	0.95	2 580
	25	领用					500	1.00	500	1 700	1.00	
										400	0.95	2 080
	30	合计		2 900		2 880	1 600		1 520	1 700	1.00	
										400	0.95	2 080

采用这种计价方法，可以在发出存货时就进行计价，并及时登记发出存货的金额，这有利于均衡核算工作。但在存货收发业务频繁，特别是发出存货属于两批甚至几批收入的存货时，要用两个甚至几个单价计价，核算工作比较繁琐。在物价持续上涨的情况下，采用该种方法，会使发出存货的价值偏低，而结存的价值比较接近实际；在物价下跌的情况下，情况则相反。

4. 个别计价法

个别计价法，亦称个别认定法、具体辨认法、分批实际法，其特征是注重所发出存货具体项目的实物流转与成本流转之间的联系，逐一辨认各批发出存货和期末存货所属的购进批别或生产批别，分别按其购入或生产时所确定的单位成本计算各批发出存货和期末存货的成本。即把每一种存货的实际成本作为计算发出存货成本和期末存货成本的基础。对于不能替代使用的存货、为特定项目专门购入或制造的存货以及提供的劳务，通常采用个别计价法确定发出存货的成本。在实际工作中，越来越多的企业采用计算机信息系统进行会计处理，个别计价法可以广泛应用于发出存货的计价，并且以个别计价法确定的存货成本最为准确。

采用个别计价法，需要在仓库中将每批收入的存货分别存放，并标明单价。

每批存货发出成本＝该批存货发出数量×该批存货实际进货单价

采用个别计价法的企业，应按存货购进批次设置存货明细账，业务部门应在发货单上注明批次，仓库部门应按存货购进批次分别堆放，以便计价。

个别计价法便于逐笔结转发出存货成本，计算正确，但工作量大，适用于进货批次少，能分清批次发货的品种。采用这种方法也可以及时对发出存货计价并进行价值核算，均衡核算工作，但在一次发出包括几批不同单价的存货时，核算工作也较复杂。

以上各种计价方法的选用应当根据企业存货管理的特点和具体要求进行。一种比较适宜的计价方法确定后，按照会计核算的一致性原则，不能随意变更。如果确定需要变更计价方法的，应该在年度财务报告中，对所变更的计价方法及其对存货计价的影响程度作必要的说明。

被淘汰的后进先出法

（六）存货数量的确定方法

存货核算的前提不仅是要合理选择存货的计价方法；还要正确确定存货的数量。存货数量核算的基本公式如下：

期初储存数量＋本期收入数量＝本期发出数量＋期末结存数量

上述公式中，期初储存数量可根据有关账册的期初记录取得，本期收入数量也可以从有关的凭证或账册的记录中得到，本期发出数量和期末结存数量可以采用实地盘存制或永续盘存制的方法来确定。

(1) 实地盘存制又称定期盘存法，它是指期末通过对各种存货进行实地盘点来确定期末存货结存数量和金额的方法。

确定本期存货发出数量的计算公式如下：

期初储存数量＋本期收入数量－期末结存数量＝本期发出数量

采用这种方法，各种存货平时不做发出记录，只做收入记录。

期末，按实物盘点数量作为期末结存数量；根据期初储存数量、本期收入数量和期末结存数量倒轧本期存货发出数量。

实地盘存制的主要缺点是，对实际库存货物的数量和金额，由于平时账面不作反映，因此不能及时提供存货的数量及其成本，这不利于存货的计划和控制；凡属未计入期末存货的货物均被视为已经售出或消耗，任何由于浪费、盗窃和自然损耗发生的损失，都隐匿在营业成本之中。

(2) 永续盘存制又称账面盘存法，它是指对各项存货作经常性库存记录。企业平时既记录存货的收入数量，也记录存货的发出或售出数量；期末，根据账面上的期初储存数、本期收入数、本期发出数计算出结存数量及成本。

确定期末存货数量的计算公式如下：

期初储存数量＋本期收入数量－本期发出数量＝期末结存数量

采用永续盘存制也需对存货进行实物盘点。为了核对账面记录的正确与否，确定损耗和其他损失，企业应于期末进行存货的实物盘点，发现账实不符，应查明原因，将账面记录数调整为实存数。

二、原材料的核算

原材料是指企业在生产过程中经过加工改变其形态或性质并构成产品主要实体的各种原料、主要材料和外购半成品，以及不构成产品实体但有助于产品形成的辅助材料。原材料具体包括原料及主要材料、辅助材料、外购半成品、修理用备件、包装材料、燃料等。

原材料的日常收发及结存可以采用实际成本核算，也可以采用计划成本核算。

（一）采用实际成本核算

采用实际成本核算时，材料的收发及结存，无论总分类核算还是明细分类核算,均按照实际成本计价。使用的会计科目有"原材料""在途物资"等。采用实际成本核算的方法通常适用于材料收发业务较少的企业。

"原材料"科目用于核算小企业库存各种材料的收发与结存情况。在原材料按实际成本核算时,本科目的借方登记入库材料的实际成本;贷方登记发出材料的实际成本;期末余额在借方,反映企业库存材料的实际成本。

"在途物资"科目核算小企业货款已付尚未验收入库的在途物资的采购实际成本。"在途物资"科目可按供应单位和物资品种进行明细核算。

"应付账款"科目用于核算小企业因购买材料、商品和接受劳务等经营活动应支付的款项。本科目的贷方登记小企业因购入材料、商品和接受劳务等尚未支付的款项;借方登记支付的应付账款;期末余额一般在贷方,反映企业尚未支付的应付款项。

1. 购入材料的核算

由于支付方式的不同,原材料入库的时间与付款的时间可能一致,也可能不一致,在账务处理上也有所不同。

(1) 货款已经支付或开出、承兑商业汇票,同时材料已验收入库。

【例2-29】 东海实业有限公司购入甲材料一批,增值税专用发票上记载的货款为500 000元,增值税额65 000元。对方代垫包装费1 000元。上述款项已用转账支票付讫,材料已验收入库。应进行账务处理如下:

借:原材料——甲材料　　　　　　　　　　　　　　　501 000
　　应交税费——应交增值税(进项税额)　　　　　　　65 000
　　贷:银行存款　　　　　　　　　　　　　　　　　　　566 000

(2) 货款已经支付或已开出、承兑商业汇票,材料尚未到达或尚未验收入库。

【例2-30】 东海实业有限公司从东达公司购乙材料20吨,每吨600元,计12 000元,专用发票上注明的增值税额为1 560元。根据购货合同,已开出为期2个月的商业承兑汇票13 560元。应进行账务处理如下:

借:在途物资——乙材料　　　　　　　　　　　　　　12 000
　　应交税费——应交增值税(进项税额)　　　　　　　1 560
　　贷:应付票据　　　　　　　　　　　　　　　　　　　13 560

上项材料验收入库时,应进行账务处理如下:

借:原材料——乙材料　　　　　　　　　　　　　　　12 000
　　贷:在途物资——乙材料　　　　　　　　　　　　　　12 000

商业承兑汇票到期承兑时:

借:应付票据　　　　　　　　　　　　　　　　　　　13 560
　　贷:银行存款　　　　　　　　　　　　　　　　　　　13 560

(3) 货款尚未支付,材料已经验收入库。

【例 2-31】 东海实业有限公司采用托收承付结算方式向东方购物中心购入丁材料一批,增值税专用发票上记载的货款为 20 000 元,增值税额为 2 600 元。对方代垫运输费和装卸费 300 元。银行转来的结算凭证已到,款项尚未支付,材料已验收入库。应进行账务处理如下:

借:原材料——丁材料　　　　　　　　　　　　　　　　　　20 300
　　应交税费——应交增值税(进项税额)　　　　　　　　　　2 600
　贷:应付账款——东方购物中心　　　　　　　　　　　　　　22 900

【例 2-32】 月末,东海实业有限公司购入的丙材料 10 吨到货并验收入库,但到月底发票尚未收到,在这种情况下,发票账单未到也无法确定实际成本,期末应按最近购入该原料实际成本每吨 2 000 元暂估入账。应进行账务处理如下:

借:原材料——丙材料　　　　　　　　　　　　　　　　　　20 000
　贷:应付账款——暂估应付账款　　　　　　　　　　　　　　20 000

为了使下月结算凭证在到达付款日时能按正常购料业务进行账务处理,下月初应对上项暂估入账的原料用红字转回。应进行账务处理如下:

借:原材料——丙材料　　　　　　　　　　　　　　　　　　20 000
　贷:应付账款——暂估应付账款　　　　　　　　　　　　　　20 000

收到发票账单后再按照实际金额记账,借记"原材料""应交税费——应交增值税(进项税额)"科目,贷记"银行存款""应付票据"等科目。

【例 2-33】 承[例 2-32],上述购入的丙材料于次月收到发票账单,增值税专用发票上注明的价款 20 000 元,增值税税额 2 600 元,已用银行存款付讫价税款。应进行账务处理如下:

借:原材料——丙材料　　　　　　　　　　　　　　　　　　20 000
　　应交税费——应交增值税(进项税额)　　　　　　　　　　2 600
　贷:银行存款　　　　　　　　　　　　　　　　　　　　　　22 600

(4) 货款已经预付,材料尚未验收入库。

【例 2-34】 东海实业有限公司为购买 B 材料向某钢厂预付 100 000 元价款的 80%,计 80 000 元,已通过汇兑方式汇出。应进行账务处理如下:

借:预付账款——某钢厂　　　　　　　　　　　　　　　　　80 000
　贷:银行存款　　　　　　　　　　　　　　　　　　　　　　80 000

【例 2-35】 承[例 2-34],东海公司收到该钢厂发来的 B 材料,已验收入库。增值税专用发票上注明该批货物的价款 100 000 元,增值税额 13 000 元,对方代垫包装费 3 000 元,所欠款项以银行存款付讫。应进行账务处理

如下：

材料入库时：

借：原材料——B材料　　　　　　　　　　　　　103 000
　　应交税费——应交增值税（进项税额）　　　　 13 000
　　贷：预付账款——某钢厂　　　　　　　　　　　　　116 000

补付货款时：

借：预付账款——某钢厂　　　　　　　　　　　　 36 000
　　贷：银行存款　　　　　　　　　　　　　　　　　　 36 000

2. 发出材料的核算

小企业各生产单位及有关部门领用的材料具有种类繁多、业务频繁等特点。为了简化核算，可以在月末根据"领料单"或"限额领料单"中有关领料的单位、部门等加以归类，编制"发料凭证汇总表"，据以编制记账凭证、登记入账。发出材料实际成本的确定，可以从个别计价法、先进先出法、月末一次加权平均法、移动加权平均法等方法中选择。计价方法一经确定，不得随意变更。如需要变更，应在财务报表附注中予以说明。

【例2-36】 东海实业有限公司某月末根据发料凭证汇总计算，公司内部有关产品生产耗用甲材料120 000元，车间间接耗用原材料价值8 000元，企业行政管理部门耗用原材料价值1 000元。应进行账务处理如下：

借：生产成本——基本生产成本　　　　　　　　　120 000
　　制造费用　　　　　　　　　　　　　　　　　　 8 000
　　管理费用　　　　　　　　　　　　　　　　　　 1 000
　　贷：原材料——甲材料　　　　　　　　　　　　　　129 000

小企业在供应过程中如发生应向供应单位、外部运输机构等收回的材料或商品短缺或其他应冲减材料或商品采购成本的赔偿款项，应根据有关的索赔凭证，借记"应付账款"或"其他应收款"科目，贷记有关材料科目。

实际成本计价原则要求小企业对生产所耗用的原材料、燃料和动力等各项费用，都要按实际成本计价。实际成本计算是财务会计的基础性原则。

> **温馨提醒**
>
> 企业不得以计划成本、标准成本、定额成本等代替实际成本。企业采用计划成本、标准成本、定额成本等类似成本进行直接材料日常核算的，期末应当将耗用直接材料的计划成本或定额成本等类似成本调整为实际成本。

（二）采用计划成本核算

材料采用计划成本核算时，材料的收发及结存，无论总分类核算还是明细分类核算,均按照计划成本计价。使用的会计科目有"原材料"、"材料采购"、"材料成本差异"等。

"原材料"科目用于核算小企业库存各种材料的收发与结存情况。在材料采用计划成本核算时,本科目的借方登记入库材料的计划成本;贷方登记发出材料的计划成本;期末余额在借方,反映企业库存材料的计划成本。

"材料采购"科目借方登记采购材料的实际成本;贷方登记入库材料的计划成本。借方大于贷方表示超支,从"材料采购"科目贷方转入"材料成本差异"科目的借方;贷方大于借方表示节约,从"材料采购"科目的借方转入"材料成本差异"科目的贷方;期末为借方余额,反映企业在途材料的采购成本。

"材料成本差异"科目反映小企业已入库各种材料的实际成本与计划成本的差异,借方登记超支差异及发出材料应负担的节约差异;贷方登记节约差异及发出材料应负担的超支差异。期末如为借方余额,反映企业库存材料的实际成本大于计划成本的差异(超支差异);如为贷方余额,反映企业库存材料实际成本小于计划成本的差异(节约差异)。

1. 购入材料的核算

(1) 货款已经支付,同时材料验收入库。

【例 2-37】 东海实业有限公司购入甲材料一批,增值税专用发票上记载的货款为 3 000 000 元,增值税额 390 000 元。发票账单已收到,计划成本为 3 200 000 元,上述款项已用转账支票付讫,材料已验收入库。应进行账务处理如下:

借:材料采购——甲材料	3 000 000
应交税费——应交增值税(进项税额)	390 000
贷:银行存款	3 390 000

在计划成本法下,购入的材料无论是否验收入库,都要先通过"材料采购"科目进行核算,以反映企业所购材料的实际成本,从而与"原材料"科目相比较,计算确定材料差异成本。

(2) 货款已经支付,材料尚未验收入库。

【例 2-38】 东海实业有限公司采用汇兑结算方式购入 C 材料一批,增值税专用发票上注明的价款为 200 000 元,增值税税额 26 000 元,发票账单已收到,计划成本为 180 000 元,材料尚未入库,款项已用银行存款支付。应进行账务处理如下:

借:材料采购——C 材料	200 000
应交税费——应交增值税(进项税额)	26 000
贷:银行存款	226 000

(3) 货款尚未支付,材料已经验收入库。

【例 2-39】 东海实业有限公司采用商业承兑汇票结算方式购入 D 材料一批,增值税专用发票上注明的价款为 500 000 元,增值税税额 65 000 元,发

票账单已收到,计划成本为 520 000 元,材料已经验收入库。应进行账务处理如下:

　　借:材料采购——D 材料　　　　　　　　　　　　　　500 000
　　　　应交税费——应交增值税(进项税额)　　　　　　　65 000
　　　　贷:应付票据　　　　　　　　　　　　　　　　　　　　565 000

【例 2-40】　东海实业有限公司购入 E 材料一批,材料已经验收入库,发票账单未到,月末按计划成本为 600 000 元估计入账。应进行账务处理如下:

　　借:原材料——E 材料　　　　　　　　　　　　　　　　600 000
　　　　贷:应付账款——暂估应付账款　　　　　　　　　　　　600 000

次月初作相反的会计分录予以冲回:

　　借:应付账款——暂估应付账款　　　　　　　　　　　600 000
　　　　贷:原材料——E 材料　　　　　　　　　　　　　　　　600 000

在这种情况下,对于尚未收到发票账单的收料凭证,月末应按计划成本暂估入账,次月初作相反的分录予以冲回。

企业购入验收入库的材料,按计划成本,借记"原材料"科目,贷记"材料采购"科目;按实际成本大于计划成本的差异,借记"材料成本差异"科目,贷记"材料采购"科目;实际成本小于计划成本的差异,借记"材料采购"科目,贷记"材料成本差异"科目。

【例 2-41】　承[例 2-37]和[例 2-39],东海实业有限公司汇总本月已经付款或已经开出商业承兑汇票的入库材料的计划成本,并进行账务处理如下:

　　借:原材料——甲材料　　　　　　　　　　　　　　3 200 000
　　　　　　　——D 材料　　　　　　　　　　　　　　　520 000
　　　　贷:材料采购——甲材料　　　　　　　　　　　　　　3 200 000
　　　　　　　　　　——D 材料　　　　　　　　　　　　　　520 000

同时:

　　借:材料采购——甲材料　　　　　　　　　　　　　　200 000
　　　　　　　　——D 材料　　　　　　　　　　　　　　20 000
　　　　贷:材料成本差异——甲材料　　　　　　　　　　　　200 000
　　　　　　　　　　　　——D 材料　　　　　　　　　　　　20 000

2. 发出材料的核算

小企业发出材料,采用计划成本计价时,根据不同的用途,借记"生产成本""制造费用""管理费用"等科目。期末再将发出材料的计划成本调整为实际成本。调整公式为:

$$实际成本=计划成本±材料成本差异$$

在期末,根据"原材料"和"材料成本差异"科目的记录,计算出材料成本差

异分配率和本期发出材料应承担的材料成本差异。有关计算公式如下:

$$\frac{材料成本差}{异分配率} = \frac{期初结存材料成本差异+本期收入材料成本差异}{期初结存材料计划成本+本期收入材料计划成本} \times 100\%$$

$$\frac{发出材料应承担}{的材料成本差异} = \frac{本期发出材}{料计划成本} \times \frac{材料成本}{差异分配率}$$

【例2-42】 东海实业有限公司采用计划成本法,6月份A材料收、发、存情况如下:

(1) 原材料期初余额为5 800元,"材料成本差异"科目期初贷方余额为212元,原材料计划单位成本为5.20元。

(2) 6月5日和19日购入材料的数量分别是1 500千克和2 000千克;实际购货成本分别为7 600元和10 332元。

(3) 本月发出材料1 600千克用于生产产品。应做账务处理如下:

借:生产成本　　　　　　　　　　　　　　　　　　　　8 320
　　贷:原材料——A材料　　　　　　　　　　　　　　　　8 320

$$\frac{材料成本差}{异分配率} = \frac{-212+(7\ 600-1\ 500\times 5.20)+(10\ 332-2\ 000\times 5.20)}{5\ 800+1\ 500\times 5.20+2\ 000\times 5.20} = -2\%$$

$$\frac{本月耗用材料应承担}{的材料成本差异} = (-2\%) \times 8\ 320 = -166.40(元)$$

借:材料成本差异　　　　　　　　　　　　　　　　　　166.40
　　贷:生产成本　　　　　　　　　　　　　　　　　　　166.40

三、周转材料核算

☞ 周转材料,是指小企业能够多次使用、逐渐转移其价值但仍保持原有形态且不确认为固定资产的材料,包括:包装物、低值易耗品、小企业(建筑业)的钢模板、木模板、脚手架等。但各种包装材料,如纸、绳、铁丝、铁皮等,应在"原材料"科目内核算;用于储存和保管产品、材料而不对外出售的包装物,应按照价值大小和使用年限长短,分别在"固定资产"科目或"周转材料"科目核算。小企业的包装物、低值易耗品,也可以单独设置"1412 包装物"、"1413 低值易耗品"科目。包装物数量不多的小企业,也可以不设置"周转材料"科目,将包装物并入"原材料"科目核算。

(一) 包装物核算

☞ 包装物是指为了包装本企业商品而储备的各种包装容器,如桶、箱、瓶、坛、袋等。包括:生产过程中用于包装产品作为产品组成部分的包装物;随同商品出售而不单独计价的包装物;随同商品出售而单独计价的包装物;出租或出借给购买单位使用的包装物等。

为了反映和监督包装物的增减变动及其结存情况,小企业应当设置"周转材料——包装物"科目。"包装物"科目核算小企业包装物的实际成本,并可按包装物的种类进行明细核算。

(1) 小企业购入、自制验收入库的包装物,以及对包装物的清查盘点,比照"原材料"科目的相关规定进行处理。

(2) 小企业生产领用包装物,按照其成本,借记"生产成本"等科目,贷记"周转材料——包装物"科目。

(3) 随同产品出售但不单独计价的包装物,按照其成本,借记"销售费用"科目,贷记"周转材料——包装物"科目。

(4) 随同产品出售并单独计价的包装物,按照其成本,借记"其他业务成本"科目,贷记"周转材料——包装物"科目。

(5) "周转材料——包装物"科目的期末余额,反映库存未用包装物的实际成本。

温馨提醒

各种包装材料,如纸、绳、铁丝、铁皮等,应在"原材料"科目内核算。包装物数量不大的企业,可以不设置"周转材料——包装物"科目,将包装物并入"原材料"科目内核算。单独列作企业商品产品的自制包装物,应作为库存商品处理,不在"周转材料——包装物"科目核算。

【例 2-43】 东海实业有限公司一次购入包装物 2 000 件,每件 2 元,合计 4 000 元,企业以支票付讫,已验收入库。应进行账务处理如下:

借:包装物　　　　　　　　　　　　　　　　　　　　　4 000
　　贷:银行存款　　　　　　　　　　　　　　　　　　　　4 000

【例 2-44】 东海实业有限公司生产领用包装物一批,其实际成本为 2 000 元。应进行账务处理如下:

借:制造费用　　　　　　　　　　　　　　　　　　　　2 000
　　贷:包装物　　　　　　　　　　　　　　　　　　　　　2 000

【例 2-45】 东海实业有限公司销售产品时包装用纸箱 100 个,单位实际成本 90 元,随产品一同出售,不单独计价,共收取货款 510 000 元,增值税 66 300 元。应进行账务处理如下:

借:银行存款　　　　　　　　　　　　　　　　　　　576 300
　　贷:主营业务收入　　　　　　　　　　　　　　　　510 000
　　　　应交税费——应交增值税　　　　　　　　　　　 66 300

结转包装用纸箱成本:

借:销售费用　　　　　　　　　　　　　　　　　　　　9 000
　　贷:包装物　　　　　　　　　　　　　　　　　　　　　9 000

【例 2-46】 假如东海实业有限公司有包装用纸箱 100 个,单位实际成本 90 元,售价 100 元,随产品一同出售,单独计价。产品售价为 500 000 元。已开出增值税专用发票,共计价款 510 000 元,增值税额 66 300 元。款项已经收到。应进行账务处理如下:

借:银行存款　　　　　　　　　　　　　　　　　　　　576 300
　　贷:主营业务收入　　　　　　　　　　　　　　　　　500 000
　　　　其他业务收入　　　　　　　　　　　　　　　　　 10 000
　　　　应交税费——应交增值税(销项税额)　　　　　　　66 300

结转包装用纸箱成本:

借:其他业务成本　　　　　　　　　　　　　　　　　　　9 000
　　贷:包装物　　　　　　　　　　　　　　　　　　　　　9 000

(二) 低值易耗品核算

低值易耗品是指不能作为固定资产的各种用具物品,如工具、管理用具、玻璃器皿,以及在经营过程中周转使用的包装容器等。由于其价值低、品种多、数量大、易损耗、更换频繁,为了便于核算和管理,一般将低值易耗品视同存货进行实物管理。低值易耗品一般划分为一般工具、专用工具、替换设备、管理用具、劳动保护用品、其他用具等。

为了反映和监督低值易耗品的增减变化及其结存情况,小企业应当设置"周转材料——低值易耗品"科目。"周转材料——低值易耗品"科目核算小企业低值易耗品的实际成本,并可按低值易耗品的种类进行明细核算。

(1) 小企业购入、自制、委托外单位加工完成并已验收入库的低值易耗品的实际成本构成以及低值易耗品的清查盘点,比照"原材料"科目的相关规定进行核算。

(2) 小企业领用的低值易耗品,一般采用一次转销法核算,在领用时按照成本将其全部价值借记"管理费用""生产成本""销售费用"等科目,贷记"周转材料——低值易耗品"科目。领用低值易耗品时,应填制"领用单"办理领用手续,交财会部门据以入账。

(3) "周转材料——低值易耗品"科目期末借方余额,反映小企业在库低值易耗品的实际成本。

【例 2-47】 东海实业有限公司一次购入专用工具 10 件,每件 240 元,合计 2 400 元,企业以支票付讫,工具已验收入库。应进行账务处理如下:

借:周转材料——低值易耗品　　　　　　　　　　　　　2 400
　　贷:银行存款　　　　　　　　　　　　　　　　　　　2 400

【例 2-48】 东海实业有限公司第一车间领用工具一批,其实际成本为 1 200 元,一次摊销计入成本。应进行账务处理如下:

借:制造费用　　　　　　　　　　　　　　　　　　　　1 200
　　贷:周转材料——低值易耗品　　　　　　　　　　　　1 200

低值易耗品在使用过程中由于磨损而丧失使用价值时,应按规定办理报废手续,残料也可估价出售。

四、库存商品核算

为了反映和监督库存商品的增减变化及其结存情况,小企业应当设置"库存商品"科目。"库存商品"科目核算小企业库存商品的实际成本,包括库存产成品、外购商品、存放在门市部准备出售的商品、发出展览的商品以及寄存在外的商品等,并可按库存商品的种类、品种和规格等进行明细核算。

接受来料加工制造的代制品和为外单位加工修理的代修品,在制造和修理完成验收入库后,视同小企业的产成品,也通过"库存商品"科目核算。

可以降价出售的不合格品,也在"库存商品"科目核算,但应与合格产品分开记账。

已经完成销售手续,但购买单位在月末未提取的库存产成品,应作为代管产品处理,单独设置代管产品备查簿,不再在"库存商品"科目核算。

小企业(农业)可将"库存商品"科目改为"1405 农产品"科目。

(1) 小企业生产的产成品的入库和出库,平时只记数量不记金额,月末计算入库产成品的实际成本。生产完成验收入库的产成品,按其实际成本,借记"库存商品"科目,贷记"生产成本"等科目。

对外销售产成品,借记"主营业务成本"科目,贷记"库存商品"科目。

(2) 购入商品到达验收入库后,按照商品进价,借记"库存商品"科目,贷记"库存现金""银行存款""在途物资"等科目。

对外销售商品结转销售成本,借记"主营业务成本"科目,贷记"库存商品"科目。

(3) "库存商品"科目期末借方余额,反映小企业库存商品的实际成本(或进价)。"库存商品"科目用以核算小企业库存各种商品的实际成本,包括库存的外购商品、自制商品等。

小企业接受外来原材料加工制造的代制品和为外单位加工修理的代修品,在制造和修理完成验收入库后,视同本企业的产品,在"库存商品"科目核算。

委托外单位加工的商品及委托其他单位代销的商品,不在"库存商品"科目核算。

小企业"库存商品"的核算可以分为以下两种情况:从事工业生产的小企业库存商品的核算和从事商品流通的小企业库存商品的核算。本教材只介绍从事工业生产的小企业库存商品的核算。

从事工业生产的小企业,其库存商品主要指产成品。产成品是指已经完成全部生产过程并已验收入库符合标准规格和技术条件,可以作为商品对外销售的产品。企业接受外来原材料加工制造的代制品和为外单位加工修理的代修品,制造和修理完成验收入库后,视同本企业的产成品,所发生的支出,也在"库存商品"科目核算。

> **温馨提醒**
>
> 小企业的产成品一般应按实际成本进行核算。按实际成本核算的情况下,产成品的收入、发出和销售,平时只记数量不记金额。月度终了,计算入库产成品的实际成本。对发出和销售的产成品,可以采用先进先出法、加权平均法、移动平均法或个别计价法等方法确定其实际成本。核算方法一经确定,不得随意变更;如需变更,应在财务报表附注中予以说明。

小企业生产完成验收入库的产成品,按实际成本,借记"库存商品"科目,贷记"生产成本"等科目;在销售产成品并结转成本时,应借记"主营业务成本"科目,贷记"库存商品"科目。

【例2-49】 东海实业有限公司根据"产品入库汇总表"记载,本月已验收入库A产品200件,实际单位成本400元,计80 000元;B产品400件,实际单位成本300元,计120 000元。应进行账务处理如下:

```
借:库存商品——A产品                          80 000
   库存商品——B产品                         120 000
   贷:生产成本——基本生产成本(A产品)          80 000
      生产成本——基本生产成本(B产品)         120 000
```

【例2-50】 东海实业有限公司月末汇总的发出产品中,当月已实现销售的A产品有100件,B产品有200件;该月A产品实际单位成本400元,B产品实际单位成本300元。在结转其销售成本时,应进行账务处理如下:

```
借:主营业务成本                              100 000
   贷:库存商品——A产品                        40 000
      库存商品——B产品                        60 000
```

六、存货清查

存货清查是指通过对存货的实地盘点,确定存货的实有数量,并将其与账面资料核对,从而确定存货实存数与账面数是否相符的一种专门方法。

由于存货种类繁多、收发频繁,在日常收发过程中可能发生计量错误、计算错误、自然损耗等情况,造成账实不符,形成存货的盘盈或盘亏。对于存货的盘盈、盘亏,应及时填写有关存货盘点报告单(见图表2-9),于期末前查明原因,并根据企业的管理权限,经股东大会或董事会,或经理会议或类似机构批准后,在期末结账前处理完毕。如在期末结账前尚未经批准的,应在对外提供财务报告时先进行处理,并在财务报表附注中作出说明。如果其后批准处理的金额与已处理的金额不一致,应按其差额调整。

图表 2-9

存货盘点报告表

存货编号	存货名称规格	计量单位	数量		单价	盘盈		盘亏		原因
			账存	实存		数量	金额	数量	金额	

为了反映和监督待处理财产损溢的增减变化及其结存情况,小企业应当设置"待处理财产损溢"科目。"待处理财产损溢"科目核算小企业在清查财产过程中查明的各种财产盘盈、盘亏和毁损的价值。物资在运输途中发生的非正常短缺与损耗,也通过该科目核算。

"待处理财产损溢"科目可按待处理流动资产损溢和待处理固定资产损溢分别进行明细核算。

1. 盘盈的核算

发现盘盈时:盘盈各种材料、产成品、商品等,应当按照同类或类似存货的市场价格借记"原材料""库存商品"等科目,贷记"待处理财产损溢——待处理流动资产损溢"科目。

批准核销后:盘盈的各种材料、产成品、商品等,借记"待处理财产损溢——待处理流动资产损溢"科目,贷记"营业外收入"科目。

2. 盘亏、毁损的核算

发现盘亏、毁损时:盘亏、毁损的各种材料、产成品、商品等,借记"待处理财产损溢——待处理流动资产损溢"科目,贷记"原材料""库存商品"等科目。

批准核销后:盘亏、毁损的各项资产,按照残料价值,借记"原材料"等科目;按照可收回的保险赔偿或过失人赔偿,借记"其他应收款"科目;按照"待处理财产损溢"科目余额,贷记"待处理财产损溢——待处理流动资产损溢"科目;按照其借方差额,借记"营业外支出"科目。

3. 小企业的财产损溢,应查明原因,在期(年)末结账前处理完毕,处理后"待处理财产损溢"科目应无余额

【例 2-51】 东海实业有限公司年底进行财务清查,发现盘盈 D 材料 100 千克。小企业清查盘点中发现的库存商品盘盈,应按该商品的市价或同类、类似商品的市场价格作为实际成本。经查明是由于收发计量上的错误所造成的,按成本 30 元/千克入账。应进行账务处理如下:

借:原材料　　　　　　　　　　　　　　　　　　　　3 000
　　贷:待处理财产损溢——待处理流动资产损溢　　　　　3 000

借:待处理财产损溢——待处理流动资产损溢　　　　　3 000
　　贷:营业外收入　　　　　　　　　　　　　　　　　3 000

【例2-52】 东海实业有限公司为一般纳税人,年末盘亏丁产成品4件,每件单位实际成本250元。在产成品中,外购材料比率为70%,经查明,属于自然灾害造成的直接经济损失。保险公司同意赔偿80%。发现的库存商品盘亏,其相应的成本及不可抵扣的增值税进项税额,在减去过失人或者保险公司等赔款和残料价值之后,属于自然灾害等原因造成的非常损失的,应当计入营业外支出。盘亏时,调整存货账的实存数;经审核批准后,做核销处理。应进行账务处理如下:

借:待处理财产损溢——待处理流动资产损溢　　　　218.20
　　其他应收款　　　　　　　　　　　　　　　　　872.80
　贷:库存商品——丁产品　　　　　　　　　　　　1 000.00
　　应交税费——应交增值税(进项税额转出)　　　　91.00
　　　　(转出的进项税额＝1 000×70%×13%＝91元)

借:营业外支出　　　　　　　　　　　　　　　　　218.20
　贷:待处理财产损溢——待处理流动资产损溢　　　　218.20

1. 小企业除按规定的范围使用现金结算外,大部分货币收付业务应使用非现金结算。现行的银行转账结算方式主要有汇票(包括商业汇票和银行汇票)、本票、支票、委托收款、汇兑、托收承付、信用卡、信用证等结算方式。
2. 月份终了,除了"银行存款日记账"的余额必须与"银行存款"总账的余额核对相符外,还必须与银行核对存款账目。
3. 现金折扣是企业为了鼓励客户提前偿付货款而向客户提供的债务扣除。现金折扣一般用符号"折扣/付款期限"来表示。例如,"2/10、1/20、n/30"表示买方在10天内付款,销货企业将按商品售价给客户2%的折扣;买方在20日内付款,企业可按售价给客户1%的折扣;企业允许客户最长付款期限为30天,但客户在21天至30天内付款,将不能享受到现金折扣。
4. 小企业应当采用月末一次加权平均法、移动平均法、先进先出法或者个别计价法确定发出存货的实际成本。计价方法一经选用,不得随意变更;如确需变更,应在财务报表附注中说明。
5. 为了反映和监督待处理财产损溢的增减变化及其结存情况,小企业应当设置"待处理财产损溢"科目。"待处理财产损溢"科目核算小企业在清查财产过程中查明的各种财产盘盈、盘亏和毁损的价值。

一、单项选择题

1. 小企业财产清查中发现的现金短缺,如果查明应由相关责任人赔偿的,经批准后应记入( )科目。
A. "其他应收款"　　　　　　　B. "资本公积"
C. "管理费用"　　　　　　　　D. "营业外支出"

2. 小企业将款项汇往外地开立采购专用账户时,应借记的会计科目是( )。
A. "材料采购"　　　　　　　　B. "在途物资"
C. "预付账款"　　　　　　　　D. "其他货币资金"

3. 对于银行已经收款而企业尚未入账的未达账项,小企业应进行的处理为( )。
A. 以"银行对账单"为原始记录将该业务入账
B. 根据"银行存款余额调节表"和"银行对账单"自制原始凭证入账
C. 在编制"银行存款余额调节表"的同时入账
D. 待有关结算凭证到达后入账

4. 小企业购买分期付息的债券作为短期投资时,实际支付的购买价款中包含的已到付息期但尚未领取的债券利息,应记入的会计科目是( )。
A. "短期投资"　　B. "投资收益"　　C. "财务费用"　　D. "应收利息"

5. 预付款项情况不多的小企业,也可以不设置"预付账款"科目,将预付的款项直接记入( )的借方。
A. "应收账款"科目　　　　　　B. "其他应收款"科目
C. "应付账款"科目　　　　　　D. "应收票据"科目

6. 商业汇票到期,如果因付款人无力支付票款,票据由银行退回,收款单位应将其( )。
A. 转作管理费用　　　　　　　B. 转作应收账款
C. 转作营业外支出　　　　　　D. 转作营业外收入

7. 企业对随同商品出售而不单独计价的包装物进行会计处理时,该包装物的实际成本应结转到( )。
A. "制造费用"科目　　　　　　B. "销售费用"科目
C. "营业外支出"科目　　　　　D. "其他业务成本"科目

8. 某小企业为增值税一般纳税人,从外地购入原材料300吨,取得的增值税专用发票上注明的价款为360 000元,增值税税额为46 800元,另发生运输费30 000元,装卸费10 000元,途中保险费为9 000元。原材料已验收入库,则该原材料的入账价值为( )元。
A. 397 900　　　B. 406 900　　　C. 409 000　　　D. 470 200

9. 存货采用先进先出法计价的企业,在物价上涨的情况下,会使企业( )。
A. 期末库存升高,当期损益增加　　B. 期末库存升高,当期损益减少
C. 期末库存降低,当期损益增加　　D. 期末库存降低,当期损益减少

10. 小企业签发转账支票,支付临时租入固定资产的押金3 000元,会计分录应为( )。
A. 借:管理费用　　　　　　　　　　　　　　　　3 000
　　　贷:银行存款　　　　　　　　　　　　　　　　　3 000

B. 借：应收账款　　　　　　　　　　　　　　　　　3 000
　　贷：银行存款　　　　　　　　　　　　　　　　　　　　3 000
C. 借：预付账款　　　　　　　　　　　　　　　　　3 000
　　贷：银行存款　　　　　　　　　　　　　　　　　　　　3 000
D. 借：其他应收款　　　　　　　　　　　　　　　　3 000
　　贷：银行存款　　　　　　　　　　　　　　　　　　　　3 000

11. 某企业采用先进先出法计算发出原材料的成本。2019 年 7 月 1 日，甲材料结存 200 千克，每千克实际成本为 300 元；7 月 7 日，购入甲材料 350 千克，每千克实际成本为 310 元；7 月 21 日，购入甲材料 400 千克，每千克实际成本为 290 元；7 月 28 日，发出甲材料 500 千克。7 月份甲材料发出成本为(　　)。
　　A. 145 000 元　　　B. 150 000 元　　　C. 153 000 元　　　D. 155 000 元

12. 某企业采用月末一次加权平均法计算发出材料成本。2019 年 3 月 1 日，结存甲材料 200 件，单位成本 40 元；3 月 15 日，购入甲材料 400 件，单位成本 35 元；3 月 20 日，购入甲材料 400 件，单位成本 38 元；当月共发出甲材料 500 件。3 月发出甲材料的成本为(　　)。
　　A. 18 500 元　　　B. 18 600 元　　　C. 19 000 元　　　D. 20 000 元

13. 某企业材料采用计划成本核算。月初结存材料计划成本为 130 万元，材料成本差异为节约 20 万元。当月购入材料一批，实际成本为 110 万元，计划成本为 120 万元，领用材料的计划成本为 100 万元。该企业当月领用材料的实际成本为(　　)。
　　A. 88 万元　　　　B. 96 万元　　　　C. 100 万元　　　　D. 112 万元

14. 下列各项中，关于企业原材料盘亏及毁损会计处理表述正确的是(　　)。
　　A. 保管员过失造成的损失，计入管理费用
　　B. 因台风造成的净损失，计入营业外支出
　　C. 应由保险公司赔偿的部分，计入营业外收入
　　D. 经营活动造成的净损失，计入其他业务成本

15. 某企业为增值税一般纳税人企业，适用的增值税税率为 13%。该企业因管理不善使一批库存材料被盗。该批原材料的实际成本为 40 000 元，购买时支付的增值税为 5 200 元，应收保险公司赔偿 21 000 元。不考虑其他因素，该批被盗原材料形成的净损失为(　　)。
　　A. 19 000 元　　　B. 40 000 元　　　C. 46 400 元　　　D. 24 200 元

二、多项选择题

1. 在下列各未达账项中，使得小企业"银行存款日记账"余额小于银行对账单余额的有(　　)。
　　A. 企业开出支票，对方未到银行兑现
　　B. 银行误将其他公司的存款记入本企业银行存款账户
　　C. 银行代扣水电费，企业尚未接到通知
　　D. 委托收款结算方式下，银行收到结算款项，企业尚未收到通知

2. 下列各项中，应在购入短期债券时计入其入账价值的有(　　)。

A. 债券的购买价款 B. 支付的手续费
C. 支付的印花税 D. 已到付息期但尚未领取的利息

3. 在我国会计实务中,作为应收票据核算的票据有( )。
   A. 支票 B. 银行汇票 C. 商业承兑汇票 D. 银行承兑汇票

4. 下列各项中,应通过"其他应收款"科目核算的有( )。
   A. 应收的各种赔款
   B. 出口产品按照税法规定应予退回的增值税款
   C. 预付给供应单位货款
   D. 应收股利

5. 应收账款的入账价值包括( )。
   A. 销售货物或提供劳务的货款 B. 代购货方垫付的运杂费
   C. 应收客户违约的罚款 D. 销售货物或提供劳务应收的增值税

6. 小企业的预付账款可以通过( )科目进行核算。
   A. "预付账款" B. "应付账款"
   C. "其他应收款" D. "其他应付款"

7. 下列各项中,应包括在资产负债表"存货"项目的有( )。
   A. 周转材料 B. 委托加工物资
   C. 正在加工中的在产品成本 D. 消耗性生物资产

8. 小企业库存材料发生盘亏或毁损,在查明原因后应分别记入( )科目。
   A. "管理费用" B. "财务费用"
   C. "营业外支出" D. "其他应收款"

9. 下列项目中构成小企业外购原材料实际成本的有( )。
   A. 支付的买价
   B. 入库后的挑选整理费
   C. 运输途中的保险费
   D. 加工货物收回后用于连续生产的应税消费品

10. 下列各项存货中,属于周转材料的是( )。
    A. 委托加工物资 B. 包装物 C. 低值易耗品 D. 包装材料

11. 下列未达账项中,会导致企业银行存款日记账余额小于银行对账单余额的有( )。
    A. 企业送存支票,银行尚未入账
    B. 企业开出支票,银行尚未入账
    C. 银行代付的电话费,企业尚未接到付款通知
    D. 银行代收货款,企业尚未接到收款通知

12. 下列各项中,企业应通过"其他货币资金"科目核算的有( )。
    A. 银行汇票存款 B. 信用卡存款
    C. 外埠存款 D. 存出投资款

13. 下列各项中,应通过"其他应收款"科目核算的有( )。

A. 应收保险公司的赔款　　　　　　B. 代购货单位垫付的运杂费
C. 应收出租包装物租金　　　　　　D. 应向职工收取的各种垫付款

14. 下列各项中,有关包装物的会计处理表述正确的有(　　)。
A. 随商品出售不单独计价的包装物成本,计入销售费用
B. 生产领用的包装物成本,计入生产成本
C. 随商品出售单独计价的包装物成本,计入其他业务成
D. 多次反复使用的包装物成本,根据使用次数分次摊销计入相应成本费用

15. 企业取得商业承兑汇票时,下列各项应当构成应售票据入账金额的有(　　)。
A. 提供劳务应收取的款项　　　　　B. 应收取的增值税税款
C. 代替购买方垫付的运输费　　　　D. 销售商品的检验费

三、判断题

1. 小企业可以根据经营需要,在一家或几家银行开立基本存款账户。　　　　(　　)
2. 银行存款日记账与银行对账单应至少每月核对一次,银行存款日记账与银行对账单余额如有差额,应按月编制"银行存款余额调节表",同时企业应按未达账项入账。　(　　)
3. 短期股票投资持有期间,被投资单位宣告发放的现金股利,应当在实际收到时确认为投资收益。　　　　　　　　　　　　　　　　　　　　　(　　)
4. 短期投资持有期间获得的现金股利或利息收入,除已计入应收款项的现金股利和债券利息外,应在实际收到时作为投资成本的收回,冲减短期投资的账面价值。(　　)
5. 应收及预付款项的坏账损失应当于实际发生时计入营业外支出,同时冲减应收及预付款项。　　　　　　　　　　　　　　　　　　　　　　　　(　　)
6. 小企业收到承兑的商业汇票,无论是否带息,均按票据的票面价值入账。(　　)
7. 购入材料在运输途中发生的合理损耗无需单独进行账务处理。　　　　(　　)
8. 无论小企业对存货采用实际成本核算,还是采用计划成本核算,在编制资产负债表时,资产负债表上的存货项目反映的都是存货的实际成本。　　　　(　　)
9. 发出存货计价方法的选择直接影响着资产负债表中资产总额的多少,而与利润表中净利润的大小无关。　　　　　　　　　　　　　　　　　　　　(　　)
10. 先进先出法假设实物的流转顺序为先购入的存货先发出,采用这种方法的工作量大,但可以随时结转发出存货成本,有利于企业日常存货的监管。　　　(　　)
11. 月末货到单未到的入库材料应按暂估价入账,并于下月初用红字冲销原暂估入账金额。　　　　　　　　　　　　　　　　　　　　　　　　　　(　　)
12. 企业租入包装物支付的押金,应计入其他业务成本。　　　　　　　　(　　)

实战演练

业务题一

一、目的:练习短期投资的核算。

二、资料:某小企业2019年1月20日购买东海公司发行的股票1 000股作为短期

投资,实际支付价款和相关税费为10万元;2019年6月20日,东海公司宣告发放现金股利1万元;7月10日收到已宣告发放的现金股利1万元;7月20日出售全部股票,实际收到款项为110 000元。

三、要求:根据以上经济业务,编制会计分录。

业务题二

一、目的:练习应收、预付款项的核算。

二、资料:甲小企业为增值税一般纳税人企业,适用的增值税税率为13%。2019年4月发生经济业务如下。

1. 4月5日,采用托收承付结算方式向杰嘉公司销售商品一批,货款30万元,增值税额3.9万元,以银行存款代垫运杂费0.6万元,已办理托收手续。

2. 甲公司收到丙公司交来商业承兑汇票一张,面值1万元,用以偿还其前欠货款。

3. 4月8日,向B公司销售w商品一批,开出的增值税专用发票上注明的价款为15万元,增值税税额为1.95万元,该批w商品实际成本为12万元,款项尚未收到。

4. 4月18日,向乙公司采购材料5 000千克,每千克单价10元,按照合同规定开出支票向乙公司付定金2.5万元,材料验收入库后补付其余款项。

5. 4月28日,收到乙公司发来的5 000千克材料,验收无误,增值税专用发票注明的价款为5万元,增值税税额0.65万元。以银行存款补付所欠款项3.15万元。

6. 4月29日,租入包装物一批,以银行存款向出租方支付押金1万元。

7. 4月30日,因丁公司破产,应收账款1万元无法收回。

8. 4月30日,收回上年度已确认并转销丙公司坏账损失1万元。

三、要求:根据以上经济业务,编制会计分录。

业务题三

一、目的:练习存货发出的加权平均法。

二、资料:某小企业月初甲材料结存金额500元,结存数量250千克;本月5日和20日分别购买甲材料200千克,单价分别为2.1元和2.3元;本月10日和25日分别领用300千克甲材料。

三、要求:根据上述资料,采用加权平均法计价计算甲材料期末结存金额。

业务题四

一、目的:练习原材料实际成本的核算。

二、资料:某小企业原材料按实际成本计价,发生以下经济业务:

1. 购进甲种原材料一批,增值税专用发票上注明价款2万元,增值税税额0.26万元,共计2.26万元,以银行存款支付,材料尚未运到。

2. 购进乙种原材料一批,增值税专用发票上注明价款2.5万元,增值税税额0.325万元,共计2.825万元,材料验收入库,款项以银行存款支付。

3. 购进甲种材料运到并验收入库。(参看业务1)

4. 购进丙种材料一批,合同价4万元,材料验收入库。月末结算凭证尚未到达,按暂估价4万元入账。

5. 下月初购进丙种材料的结算凭证到达,增值税专用发票上注明价款4万元,增值税税额 0.52 万元,共计 4.52 万元,以银行存款支付。

6. 根据乙种材料"发料凭证汇总表"所列,生产车间领用 1.5 万元,管理部门领用 0.4 万元。

三、要求:根据以上经济业务,编制会计分录。

业务题五

一、目的:练习原材料计划成本的核算。

二、资料:B 小企业原材料按计划成本计价,2019 年发生的业务如下:

1. 6 月 15 日,购入原材料 80 千克,材料已经验收入库,月末结算凭证未到达,B 企业按订单价格 4 000 元暂估入账。

2. 7 月初,作相反会计分录对暂估款予以冲销。

3. 7 月 10 日,收到发票时,增值税专用发票上注明货款 3 500 元,增值税额 455 元,该材料计划的单价为 50 元/千克。

4. 7 月末,结转入库材料的计划成本同时结转本月入库材料的成本差异。

三、要求:根据以上经济业务,编制会计分录。

业务题六

一、目的:练习存货发出的移动加权平均法。

二、资料:A 公司月初结存甲材料 13 吨,每吨单价 8 290 元。

本月购入情况如下。

1. 3 日购入 5 吨,单价 8 800 元。

2. 17 日购入 12 吨,单价 7 900 元。

本月领用情况如下。

1. 10 日领用 10 吨。

2. 28 日领用 10 吨。

三、要求:采用移动加权平均法计算 A 公司发出存货的成本和月末结存存货的成本。

课后习题答案

第 3 章 非流动资产

通过本章你可以学到：

- 长期债券投资初始与后续计量
- 长期股权投资核算的成本法
- 固定资产的折旧与折旧方法
- 固定资产增减变动的账务处理
- 无形资产增减变动的账务处理
- 长期待摊费用的核算

> **案例导入**

东海实业公司为提高工作效率,将一台已提足折旧的设备转入报废清理。报废设备的原始价值62 000元,已计提折旧59 520元,报废时发生清理费用300元,残值收入450元。这项业务对公司最终损益的影响金额是多少?通过本章非流动资产的学习,同学们将能获得满意的答案。

第1节 长期投资核算

一、长期债券投资核算

(一)长期债券投资核算内容

 长期债券投资是指小企业购入的在1年内(不含1年)不能变现或不准备随时变现的债券投资。

为了总括地反映长期债券投资增减变动的经济业务,小企业应设置"长期债券投资"科目。该科目属资产类科目,用以核算小企业购入的在1年内(不含1年)不能变现或不准备随时变现的债券投资。"长期债券投资"科目可按债券种类和被投资单位进行明细核算。"长期债券投资"科目期末借方余额,反映小企业持有长期债券投资的成本或到期一次还本付息债券的本息。

1. 长期债券投资的取得

长期债券投资应当按照实际支付的购买价款作为成本进行计量。

小企业在以购买债券的形式进行对外长期投资时,其购买债券的价格有三种情况:一是按债券面值购入;二是按高于债券面值即溢价购入;三是按低于债券面值即折价购入。

按面值购入是指所购入的债券等于其票面所确定的价格,这时债券的票面利率与资金市场的利率相一致。

溢价购入是指以高于债券的面值价格购入债券,这是由于购入债券票面的利率高于当时资金市场实际利率的缘故所造成的。

折价购入是指以低于债券的面值价格购入债券,这是由于购入债券票面的利率低于当时资金市场的实际利率的缘故所造成的。

不管是以债券面值购入,还是以溢价购入或以折价购入,小企业购入债券作为长期投资,应当按照实际支付的购买价款,借记"长期债券投资"科目,贷记"银行存款"科目。

实际支付价款中包含的已到付息期但尚未领取的债券利息,应当单独确认为应收利息,不计入长期债券投资的成本。即如果实际支付的价款中包含已到付息期但尚未领取的债券利息,应当按照实际支付的价款扣除应收的债券利息,借记"长期债券投资"科目;按照应收的利息,借记"应收利息"科目;按照实际支付的价款,贷记"银行存款"科目。

2. 持有期间的核算

长期债券投资在持有期间,按月计算的应收利息应当确认为投资收益。应当注意区分分期付息、一次还本的债券投资和一次还本付息的债券投资的核算异同。

(1) 分期付息、一次还本的长期债券投资,按月计算的应收未收利息应当确认为应收利息,不增加长期债券投资的账面余额,借记"应收利息"科目,贷记"投资收益"科目。

(2) 一次还本付息的长期债券投资,一次还本付息债券是指在债务期间不支付利息,只在债券到期后按规定的利率一次性向持有者支付利息并还本的债券。这种债券的付息频率一般为1年一次。

小企业可以在"长期债权投资"科目下设置面值和应计利息明细账,对一次还本付息的长期债券投资进行明细核算。

月度终了,小企业应当按照一次还本付息的长期债券投资票面利率计算的利息收入,借记"长期债券投资"科目(应计利息),贷记"投资收益"科目。

3. 长期债券投资的处置

小企业处置长期债券投资实际取得价款与其账面余额之间的差额,应当计入投资收益,即应当按照实际取得的价款或收回的债券本金(或本息),借记"银行存款"等科目,贷记"长期债券投资"科目;按应收未收的利息,贷记"应收利息"科目;按照其差额,贷记或借记"投资收益"科目。

(二) 应收利息核算内容

为了总括地反映应收利息增减变动的经济业务,小企业应设置"应收利息"科目。该科目属资产类科目,用以核算小企业债券投资应收取的利息。"应收利息"科目可按被投资单位进行明细核算。"应收利息"科目期末借方余额,反映小企业尚未收到的债券利息。

(1) 小企业购入债券,如果实际支付的价款中包含已到付息期但尚未领取的债券利息,应当按照实际支付的价款扣除应收的债券利息,借记"短期投资"或"长期债券投资"科目;按照应收的利息,借记"应收利息"科目;按照实际支付的价款,贷记"银行存款"科目。

(2) 小企业在持有长期债券投资期间,月度终了,按照分期付息、一次还本债券投资的票面利率计算的利息收入,借记"应收利息"科目,贷记"投资收益"科目;按照一次还本付息债券投资的票面利率计算的利息收入,借记"长期债券投资——应计利息"科目,贷记"投资收益"科目。

(3) 小企业实际收到债券利息,借记"银行存款"科目,贷记"应收利息"

科目。

(三) 长期债券投资核算举例

【例 3-1】 某公司发生有关长期债券投资业务如下：

（1）某公司购入 A 公司面值为 40 000 元的债券，内含应计利息 1 000 元；实际支付价款 41 000 元。应进行账务处理如下：

借：长期债券投资——A 公司债券　　　　　　　　　　40 000
　　应收利息　　　　　　　　　　　　　　　　　　　 1 000
　　贷：银行存款　　　　　　　　　　　　　　　　　　　　41 000

（2）该债券为 3 年期，每半年付息一次，年利率为 8%，现计算第一期应计利息为 1 600 元(40 000×8%÷2)。由于购入时已含应计利息 1 000 元，故本期实际应计投资收益为 600 元。应进行账务处理如下：

借：应收利息　　　　　　　　　　　　　　　　　　　　600
　　贷：投资收益——债券投资收益　　　　　　　　　　　　600

（3）收到第一期应计利息 1 600 元，如数存入银行。应进行账务处理如下：

借：银行存款　　　　　　　　　　　　　　　　　　　1 600
　　贷：应收利息　　　　　　　　　　　　　　　　　　　1 600

【例 3-2】 F 公司于 2019 年 3 月 1 日购入申华公司面值共为 60 000 元的债券，购入价格 65 118 元(不含应计利息)。该债券为 5 年期，每年分 1 月 1 日和 7 月 1 日两期付息，票面利率为 8%，市场利率为 6%。应进行账务处理如下：

借：长期债券投资——申华公司债券　　　　　　　　　65 118
　　贷：银行存款　　　　　　　　　　　　　　　　　　　65 118

每期应计利息 = 60 000 × 8% ÷ 2 = 2 400(元)

各期应计利息应进行账务处理如下：

借：应收利息　　　　　　　　　　　　　　　　　　　2 400
　　贷：投资收益——债券投资收益　　　　　　　　　　　2 400

实际收到每期利息时，应进行账务处理如下：

借：银行存款　　　　　　　　　　　　　　　　　　　2 400
　　贷：应收利息　　　　　　　　　　　　　　　　　　　2 400

【例 3-3】 G 公司某年 4 月 1 日购入票面价值共计为 40 000 元的 Z 公司债券，实际支付价为 37 516 元(不含应计利息)。该债券为 4 年期，每年分 1 月 1 日和 7 月 1 日两期付息，票面利率为 10%，当时的市场利率为 12%。购入时，应进行账务处理如下：

借：长期债券投资——Z 公司债券　　　　　　　　　　37 516
　　贷：银行存款　　　　　　　　　　　　　　　　　　　37 516

每期应计利息=40 000×10%÷2=2 000(元)。

各期应计利息应进行账务处理如下：

借：应收利息	2 000
贷：投资收益——债券投资收益	2 000

实际收到每期利息时，应进行账务处理如下：

借：银行存款	2 000
贷：应收利息	2 000

【例3-4】 K企业将持有W公司长期债券1 000张抛售出去，实收价格计24 000元。该债券账面价值为21 000元，另已入账应计未收利息为800元。应进行账务处理如下：

借：银行存款	24 000
贷：长期债券投资——W公司债券	21 000
应收利息	800
投资收益——债券投资收益	2 200

【例3-5】 M企业2017年9月1日购入长城公司该年度1月1日发行的3年期债券200 000元，年利率为12%，债券采取分期付息、到期还本方式发行。M企业实际支付价款217 000元，其中应计利息16 000元，有关税费1 000元。

购入时，应进行账务处理如下：

借：长期债权投资	201 000
应收利息(200 000×12%×8÷12)	16 000
贷：银行存款	217 000

2017年年末，应进行账务处理如下：

借：应收利息	24 000
贷：投资收益	8 000
应收利息	16 000

2018年、2019年年末，应进行账务处理如下：

借：应收利息	24 000
贷：投资收益	24 000

若上例债券为到期一次还本付息的，则购入债券时，应进行账务处理如下：

借：长期债券投资——长城债券	201 000
长期债券投资——应计利息	16 000
贷：银行存款	217 000

第3年年末一次还本付息时,应进行账务处理如下:

借:银行存款　　　　　　　　　　　　　　　　272 000
　　贷:投资收益　　　　　　　　　　　　　　　　55 000
　　　　长期债券投资——应计利息　　　　　　　16 000
　　　　长期债券投资——长城债券　　　　　　 201 000

二、长期股权投资核算

(一)长期股权投资核算内容

案例:长期投资有风险

☞ 小企业的长期股权投资是指准备长期持有(通常在1年以上)的权益性投资。

为了总括地反映企业长期股权投资增减变动的经济业务,小企业应设置"长期股权投资"科目。该科目属资产类科目,用以核算小企业准备长期持有(通常在1年以上)的权益性投资。"长期股权投资"科目可按被投资单位进行明细核算。"长期股权投资"科目期末借方余额,反映小企业持有的长期股权投资的成本。

1. 长期股权投资的取得

小企业长期股权投资应当按照投资成本进行初始计量。

(1)以支付现金取得的长期股权投资,应当按照实际支付的购买价款作为成本进行计量。

实际支付价款中包含的已宣告但尚未发放的现金股利,应当单独确认为应收股利,不计入长期股权投资的成本。如果实际支付的价款中包含已宣告但尚未发放的现金股利,应当单独确认为应收股利,不计入长期股权投资的成本,即应当按照实际支付的全部价款扣除已宣告但尚未发放的现金股利,借记"长期股权投资"科目;按照应收的现金股利,借记"应收股利"科目;按实际支付的全部价款,贷记"银行存款"科目。

(2)以非货币性资产交换取得的长期股权投资,应当按照所换出的非货币性资产的评估价值和相关税费之和作为长期股权投资的成本,借记"长期股权投资"科目,贷记"固定资产""无形资产""应交税费""固定资产清理"等科目。

2. 长期股权投资持有期间的核算

《小企业会计准则》要求对被投资单位的投资都采用成本法核算。成本法是指长期股权投资所反映的是原始投入的成本数,即投出时实际支付的成本价。投资价值入账后,除实际增减投资外,一般不调整账面值。至于被投资企业在经营期内的净资产是否增值,以及企业长期投资是否所获得股利,都不在长期股权投资账面价值中反映。

小企业在长期股权投资持有期间,按照被投资单位宣告发放的现金股利或利润中属于本企业的部分,即应当按照应分得的金额确认为投资收益。借记"应收股利"科目,贷记"投资收益"科目。

3. 长期股权投资的处置

处置长期股权投资,实际取得的价款与其成本之间的差额,应当计入投资收益,即按照实际收到的价款,借记"银行存款"等科目;按照其账面余额,贷记"长期股权投资"科目;按照其差额,贷记或借记"投资收益"科目。

(二) 长期股权投资核算举例

【例3-6】 A公司第1年年初根据投资协议,以银行存款投资乙公司1 500 000元,拥有乙公司15%的股份。应进行账务处理如下:

借:长期股权投资——乙公司　　　　　　　　　　1 500 000
　　贷:银行存款　　　　　　　　　　　　　　　　　　1 500 000

第2年,该公司收到乙公司分派的股利30 000元。应进行账务处理如下:

借:银行存款　　　　　　　　　　　　　　　　　　30 000
　　贷:投资收益　　　　　　　　　　　　　　　　　　　30 000

【例3-7】 B公司拥有丙公司6%股份。丙公司取得净利润2 400 000元,按照被投资单位(丙公司)已宣告发放的现金股利2 000 000元,B公司应计投资收益120 000元。应进行账务处理如下:

借:应收股利　　　　　　　　　　　　　　　　　　120 000
　　贷:投资收益——丙公司　　　　　　　　　　　　　120 000

如收到上述股利时,应进行账务处理如下:

借:银行存款　　　　　　　　　　　　　　　　　　120 000
　　贷:应收股利　　　　　　　　　　　　　　　　　　　120 000

【例3-8】 C公司2018年3月1日从A公司购入股票100 000股,股票每股面值1元,A公司按溢价发行,每股2元,实际成本200 000元,另支付税金、手续费等计4 000元,实际支付价为204 000元。C公司2019年1月收到被投资单位(A公司)宣告发放的现金股利30 000元的书面通知。2019年3月,A公司分派现金股利30 000元。

(1) 在2018年3月1日购入股票时,应进行账务处理如下:

借:长期股权投资——A公司　　　　　　　　　　204 000
　　贷:银行存款　　　　　　　　　　　　　　　　　　204 000

(2) 2019年1月,按照被投资单位(A公司)宣告发放的现金股利,应进行账务处理如下:

借:应收股利——A公司　　　　　　　　　　　　30 000
　　贷:投资收益——A公司　　　　　　　　　　　　　30 000

(3) 收到A公司分派的红利,应进行账务处理如下:

借:银行存款　　　　　　　　　　　　　　　　　　30 000
　　贷:应收股利——A公司　　　　　　　　　　　　　30 000

(三) 长期股权投资损失

根据《小企业会计准则》规定,长期股权投资损失应当于实际发生时计入营业外支出,同时冲减长期股权投资账面余额。

确认实际发生的长期股权投资损失,应当按照可收回的金额,借记"银行存款"等科目,贷记"长期股权投资"科目;按照其差额,借记"营业外支出"科目。

> **知识拓展**
>
> 小企业的长期股权投资符合下列条件之一的,减除可收回的金额后确认的无法收回的长期股权投资,可以作为长期股权投资损失。
>
> 1. 被投资方依法宣告破产、关闭、解散、被撤销,或者被依法注销、吊销营业执照的。
> 2. 被投资方财务状况严重恶化,累计发生巨额亏损,已连续停止经营3年以上,且无重新恢复经营改组计划的。
> 3. 对被投资方不具有控制权,投资期限届满或者投资期限已超过10年,且被投资单位因连续3年经营亏损导致资不抵债的。
> 4. 被投资方财务状况严重恶化,累计发生巨额亏损,已完成清算或清算期超过3年以上的。
> 5. 国务院财政、税务主管部门规定的其他条件。

第2节　固定资产核算

一、固定资产概述

(一) 固定资产概念与分类

固定资产是指小企业为生产商品、提供劳务、出租或经营管理而持有的,使用寿命超过一个会计年度的有形资产。

固定资产是小企业重要的生产资料。从实物形态来看,固定资产具有使用年限较长,能多次参加生产经营过程而不改变其实物形态的特点;从价值形态来看,固定资产的价值是随着实物的损耗程度,逐渐地、部分地(而不是一次地、全部地)转移到产品成本和有关费用中去,构成成本或费用的一个组成部分。

小企业的固定资产包括:房屋、建筑物、机器、机械、运输工具以及其他与生产经营有关的设备、器具、工具等。为了便于固定资产的管理与核算,有必要对企业的固定资产进行合理的分类。固定资产一般可按照经济性质和用途结合起来进行分类,将固定资产分为生产经营用固定资产、非生产经营用固定资产、租出固定资产、未使用固定资产、不需用固定资产、融资租赁固定资产、土地等类别。

小企业应当根据固定资产定义,结合本企业的具体情况,制定适合于本企业的固定资产目录、分类方法、每类或每项固定资产的折旧年限、折旧方法和预计净残值,作为进行固定资产核算的依据。

(二)固定资产计量

固定资产应当按照实际成本进行计量。

(1)外购固定资产的成本,包括购买价款、相关税费以及相关的运输费、装卸费、安装费等,但不包括按照税法规定可以抵扣的增值税额。

以一笔款项购入多项没有单独标价的固定资产,应当按照各项固定资产市场价格或类似资产的市场价格比例对总成本进行分配,分别确定各项固定资产的成本。

固定资产很保值

(2)自行建造固定资产的成本,应当按照建造该项资产在竣工决算前发生的支出确定,包括应负担的借款利息。

小企业在建工程在试运转过程中所取得的收入直接计入主营业务收入、其他业务收入或营业外收入,不冲减在建工程成本。

(3)投资者投入固定资产的成本,应当按照投资合同或协议约定的价值确定。

(4)盘盈固定资产的成本,应当按照同类或者类似固定资产的市场价格扣除按照该项固定资产新旧程度估计的折旧后的余额确定。

(三)固定资产计价方法

固定资产的核算既要按其实物量加以计算,又要按其货币计量单位进行计算。以货币计量单位计算固定资产的价值,被称为固定资产的计价。按照固定资产的计价原则,对固定资产进行正确的货币计价,是做好固定资产核算、真实反映企业财产和正确计提固定资产折旧的重要依据。

固定资产的计价一般采用原始价值、净值两种计价方法。

一是按原始价值计价。原始价值亦称历史成本或原始购置成本,是指企业购建某项固定资产达到可使用状态前所发生的一切合理、必要的支出。企业新购建固定资产的计价、确定计提折旧的依据等均采用这种计价标准,它是固定资产的基本计价标准。这种方法的主要优点是,原始价值具有客观性和可验证性,即固定资产的价值均是实际发生并有支付凭据的支出。

二是按净值计价。固定资产净值亦称为折余价值,是指固定资产原始价值减去已提折旧后的净额。它可以反映企业实际占用在固定资产上的资金数额和固定资产的新旧程度。这种计价标准主要用于确定盘盈、盘亏、毁损固定资产的溢余或损失等。

(四)固定资产核算应当设置的会计科目

为了分类核算企业现有固定资产的原价、已提折旧额以及净值,全面反映企业固定资产增减变动状况,需要设置"固定资产""累计折旧""在建工程""固定资产清理"等主要科目。

1. "固定资产"科目

"固定资产"属于资产类科目，用于核算小企业固定资产的原价。本科目借方登记小企业增加的固定资产的原价；贷方登记小企业减少的固定资产原价；期末借方余额，反映小企业期末固定资产的账面原价。小企业应当设置"固定资产登记簿"和"固定资产卡片"，按固定资产类别、使用部门和每项固定资产进行明细核算。

做到"固定资产"的总分类账、明细分类账、分类账、固定资产登记簿和固定资产卡片"四相符"。

小企业临时租入的固定资产，应另设备查簿进行登记，不在本科目核算。

2. "累计折旧"科目

"累计折旧"科目属于固定资产的调整科目，用于核算小企业固定资产的累计折旧。本科目贷方登记小企业计提的固定资产折旧；借方登记处置固定资产转出的累计折旧；期末贷方余额，反映企业固定资产的累计折旧额。它一般只进行总分类核算，不进行明细核算。需要查明某项固定资产的已提折旧，可以根据固定资产卡片上所记载的该项固定资产原价、折旧率和实际使用年数等资料进行计算。

3. "在建工程"科目

"在建工程"科目核算小企业基建、更新改造等在建工程发生的支出。本科目借方登记小企业各项在建工程的实际支出；贷方登记完工工程转出的成本；期末借方余额反映企业尚未达到预定可使用状态的在建工程的成本。"在建工程"科目可按在建工程项目进行明细核算，如可以设置安装工程、新建工程、改扩建工程等明细科目进行明细核算。

小企业购入不需要安装的固定资产，不通过"在建工程"科目核算。

小企业购入为工程准备的物资，在"工程物资"科目进行核算，不在"在建工程"科目核算。

4. "固定资产清理"科目

"固定资产清理"属于资产类暂记科目，用于核算小企业因出售、转让、报废、毁损等原因转出的固定资产净值以及在清理过程中发生的费用等。本科目借方登记转出的固定资产账面价值、清理过程中应支付的相关税费及其他费用；贷方登记固定资产清理完成的处理；期末如为借方余额，反映小企业尚未清理完毕的固定资产清理净损失，期末如为贷方余额，则反映小企业尚未清理完毕的固定资产清理净收益。"固定资产清理"科目应按被清理的固定资产设置明细账，进行明细分类核算。

二、固定资产的取得

小企业取得的固定资产应按成本进行初始计量，具体有要求按照以下不同的取得方式取得的固定资产时所发生的实际成本计量。

(一)外购的固定资产

小企业外购的固定资产的成本包括:购买价款、相关税费、运输费、装卸费、保险费、安装费等,但不含按照税法规定可以抵扣的增值税进项税额。

1. 外购不需安装的固定资产

【例3-9】 东海实业有限公司购买新设备一台,价款400 000元,增值税额52 000元,取得增值税专用发票。价税款项均已用银行存款付清,并验收交付生产使用。应进行账务处理如下:

借:固定资产   400 000
　　应交税费——应交增值税(进项税额)   52 000
　　贷:银行存款   452 000

2. 外购需要安装的固定资产

小企业购入需要安装的固定资产,应在购入固定资产取得成本的基础上加上安装调试成本,作为购入固定资产的成本,先通过"在建工程"科目核算,待安装完毕达到预定可使用状态时,再由"在建工程"科目转入"固定资产"科目。

【例3-10】 东海实业有限公司发生需要安装的固定资产业务如下:

(1)购入需要安装的旧机床一台,原价120 000元,取得普通发票。按购买实际支付的价款入账,并交付安装。应进行账务处理如下:

借:在建工程——安装工程   120 000
　　贷:银行存款   120 000

(2)在支付安装费1 500元和结转安装工人工资500元时,应进行账务处理如下:

借:在建工程——安装工程   2 000
　　贷:银行存款   1 500
　　　　应付职工薪酬   500

(3)旧机床安装完毕、交付使用时,应进行账务处理如下:

借:固定资产   140 000
　　贷:在建工程——安装工程   140 000

(二)自行建造的固定资产

自行建造的固定资产成本,由建造该项资产在竣工决算前发生的支出(含相关的借款费用)构成。企业自行建造固定资产,可采用两种方式:自营建造在建工程和出包在建工程。

1. 自营建造在建工程

【例3-11】 东海实业有限公司以自营方式新建造一条生产流水线,首先要准备材料,然后自营施工,其核算程序及账务处理如下:

(1)购入流水线专用材料,取得的增值税专用发票上注明价款200 000

元,增值税额 26 000 元,价税款已用银行存款支付。应进行账务处理如下:

借:工程物资 200 000
　　应交税费——应交增值税(进项税额) 26 000
　贷:银行存款 226 000

(2) 自营工程领用专用材料 180 000 元。应进行账务处理如下:

借:在建工程——新建工程 180 000
　贷:工程物资 180 000

(3) 结转应计入自营工程的生产工人工资为 2 000 元。应进行账务处理如下:

借:在建工程——新建工程 2 000
　贷:应付职工薪酬 2 000

(4) 结转辅助生产车间提供运输费 3 000 元、水电费 4 000 元,合计 7 000 元。应进行账务处理如下:

借:在建工程——新建工程 7 000
　贷:生产成本——辅助生产成本 7 000

(5) 该工程完工后,经验收合格交付使用,按实际成本转入固定资产。自行建造固定资产的成本,应当按照建造该项资产在竣工决算前发生的支出确定。应进行账务处理如下:

借:固定资产 189 000
　贷:在建工程——新建工程 189 000

2. 出包在建工程

【例 3-12】 东海实业有限公司建造一幢楼房,出包给某建筑企业,工程总造价为 1 600 000 元。

(1) 根据出包合同,预付工程总造价的 60%,其余价款工程完工验收合格后付清。

借:预付账款 960 000
　贷:银行存款 960 000

(2) 工程完工,办理工程价款结算。

借:在建工程 1 600 000
　贷:预付账款 960 000
　　　银行存款 640 000

(3) 工程验收合格交付使用,结转在建工程成本。

借:固定资产 1 600 000
　贷:在建工程 1 600 000

（三）盘盈的固定资产

小企业盘盈的固定资产的成本，应当按照同类或者类似固定资产的市场价格或评估价值，扣除按照该项固定资产新旧程度估计的折旧后的余额确定。

【例3-13】 东海实业有限公司盘盈一项固定资产，类似全新固定资产的市场价格为5 000元，应按照扣除该项固定资产新旧程度估计的折旧2 000元后的余额确定其入账价值。应进行账务处理如下：

借：固定资产　　　　　　　　　　　　　　　　　　　　　　3 000
　　贷：待处理财产损溢——待处理固定资产损溢　　　　　　　3 000
借：待处理财产损溢——待处理固定资产损溢　　　　　　　　3 000
　　贷：营业外收入　　　　　　　　　　　　　　　　　　　　3 000

（四）投资者投入的固定资产

小企业接受投资者投入固定的资产的成本，应当按照评估价值和相关税费确定。

【例3-14】 甲、乙两企业合作经营，甲企业投入厂房一幢，账面价值为7 800 000元，按新旧程度作价5 000 000元投资，双方同意并签订投资协议。投资者投入固定资产的成本，应当按照投资合同或协议约定的价值确定。合作经营企业应进行账务处理如下：

借：固定资产　　　　　　　　　　　　　　　　　　　　5 000 000
　　贷：实收资本——甲企业　　　　　　　　　　　　　　5 000 000

（五）接受捐赠的固定资产

【例3-15】 某企业接受外商捐赠的电子仪器一台，根据类似资产的市价估计该设备的价值为确认价值为50 000元，已交生产使用。

借：固定资产　　　　　　　　　　　　　　　　　　　　　　50 000
　　贷：营业外收入　　　　　　　　　　　　　　　　　　　　50 000

三、固定资产的减少

小企业在生产经营过程中，可能将不适用或不需用的固定资产对外出售转让，或因磨损、技术进步等原因对固定资产进行报废，或因自然灾害而对毁损的固定资产进行处理，这些情况，都会造成小企业固定资产的减少。

（一）固定资产对外投资

【例3-16】 东海实业有限公司向DD公司投资设备一套，账面原值为1 000 000元，该设备已提折旧4 000 00元。投资双方经评定估算按固定资产的净值作价。假定没有发生相关税费，应进行账务处理如下：

借：长期股权投资　　　　　　　　　　　　　　　　　　　600 000
　　累计折旧　　　　　　　　　　　　　　　　　　　　　400 000
　　贷：固定资产　　　　　　　　　　　　　　　　　　1 000 000

(二) 固定资产出售

【例3-17】 东海实业有限公司出售不需用的闲置设备一台,原价40 000元,已计提折旧28 000元,售价13 000元存入银行。另发生拆卸费500元,以现金支付。

(1) 在转销已出售的固定资产的价值时,应进行账务处理如下:

借:固定资产清理　　　　　　　　　　　　　　　　　　　12 000
　　累计折旧　　　　　　　　　　　　　　　　　　　　　 28 000
　　　贷:固定资产——不需用固定资产　　　　　　　　　　40 000

(2) 在收到13 000元款项存入银行时,应进行账务处理如下:

借:银行存款　　　　　　　　　　　　　　　　　　　　　13 000
　　　贷:固定资产清理　　　　　　　　　　　　　　　　　13 000

(3) 在支付拆卸费用500元时,应进行账务处理如下:

借:固定资产清理　　　　　　　　　　　　　　　　　　　　 500
　　　贷:库存现金　　　　　　　　　　　　　　　　　　　　500

(4) 结转清理固定资产净收益500元(13 000－12 000－500)。小企业出售、转让、报废固定资产或发生固定资产毁损,应当将处置收入扣除固定资产账面价值和相关税费后的净额计入营业外收入或营业外支出。应进行账务处理如下:

借:固定资产清理　　　　　　　　　　　　　　　　　　　　 500
　　　贷:营业外支出　　　　　　　　　　　　　　　　　　　500

(三) 固定资产报废

【例3-18】 东海实业有限公司经批准报废一台不需用设备,原价200 000元,在报废清理时已计提折旧额170 000元。在设备拆除时,结转应付机修车间工人的工资2 000元,以银行存款支付其他费用1 000元。设备拆除后的钢材等作价出售的7 000元已收回,并存入银行,其残料入库变价收入2 000元。

(1) 在注销报废设备的原价和折旧额时,应进行账务处理如下:

借:固定资产清理　　　　　　　　　　　　　　　　　　　30 000
　　累计折旧　　　　　　　　　　　　　　　　　　　　 170 000
　　　贷:固定资产——不需用固定资产　　　　　　　　　200 000

(2) 在发生报废设备的清理费用时,应进行账务处理如下:

借:固定资产清理　　　　　　　　　　　　　　　　　　　 3 000
　　　贷:应付职工薪酬　　　　　　　　　　　　　　　　　2 000
　　　　　银行存款　　　　　　　　　　　　　　　　　　　1 000

(3) 在报废设备的残料变价收入时,应进行账务处理如下:

借：原材料　　　　　　　　　　　　　　　　　　　　　　2 000
　　　　银行存款　　　　　　　　　　　　　　　　　　　　　 7 000
　　　　　贷：固定资产清理　　　　　　　　　　　　　　　　　　　9 000

　　④核算报废设备清理后的净损失 24 000 元(30 000＋3 000－9 000)。应进行账务处理如下：

　　借：营业外支出——处理固定资产净损失　　　　　　　　24 000
　　　　　贷：固定资产清理　　　　　　　　　　　　　　　　　　　24 000

（四）固定资产盘亏

【例 3-19】　东海实业有限公司盘亏一项生产经营用的电脑设备，账面原价为 6 000 元，已提折旧 4 000 元，经董事会审批后同意转销。盘亏的固定资产，按照该项固定资产的账面价值，借记"待处理财产损溢——待处理固定资产损溢"科目；按照已计提旧，借记"累计折旧"科目；按照其原价，贷记"固定资产"科目。应进行账务处理如下：

　　借：待处理财产损溢——待处理固定资产损溢　　　　　 2 000
　　　　累计折旧　　　　　　　　　　　　　　　　　　　　　4 000
　　　　　贷：固定资产——生产经营用固定资产　　　　　　　　　6 000
　　借：营业外支出　　　　　　　　　　　　　　　　　　　　2 000
　　　　　贷：待处理财产损溢——待处理固定资产损溢　　　　　　2 000

（五）固定资产对外捐赠

【例 3-20】　经董事会审批同意后，东海实业有限公司捐赠给希望小学电脑设备一批，账面原价为 100 000 元，已提折旧 30 000 元。应进行账务处理如下：

　　借：营业外支出　　　　　　　　　　　　　　　　　　　70 000
　　　　累计折旧　　　　　　　　　　　　　　　　　　　　 30 000
　　　　　贷：固定资产——生产经营用固定资产　　　　　　　　 100 000

四、固定资产改建核算业务

☞**固定资产的改建支出，是指改变房屋或者建筑物结构、延长使用年限等发生的支出。**

　　与固定资产有关的后续支出，如果使可能流入企业的经济利益超过了原先的估计，如延长了固定资产的使用寿命、使生产的产品质量实质性提高或是生产产品的成本实质性降低等，应将发生的支出计入固定资产价值。可资本化的固定资产后续支出发生时，借记"在建工程"等科目，贷记"银行存款"等科目。

　　固定资产的后续支出中，按上述原则不能计入固定资产价值的部分，应于发生时确认为当期费用。

【例 3-21】 2019 年 1 月,W 公司所持有的一条生产流水线,原价为 2 000 000 元,已计提累计折旧为 1 200 000 元,账面价值为 800 000 元。该流水线生产的产品适销对路,但现有生产线的生产能力已难以满足生产发展的需要,若新建生产线成本过高,周期过长,于是公司决定对其进行改扩建,以提高其生产能力。2019 年 1 月至 3 月,经过 3 个月的改扩建,完成了对这条印刷生产线的改扩建工程,共发生支出 300 000 元,全部以银行存款支付。该生产线改扩建工程达到预定可使用状态后,大大提高了生产能力,预计将其使用年限延长了 4 年。

由于对生产线的改扩建支出,提高了生产线的生产能力并延长了其使用寿命,所以,此项后续支出应增加固定资产的账面价值。W 公司的账务处理如下:

(1) 2019 年 1 月 1 日,固定资产转入改扩建时。

借:在建工程　　　　　　　　　　　　　　　　　　　800 000
　　累计折旧　　　　　　　　　　　　　　　　　　1 200 000
　　贷:固定资产　　　　　　　　　　　　　　　　　2 000 000

(2) 2019 年 1 月至 3 月,固定资产后续支出发生时。

借:在建工程　　　　　　　　　　　　　　　　　　　300 000
　　贷:银行存款　　　　　　　　　　　　　　　　　　300 000

(3) 2019 年 3 月月末,生产流水线改扩建工程达到预定可使用状态时。

借:固定资产　　　　　　　　　　　　　　　　　　1 100 000
　　贷:在建工程　　　　　　　　　　　　　　　　　1 100 000

五、固定资产折旧

(一) 折旧的概念与特点

☞ 固定资产折旧是指在固定资产使用寿命内,按照确定的方法对应计折旧额进行系统的分摊。计提固定资产折旧是将固定资产在使用过程中逐渐形成损耗的价值(包括有形损耗价值和无形损耗价值),逐步转移到产品成本和期间费用中去。

在会计核算上,固定资产折旧实质上是一个成本费用的分摊过程。通过折旧,将固定资产的取得成本,合理系统地在固定资产预计的有效使用期内进行分摊。所以说,固定资产折旧计入成本费用的过程,也就是固定资产价值转移的过程。在这一过程中,企业占用在固定资产形态上的资金,由于固定资产价值的转移而减少;随着产品销售的实现,计入产品中的折旧费就从收入中得到相应的补偿而转化为货币资金。作为折旧费用,计入各期成本和费用,不仅是为了收回投资,使企业有力量重新购置固定资产,而且是为了把固定资产的成本分配于各受益期,实现期间收入与费用的正确配比。有条件的企业,可以按照国家规定选择具体的折旧方法和确定加速折旧幅度,这对于加快企业技术进步和设备的更新换代具有重要意义。

小企业应当对所有固定资产计提折旧,并根据用途计入相关资产成本或者当期损益。但是,下列固定资产不计提折旧。

(1) 房屋、建筑物以外未投入使用的固定资产。

(2) 以经营租赁方式租入的固定资产。

(3) 已提足折旧仍继续使用的固定资产。

已达到预定可使用状态的固定资产,如果尚未办理竣工决算的,应按估计价值暂估入账,并计提折旧;待办理了竣工决算手续后,再按照实际成本调整原来的暂估价,同时调整原已计提的折旧额。

会动的固定资产

小企业对固定资产进行改良后,应当根据调整后的固定资产成本,并根据本企业的使用情况合理估计折旧年限和净残值,提取折旧。

折旧核算涉及以下四个基本概念。

(1) 折旧。折旧是指在固定资产使用寿命内,按照确定的方法对应计折旧额进行系统分摊。

(2) 应计折旧额。应计折旧额是指应当计提折旧的固定资产的原价扣除其预计净残值后的金额。

(3) 预计净残值。预计净残值是指固定资产预计使用寿命已满,企业从该项固定资产处置中获得的扣除预计处置费用后的金额。

(4) 已提足折旧。已提足折旧是指已经提足该项固定资产的应计折旧额。

(二) 折旧年限

小企业一般应按月提取折旧。小企业应当自固定资产投入使用月份的次月起按月计提折旧;停止使用的固定资产,应当自停止使用月份的次月起停止计提折旧。即当月增加的固定资产,当月不提折旧,从次月起计提折旧;当月减少的固定资产,当月照提折旧,从次月起不提折旧。固定资产提足折旧后,不管能否继续使用,均不再提取折旧;提前报废的固定资产,也不再补提折旧。所谓提足折旧,是指已经提足该项固定资产应提的折旧总额。应提的折旧总额为固定资产原价减去预计残值加上预计清理费用后的金额。

小企业应当根据固定资产的性质和使用情况,合理确定其折旧年限和净残值,作为计提折旧的依据。

温馨提醒

小企业应按企业固定资产分类折旧年限的规定,在允许的弹性期间内,在考虑固定资产原值、固定资产残值、清理费用等因素的基础上,选择折旧方法和折旧年限,并在开始实行年度前报主管财政机关备案。

除国务院财政、税务主管部门另有规定外,固定资产计算折旧的最低年限如下。

(1) 房屋、建筑物,为20年。
(2) 飞机、火车、轮船、机器、机械和其他生产设备,为10年。
(3) 与生产经营活动有关的器具、工具、家具等,为5年。
(4) 飞机、火车、轮船以外的运输工具,为4年。
(5) 电子设备,为3年。

(三) 折旧方法与折旧政策

小企业应当根据与固定资产有关的经济利益的预期实现方式,合理选择固定资产折旧方法。可选用的折旧方法包括年限平均法(即直线法)、工作量法、双倍余额递减法和年数总和法等。折旧方法一经确定,不得随意变更。常见的固定资产折旧方法详见图表3-1。

图表3-1

固定资产折旧方法

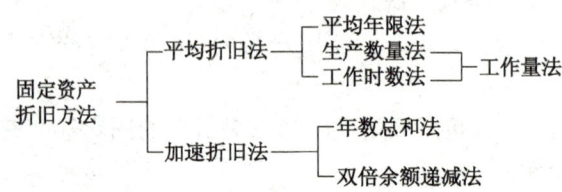

温馨提醒

小企业拥有并用于生产经营的主要或关键的固定资产,由于技术进步,产品更新换代较快的或常年处于强震动、高腐蚀状态的原因确需加速折旧的,可以缩短折旧年限或者采取加速折旧的方法。采取缩短折旧年限方法的,最低折旧年限不得低于《中华人民共和国所得税实施条例》规定折旧年限的60%;采取加速折旧方法的,可以采取双倍余额递减法或者年数总和法。

财政部国家税务总局《关于完善固定资产加速折旧企业所得税政策的通知》(财税〔2014〕75号)所规定的折旧政策如下:

(1) 对生物药品制造业,专用设备制造业,铁路、船舶、航空航天和其他运输设备制造业,计算机、通信和其他电子设备制造业,仪器仪表制造业,信息传输、软件和信息技术服务业等6个行业的企业2014年1月1日后新购进的固定资产,可缩短折旧年限或采取加速折旧的方法。

对上述6个行业的小型微利企业2014年1月1日后新购进的研发和生产经营共用的仪器、设备,单位价值不超过100万元的,允许一次性计入当期成本费用在计算应纳税所得额时扣除,不再分年度计算折旧;单位价值超过100万元的,可缩短折旧年限或采取加速折旧的方法。

(2) 对所有行业企业2014年1月1日后新购进的专门用于研发的仪器、

设备,单位价值不超过 100 万元的,允许一次性计入当期成本费用在计算应纳税所得额时扣除,不再分年度计算折旧;单位价值超过 100 万元的,可缩短折旧年限或采取加速折旧的方法。

(3) 对所有行业企业持有的单位价值不超过 5 000 元的固定资产,允许一次性计入当期成本费用在计算应纳税所得额时扣除,不再分年度计算折旧。

财政部国家税务总局《关于进一步完善固定资产加速折旧企业所得税政策的通知》(财税〔2015〕106 号)所规定的新的折旧政策如下。

(1) 对轻工、纺织、机械、汽车等四个领域重点行业的企业 2015 年 1 月 1 日后新购进的固定资产,可由企业选择缩短折旧年限或采取加速折旧的方法。

(2) 对上述行业的小型微利企业 2015 年 1 月 1 日后新购进的研发和生产经营共用的仪器、设备,单位价值不超过 100 万元的,允许一次性计入当期成本费用在计算应纳税所得额时扣除,不再分年度计算折旧;单位价值超过 100 万元的,可由企业选择缩短折旧年限或采取加速折旧的方法。

(3) 小企业按上述规定缩短折旧年限的,最低折旧年限不得低于《企业所得税法实施条例》第六十条规定的折旧年限的 60%;采取加速折旧方法的,可采取双倍余额递减法或者年数总和法。

(四) 固定资产的折旧方法

小企业应当根据与固定资产有关的经济利益的预期实现方式,合理选择固定资产的折旧方法。可选用的折旧方法有平均年限法、工作量法、年数总和法、双倍余额递减法等。

1. 平均年限法

☞ 平均年限法又称直线法,是根据固定资产原值、报废时的预计净残值,按平均使用年限计算的一种折旧方法。即固定资产的价值可以通过折旧均衡地摊配于使用期内的各个期间。采用这种方法,每年摊提的固定资产的折旧额是相等的,所以称它为直线法。按这种方法计算固定资产折旧时,其折旧额和折旧率的计算公式如下:

$$固定资产年折旧率 = \frac{固定资产原值 - 预计净残值}{固定资产原值 \times 使用年限} \times 100\%$$

$$= \frac{1 - 预计净残值率}{使用年限} \times 100\%$$

上述公式中的预计净残值=预计残值收入-预计清理费用。

$$预计净残值率 = \frac{预计净残值}{固定资产原价} \times 100\%$$

固定资产年折旧额=固定资产原值×年折旧率

固定资产月折旧率=固定资产年折旧率÷12

固定资产月折旧额=固定资产原值×月折旧率

【例 3-22】某项固定资产原值为 200 000 元,预计残值收入 20 000 元,预计清理费用 8 000 元,规定使用年限为 10 年。其月折旧率和月折旧额的计算

如下：

$$预计净残值率=\frac{20\,000-8\,000}{200\,000}\times100\%=6\%$$

$$月折旧率=\frac{1-0.06}{10}\div12=0.783\,3\%$$

$$月折旧额=200\,000\times0.783\,3\%=1\,566.60(元)$$

2. 工作量法

工作量法又可分为生产数量法和工作时数法。

👉 生产数量法是假定固定资产的使用年限是随着固定资产的使用程度而减退的一种折旧方法。因此，固定资产有效的使用年限便是使用这项资产所能生产的产品或劳务数量。生产数量法适用于那些有形损耗是折旧的主要因素的专用设备，如交通运输企业的客、货运汽车，是按照它们在整个有效使用年限内每一个会计期间的实际产量计算折旧。其每年产量与摊提的折旧成正比。按生产数量法，折旧率及折旧额的计算公式如下：

$$单位生产数量折旧率=\frac{固定资产原值\times(1-预计净残值率)}{生产总数量}$$

对于运输设备则为：

$$单位里程折旧额=\frac{固定资产原值\times(1-预计残值率)}{总行驶里程}$$

【例3-23】 某企业购置一台载重汽车，原价180 000元，预计净残值率4%，在使用8年内预计载运货物100 000吨公里，则每吨公里折旧额计算如下：

$$每吨公里折旧额=\frac{180\,000\times(1-4\%)}{100\,000}=1.728(元/吨公里)$$

如果某月完成2 000吨公里，则该月折旧额计算如下：

$$某月折旧额=2\,000\times1.728=3\,456(元)$$

👉 工作时数法与生产数量法类似，只是将生产产品或劳务数量改为工作时数即可。工作时数法适用于价值大而非平均使用的固定资产，其每年的工作时数与所摊提的折旧成正比。每工作小时折旧额计算公式如下：

$$每工作小时折旧额=\frac{固定资产原值\times(1-预计净残值率)}{总工作小时}$$

【例3-24】 某设备原价800 000元，预计净残值率5%，有效使用年限10年，预估工作200 000小时，则

$$每工作小时折旧额=\frac{800\,000\times(1-5\%)}{200\,000}=3.8(元/小时)$$

如某月份工作5 000小时，则该月的折旧额为：

$$某月折旧额=5\,000\times3.8=19\,000(元)$$

3. 年数总和法

年数总和法是每期用一个递减的分数乘以固定资产原值扣除预计净残值后的应计提折旧总额来计算该期折旧额的一种折旧方法。年数总和法是一种加速折旧的方法,是将固定资产的原值减去预计净残值后的净额乘以一个逐年递减的分数计算每年折旧额。这个递减分数的分子是开始计算折旧年初算起的固定资产尚能使用年数,用使用年限减去已使用年限表示。如一项固定资产使用年限为 4 年,计算第 1 年折旧时分子为 4,计算第 2 年折旧时分子为 3,计算第 3 年折旧时分子为 2,计算最后 1 年折旧时的分子为 1。这个递减分数的分母是固定资产使用年限中各年折旧年次的总和,用"折旧年限×(折旧年限+1)÷2"表示,如使用 4 年的固定资产分母为 10,即是使用年数的逐年数字总和为:(4+3+2+1)=10;如使用年限为 8 年的固定资产,分母即为 36。某年次计算折旧率的公式为:

$$年折旧率 = \frac{折旧年限 - 已使用年数}{折旧年限 \times (折旧年限+1) \div 2} \times 100\%$$

$$年折旧额 = (固定资产原值 - 预计净残值) \times 年折旧率$$

$$月折旧率 = \frac{年折旧率}{12}$$

$$月折旧额 = (固定资产原值 - 预计净残值) \times 月折旧率$$

【例 3-25】 某企业购置一台机床,原价 200 000 元,估计使用年限为 5 年,预计净残值 800 元,则

折旧总额 = 固定资产原值 - 预计净残值 = 200 000 - 800 = 199 200(元)

使用年限总和 = 1+2+3+4+5 = 15(年)

或　　　　　　 = 5×(5+1)÷2 = 15(年)

第 1 至 5 年的折旧率分别为 5/15、4/15、3/15、2/15、1/15。每年折旧额计算如图表 3-2 所示。

图表 3-2

年数总和法折旧计算表　　　　　　　　金额单位:元

年份	应计提折旧总额	年折旧率	年 折 旧 额	累计折旧	账面余额
1	199 200	5/15	199 200×5/15=66 400	66 400	133 600
2	199 200	4/15	199 200×4/15=53 120	11 520	80 480
3	199 200	3/15	199 200×3/15=39 840	159 360	40 640
4	199 200	2/15	199 200×2/15=26 560	185 920	14 080
5	199 200	1/15	199 200×1/15=13 280	199 200	800

4. 双倍余额递减法

双倍余额递减法是在先不考虑固定资产残值的情况下,用直线法的折旧率的 2 倍乘固定资产在每一年开始时的账面价值的一种折旧方法。由于每年的账面价值因每年计提折旧而逐年减少,所以用双倍的直线法折旧率乘递

减的账面价值计算得来的折旧额也是逐年递减的。用双倍余额递减法,在固定资产使用年限终了时其账面净值应等于净残值。为此,在使用年限终了提前2年将固定资产账面价值减去预计净残值后的数值除以2,即用直线法平均摊销。双倍余额递减法折旧率、折旧额的计算公式如下:

$$固定资产年折旧率 = \frac{2}{使用年限} \times 100\%$$

$$固定资产年折旧额 = 固定资产账面净值 \times 年折旧率$$

$$固定资产月折旧率 = 年折旧率 \div 12$$

$$固定资产月折旧额 = 固定资产账面净值 \times 月折旧率$$

【例3-26】 某项固定资产原值400 000元,规定使用5年,预计净残值率为4%(净残值16 000元)。

$$固定资产年折旧率 = \frac{2}{5} \times 100\% = 40\%$$

按双倍余额递减法计算的各年应计折旧额如图表3-3所示。

图表3-3

双倍余额递减法折旧计算表   金额单位:元

年份	期初账面净值	年折旧	年折旧额	累计折旧	期末账面净值
1	400 000	40%	400 000×40%=160 000	160 000	240 000
2	240 000	40%	240 000×40%=96 000	256 000	144 000
3	144 000	40%	144 000×40%=57 600	313 600	86 400
4	86 400		(86 400−16 000)÷2=35 200	348 800	51 200
5	51 200		(86 400−16 000)÷2=35 200	384 000	16 900

(五) 固定资产折旧核算

为了核算固定资产折旧,需要设置"累计折旧"科目。这是固定资产备抵科目,反映固定资产累计损耗的价值。"累计折旧"科目只进行总分类核算,不进行明细分类核算。在会计核算中,固定资产折旧的计算是编制固定资产折旧计算汇总表进行的,如图表3-4所示。

图表3-4

固定资产折旧计算汇总表

2016年3月   金额单位:元

使用部门	固定资产项目	上月计提的折旧额	月折旧率	上月增加固定资产		上月减少固定资产		本月应计提的折旧额	应记账户
				原价	折旧额	原价	折旧额		
第一车间	厂房	3 000	0.5%					3 000	制造费用
	机器设备	15 000		80 000	400			15 400	
	其他设备	900		20 000	100			1 000	
	小计	18 900						19 400	

（续表）

使用部门	固定资产项目	上月计提的折旧额	月折旧率	上月增加固定资产 原价	上月增加固定资产 折旧额	上月减少固定资产 原价	上月减少固定资产 折旧额	本月应计提的折旧额	应记账户
第二车间	厂　房 机器设备 小　计	4 000 14 000 18 000	0.5%	40 000	200			4 000 4 200 18 200	制造费用
第三车间	厂　房 机器设备 小　计	8 000 14 000 22 000	0.7%			20 000	600	8 000 13 400 21 400	
厂部管理部门	房屋建筑 运输工具 小　计	1 500 1 500 3 000	1.2%	50 000	600	20 000	240	1 500 1 860 3 360	管理费用
其他业务	其他设备 小　计	700 700	0.4%					700 700	其他业务支出
合计		62 600		190 000	1 300	40 000	840	63 060	

固定资产折旧的账务处理要求是：属于生产车间、辅助车间为生产产品和提供劳务发生的折旧费，借记"制造费用"科目；属于行政管理部门为组织经营活动发生的折旧费，借记"管理费用"科目；企业因其他业务发生时折旧费，借记"其他业务成本"科目。

现以上述固定资产折旧计算汇总表（见图表 3-3）为例，进行账务处理如下：

```
借：制造费用——第一车间                           19 400.00
    制造费用——第二车间                           18 200.00
    制造费用——第三车间                           21 400.00
    管理费用                                       3 360.00
    其他业务成本                                     700.00
  贷：累计折旧                                    63 060.00
```

温馨提醒

"累计折旧"科目只进行总分类核算，不进行明细分类核算。需要查明某项固定资产的已提折旧，可以根据固定资产卡片上所记载的该项固定资产原价、折旧率和实际使用年数等资料进行计算。

固定资产的折旧方法、使用寿命、预计净残值一经确定，不得随意变更。如需变更，应将变更的内容及原因在变更当期会计报表附注中说明。

第3节 生物资产核算

一、生物资产的概念与特征

👉 生物资产是指与农业生产相关的有生命的(即活的)动物和植物。由于生物资产与存货、固定资产不同,具有其特殊的自然增值性,所以在会计确认、计量和相关信息披露等方面有其特殊性。尤其是对于农业企业而言,生物资产通常是其资产的重要组成部分,对生物资产进行确认、计量和相关信息披露,将有助于如实反映企业的财务状况和经营成果。

生物资产是有生命的动物或植物。有生命的动物和植物具有能够进行生物转化的能力。生物转化,指导致生物资产质量或数量发生变化的生长、蜕化、生产和繁殖的过程。其中:

生长是指动物或植物体积、重量的增加或者质量的提高,如农作物从种植开始到收获前的过程。

蜕化是指动物或植物产出量的减少或质量的退化,如奶牛产奶能力的不断下降。

生产是指动物或植物本身产出农产品,如蛋鸡产蛋、奶牛产奶、果树产水果等。

繁殖是指产生新的动物或植物,如奶牛产牛犊、母猪生小猪等。

这种生物转化能力是其他资产(如存货、固定资产、无形资产等)所不具有的,也正是生物资产的特性。因此,生物资产的形态、价值以及产生经济利益的方式,都会随着自身的出生、成长、衰老、死亡等自然规律和生产经营活动不断变化,尽管其在所处生命周期中的不同阶段具有类似于其他资产类别(存货或固定资产)的特点,但是其会计处理与存货、固定资产等常规资产有所不同,因此有必要对生物资产的确认、计量和披露等会计处理进行单独规范,以更准确地反映企业的生物资产信息。

农产品与生物资产密不可分,当其附着在生物资产上时,作为生物资产的一部分,不需要单独进行会计处理,而当其从生物资产上收获时开始,离开生物资产这一母体,一般具有鲜活、易腐的特点,因此应该区别于工业企业一般意义上的产品而单独核算。

生物资产与农业生产密切相关。"农业"是广义的范畴,包括种植业、畜牧养殖业、林业和水产业等行业。企业从事农业生产就是要增强生物转化能力,最终获得更多的符合市场需要的农产品。例如,种植业作物的生长和收获而获得稻谷、小麦等农产品的活动过程;畜牧养殖业试验和收获而获得仔猪、肉猪、鸡蛋、牛奶等畜产品的活动过程;林业中用材料的生产和管理获得林产品、经济林木的生产和管理获得水果等的活动过程;水产业中的养殖获得水产品等活动过程,都属于将生物资产转化为农产品的活动。

农业生产与收获时点的农产品相关,但必须与对收获后的农产品进行加工的活动严格区分。农业生产活动针对的是有生命的生物资产,而加工活动针对的是收获后的农产品,如将绵羊产出的羊毛加工成毛毯、将收获的甘蔗加工成蔗糖、将奶牛产出的牛奶加工成奶酪、将从果树采摘的水果加工成水果罐头、将用材林采伐下的原木用于盖厂房等。因此,加工活动并不包含在生物资产所指的农业生产范畴之内。

二、生物资产的分类

小企业的生物资产可分为消耗性生物资产和生产性生物资产。

1. 消耗性生物资产

☞ 消耗性生物资产,是指为出售而持有的、或在将来收获为农产品的生物资产。消耗性生物资产是劳动对象,包括生长中的大田作物、蔬菜、用材林以及存栏待售的牲畜等。消耗性生物资产通常是一次性消耗并终止其服务能力或未来经济利益,因此在一定程度上具有存货的特征,应当作为存货在资产负债表中列报。

2. 生产性生物资产

☞ 生产性生物资产,是指为产出农产品、提供劳务或出租等目的而持有的生物资产。生产性生物资产具备自我生长性,能够在持续的基础上予以消耗并在未来的一段时间内保持其服务能力或未来经济利益,属于劳动手段,包括经济林、薪炭林、产畜和役畜等。

《小企业会计准则——生物资产》

与消耗性生物资产相比较,生产性生物资产具有能够在生产经营中长期、反复使用,从而不断产出农产品或者是长期役用的特征。消耗性生物资产收获农产品之后,该资产就不复存在;而生产性生物资产产出农产品之后,该资产仍然保留,并可以在未来期间继续产出农产品。因此,通常认为生产性生物资产在一定程度上具有固定资产的特征,如果树每年产出水果、奶牛每年产奶等。

一般而言,生产性生物资产通常需要生长到一定阶段才开始具备生产的能力。根据其是否具备生产能力(即是否达到预定生产经营目的),可以对生产性生物资产进行进一步的划分。所谓达到预定生产经营目的,是指生产性生物资产进入正常生产期,可以多年连续稳定产出农产品、提供劳务或出租。由此,生产性生物资产可以划分为未成熟和成熟两类。

未成熟生产性生物资产指尚未达到预定生产经营目的,还不能够多年连续稳定产出农产品、提供劳务或出租的生产性生物资产,如尚未开始挂果的果树、尚未开始产奶的奶牛等。

成熟生产性生物资是指已经达到预定生产经营目的的生产性生物资产。

三、消耗性生物资产的核算

为了反映和监督消耗性生物资产的增减变化及其结存情况,小企业(农业)应当设置"消耗性生物资产"科目。"消耗性生物资产"科目核算小企业(农业)持有的消耗性生物资产的实际成本。"消耗性生物资产"科目可按消耗性生物资产的种类、群别等进行明细核算。

(1) 外购的消耗性生物资产,按应计入消耗性生物资产成本的金额,借记"消耗性生物资产"科目,贷记"银行存款""应付账款"等科目。

(2) 自行栽培的大田作物和蔬菜,应按收获前发生的必要支出,借记"消耗性生物资产"科目,贷记"银行存款"等科目。

自行营造的林木类消耗性生物资产,应按郁闭前发生的必要支出,借记"消耗性生物资产"科目,贷记"银行存款"等科目。

自行繁殖的育肥畜、水产养殖的动植物,应按出售前发生的必要支出,借记"消耗性生物资产"科目,贷记"银行存款"等科目。

(3) 产畜或役畜淘汰转为育肥畜的,按转群时的账面价值,借记"消耗性生物资产"科目;按已计提的累计折旧,借记"生产性生物资产累计折旧"科目;按其账面余额,贷记"生产性生物资产"科目。

育肥畜转为产畜或役畜的,应按其账面余额,借记"生产性生物资产"科目,贷记"消耗性生物资产"科目。

(4) 择伐、间伐或抚育更新性质采伐而补植林木类消耗性生物资产发生的后续支出,借记"消耗性生物资产"科目,贷记"银行存款"等科目。

林木类消耗性生物资产达到郁闭后发生的管护费用等后续支出,借记"管理费用"科目,贷记"银行存款"等科目。

(5) 农业生产过程中发生的应归属于消耗性生物资产的费用,按应分配的金额,借记"消耗性生物资产"科目,贷记"生产成本"科目。

(6) 消耗性生物资产收获为农产品时,应按其账面余额,借记"农产品"科目,贷记"消耗性生物资产"科目。

(7) 出售消耗性生物资产,应按实际收到的金额,借记"银行存款"等科目,贷记"主营业务收入"等科目;按其账面余额,借记"主营业务成本"等科目,贷记"消耗性生物资产"科目。

(8) "消耗性生物资产"科目期末借方余额,反映小企业(农业)消耗性生物资产的实际成本。

【例3-27】 某畜牧养殖企业2019年3月月末养殖的肉猪账面余额为24 000元,共计40头;4月6日花费7 000元新购入一批肉猪养殖,共计10头;4月30日屠宰并出售肉猪20头,支付临时工屠宰费用100元,出售取得价款16 000元;4月份共发生饲养费用500元(其中,应付专职饲养员工资300元,饲料200元)。该企业采用加权平均法结转成本。

该企业 4 月份的账务处理如下：

$$\text{平均单位成本} = (24\ 000 + 7\ 000 + 500) \div (40 + 10) = 630(元)$$
$$\text{出售猪肉的成本} = 630 \times 20 = 12\ 600(元)$$

借：消耗性生物资产——肉猪　　　　　　　　　　　　7 000
　　贷：银行存款　　　　　　　　　　　　　　　　　　　　7 000

借：消耗性生物资产——肉猪　　　　　　　　　　　　　500
　　贷：应付职工薪酬　　　　　　　　　　　　　　　　　　300
　　　　原材料　　　　　　　　　　　　　　　　　　　　　200

借：农产品——猪肉　　　　　　　　　　　　　　　12 700
　　贷：消耗性生物资产　　　　　　　　　　　　　　　12 600
　　　　库存现金　　　　　　　　　　　　　　　　　　　100

借：库存现金　　　　　　　　　　　　　　　　　　16 000
　　贷：主营业务收入　　　　　　　　　　　　　　　　16 000

借：主营业务成本　　　　　　　　　　　　　　　　12 700
　　贷：农产品——猪肉　　　　　　　　　　　　　　　12 700

从消耗性生物资产上收获农产品后，消耗性生物资产自身完全转为农产品而不复存在，如肉猪宰杀后的猪肉、收获后的蔬菜、用材林采伐后的木材等，企业应当将收获时点消耗性生物资产的账面价值结转为农产品的成本。借记"农产品"科目，贷记"消耗性生物资产"科目；对于不通过入库直接销售的鲜活产品等，按实际成本借记"主营业务成本"科目。

【例 3-28】　某种植企业 2019 年 5 月入库小麦 30 吨，成本为 18 000 元。该企业应进行账务处理如下：

借：农产品——小麦　　　　　　　　　　　　　　　18 000
　　贷：消耗性生物资产——小麦　　　　　　　　　　　18 000

四、生产性生物资产的核算

☞ 生产性生物资产，是指小企业（农业）为生产农产品、提供劳务或出租等目的而持有的生物资产，包括经济林、薪炭林、产畜和役畜等。生产性生物资产应当按照成本进行计量。

(1) 外购的生产性生物资产的成本，包括购买价款和相关税费。

(2) 小企业自行营造或繁殖的生产性生物资产的成本，应当按照下列规定确定：① 自行营造的林木类生产性生物资产的成本，包括发生的造林费、抚育费、营林设施费、良种试验费、调查设计费和应分摊的间接费用等必要支出。② 自行繁殖的产畜和役畜的成本，包括发生的饲料费、人工费和应分摊的间接费用等必要支出。

生产性生物资产应当按照年限平均法计提折旧。小企业（农业）应当自生产性生物资产投入使用月份的次月起按月计提折旧；停止使用的生产性生物资产，应当自停止使用月份的次月起停止计提折旧。

小企业（农业）应当根据生产性生物资产的性质和使用情况，合理确定生产性生物资产预计净残值。生产性生物资产的预计净残值一经确定，不得随意变更。

生产性生物资产计提折旧的最低年限如下。

(1) 林木类生产性生物资产，为 10 年。

(2) 畜产类生产性生物资产，为 3 年。

【例 3-29】 2019 年 3 月，某农业企业从市场上一次性购买了 6 头种牛、15 头种猪和 600 头猪苗，单价分别为 4 000 元、1 400 元和 250 元，支付的价款共计 195 000 元。此外，发生的运输费为 4 500 元，保险费为 3 000 元，装卸费为 2 250 元，款项全部以银行存款支付。有关计算如下。

(1) 确定应分摊的运输费、保险费和装卸费。

分摊比例＝(4 500＋3 000＋2 250)÷195 000＝5%

6 头种牛应分摊：6×4 000×5%＝1 200(元)

15 头种猪应分摊：15×1 400×5%＝1 050(元)

600 头猪苗应分摊：600×250×5%＝7 500(元)

(2) 确定种牛、种猪和猪苗的入账价值。

6 头种牛的入账价值：6×4 000＋1 200＝25 200(元)

15 头种猪的入账价值：15×1 400＋1 050＝22 050(元)

600 头猪苗的入账价值：600×250＋7 500＝157 500(元)

某农业企业应进行账务处理如下：

借：生产性生物资产——种牛　　　　　　　　　　　　　　25 200
　　生产性生物资产——种猪　　　　　　　　　　　　　　22 050
　　消耗性生物资产——猪苗　　　　　　　　　　　　　　157 500
　贷：银行存款　　　　　　　　　　　　　　　　　　　　204 750

【例 3-30】 2019 年 4 月，丙企业自行繁殖的 50 头种猪转为育肥猪，此批种猪的账面原价为 470 000 元，已经计提的累计折旧为 200 000 元。

甲企业应进行账务处理如下：

借：消耗性生物资产——育肥猪　　　　　　　　　　　　270 000
　　生产性生物资产累计折旧　　　　　　　　　　　　　200 000
　贷：生产性生物资产——种猪　　　　　　　　　　　　　470 000

盘点一些奇葩的
生物资产

如育肥畜转为产畜或役畜,或者林木类消耗性生物资产转为林木类生产性生物资产时,应按其账面余额,借记"生产性生物资产"科目,贷记"消耗性生物资产"科目。

第4节　无形资产核算

一、无形资产概述

(一) 无形资产概念和特征

☞ 无形资产是指小企业拥有或者控制的没有实物形态的可辨认非货币性资产。无形资产具有三个主要特征。

微课:无形的资产靠谱吗

1. 不具有实物形态

无形资产是不具有实物形态的非货币性资产,它不像固定资产、存货等有形资产具有实物形态。

2. 具有可辨认性

满足下列条件之一的,符合无形资产定义中的可辨认性标准。

(1) 能够从企业中分离或划分出来,并能单独或者与相关合同、资产或负债一起,用于出售、转让、授予许可、租赁或交换。

(2) 源自合同性权利或其他法定权利,无论这些权利是否可以从企业或其他权利和义务中转移或分离。

3. 属于非货币性长期资产

无形资产属于非货币性长期资产且能够在多个会计期间为企业带来经济利益。

(二) 无形资产的内容

小企业的无形资产包括:专利权、非专利技术、商标权、著作权、土地使用权等。

1. 专利权

专利权是指国家专利主管机关依法授予发明创造专利申请人对其发明创造在法定期限内所享有的专有权利,包括发明专利权、实用新型专利权和外观设计专利权。

2. 非专利技术

非专利技术即专有技术,或技术秘密、技术诀窍,是指先进的、未公开的、未申请专利的、可以带来经济效益的技术及诀窍。

3. 商标权

商标是用来辨认特定的商品和劳务的标记。商标权是指专门在某类指定的商品或产品上使用特定的名称或图案的权利。

4. 著作权

著作权又称版权,指作者对其创作的文学、科学和艺术作品依法享有的某些特殊权利。著作权包括精神权利和经济权利两种。

5. 土地使用权

土地使用权是指国家准许某一企业或单位在一定期间内对国有土地享有开发、利用、经营的权利。

二、无形资产核算

为了反映和监督小企业无形资产的取得、摊销和处置等情况,小企业应设置"无形资产""累计摊销"等科目进行核算。

"无形资产"科目核算小企业持有的无形资产成本,借方登记取得无形资产的成本;贷方登记出售无形资产转出的无形资产账面余额;期末借方余额,反映企业无形资产的成本。本科目应按无形资产的项目设置明细科目进行核算。

"累计摊销"科目属于"无形资产"的调整科目,核算小企业对使用寿命有限的无形资产计提的累计摊销;贷方登记企业计提的无形资产摊销;借方登记处置无形资产转出的累计摊销;期末贷方余额,反映企业无形资产的累计摊销额。

(一) 无形资产的取得

1. 外购无形资产

小企业外购无形资产的成本,包括购买价款、相关税费以及相关的其他支出,应当按照实际支付的价款,借记"无形资产"科目,贷记"银行存款"等科目。

【例 3-31】 东海实业有限公司购入一项非专利技术,支付的价款和有关费用合计为 900 000 元,以银行存款支付。应进行账务处理如下:

　　借:无形资产——非专利技术　　　　　　　　　　　　　　900 000
　　　　贷:银行存款　　　　　　　　　　　　　　　　　　　　900 000

2. 自行研究开发无形资产

小企业内部研究开发项目所发生的支出应区分研究阶段的支出和开发阶段的支出。如果无法可靠区分研究阶段的支出和开发阶段的支出,应将其所发生的研发支出全部费用化,计入"管理费用"科目。

【例 3-32】 东海实业有限公司自行研发一项技术,截至 2018 年 12 月 31 日,发生研发支出合计 2 000 000 元,经测试,该项研发活动完成了研发阶段,从 2019 年 1 月 1 日起开始进入开发阶段,2019 年发生开发支出 300 000 元。2019 年 6 月,该项研发活动结束,最终研发出一项非专利技术。应进行账务处理如下:

(1) 2018 年发生的研发支出。

　　借:研发支出——费用化支出　　　　　　　　　　　　　2 000 000
　　　　贷:银行存款等　　　　　　　　　　　　　　　　　　2 000 000

(2) 2018 年 12 月 31 日,发生的研发支出全部属于研究阶段的支出。

借：管理费用 2 000 000
    贷：研发支出——费用化支出 2 000 000

（3）2019年发生开发支出并满足资本化确认条件。

借：研发支出——资本化支出 300 000
    贷：银行存款等 300 000

（4）2019年6月30日，该技术研发完成并形成无形资产。

借：无形资产——非专利技术 300 000
    贷：研发支出——资本化支出 300 000

（二）无形资产的摊销

小企业应当于取得无形资产时分析判断其使用寿命。使用寿命有限的无形资产应进行摊销，使用寿命不确定的无形资产不应摊销。使用寿命有限的无形资产，通常将其残值视为零，对于使用寿命有限的无形资产应当自可供使用当月起开始摊销，处置当月不再摊销。

小企业应当按月采用年限平均法计提无形资产的摊销，应当按照无形资产的受益对象，借记"管理费用""其他业务成本"等科目，贷记"累计摊销"科目。处置无形资产还应同时结转累计摊销额。

【例3-33】 东海实业有限公司购买了一项无形资产，成本为4 800 000元，合同规定受益年限为10年。则每月摊销时，应进行账务处理如下：

借：管理费用 40 000
    贷：累计摊销 40 000

（三）无形资产的处置

小企业处置无形资产，应当将实际取得的价款与其账面余额之间的差额，计入营业外收入或营业外支出。处置无形资产实际收到的价款时，借记"银行存款"等科目；按照已计提的累计摊销，借记"累计摊销"科目；按照应支付的相关税费及其他费用，贷记"应交税费——应交增值税""银行存款"等科目；按照其账面余额，贷记"无形资产"科目；按照其差额，贷记"营业外收入"科目或借记"营业外支出"科目。

【例3-34】 东海实业有限公司将其购买的一项专利权转让给伟绩公司，该专利权的成本为600 000元，已摊销220 000元，增值税专用发票上注明的转让价格为500 000元，增值税额为30 000元，款项已收到存入银行。应进行账务处理如下：

借：银行存款 530 000
    累计摊销 220 000
    贷：无形资产 600 000
        应交税费——应交增值税（销项税额） 30 000
        营业外收入 120 000

第5节 长期待摊费用核算

一、长期待摊费用的概念与分类

👉 长期待摊费用是指企业已经发生但应由本期和以后各期分别负担的分摊期限在1年以上的各种费用。也就是说,长期待摊费用是不能全部计入当年损益的,应当在以后年度内分期摊销的费用。

小企业的长期待摊费用包括:已提足折旧的固定资产的改建支出、经营租入固定资产的改建支出、符合税法规定的固定资产大修理支出和其他长期待摊费用等。

长期待摊费用应当在其摊销期限内采用年限平均法(即直线法)进行摊销,计入相关资产的成本或管理费用,并冲减长期待摊费用。

长期待摊费用应当按照实际发生额作为计税基础。在计算应纳税所得额时,企业发生的下列支出作为长期待摊费用,按照规定摊销的,准予扣除。

(1)已足额提取折旧的固定资产的改建支出,按照固定资产预计尚可使用年限分期摊销。

(2)租入固定资产的改建支出,按照合同约定的剩余租赁期限分期摊销。固定资产的改建支出是指改变房屋或者建筑物结构、延长使用年限等发生的支出。

(3)固定资产的大修理支出,按照固定资产尚可使用年限分期摊销。固定资产的大修理支出是指同时符合下列条件的支出:①修理支出达到取得固定资产时的计税基础50%以上。②修理后固定资产的使用年限延长2年以上。

(4)其他长期待摊费用,自支出发生月份的次月起分期摊销,摊销年限不得超过3年。

对不符合上述条件的后续支出须一次性计入当期损益。

二、长期待摊费用的核算

费用 or 资产?

为了总括地反映企业长期待摊费用增减变动的经济业务,小企业应设置"长期待摊费用"科目。该科目属资产类科目,用以核算小企业已经发生但应由本期和以后各期负担的分摊期限在1年以上的各项费用。"长期待摊费用"科目可按费用项目进行明细核算。

(1)小企业发生的长期待摊费用,借记"长期待摊费用"科目,贷记"银行存款""原材料"等科目。

(2)小企业按月摊销长期待摊费用,借记"制造费用""管理费用"等科目,贷记"长期待摊费用"科目。

(3)"长期待摊费用"科目期末借方余额,反映小企业尚未摊销完毕的长期待摊费用。

【例 3-35】 东海实业有限公司一车间发生经营租入的半自动化设备改建支出,金额为 240 000 元,以转账支票付讫。应进行账务处理如下:

借:长期待摊费用　　　　　　　　　　　　240 000
　　贷:银行存款　　　　　　　　　　　　　　　　240 000

【例 3-36】 上述长期待摊费用的有效期为 2 年,每年应摊销 120 000 元。每月摊销时应进行账务处理如下:

借:制造费用　　　　　　　　　　　　　　10 000
　　贷:长期待摊费用　　　　　　　　　　　　　　10 000

知识归纳

1. "长期债券投资"科目用以核算小企业购入的在 1 年内(不含 1 年)不能变现或不准备随时变现的债券投资,可按债券种类和被投资单位进行明细核算。
2. 《小企业会计准则》要求对被投资单位的投资都采用成本法核算。投资价值入账后,除实际增减投资外,一般不调整账面值。
3. 小企业可选用的折旧方法包括年限平均法(即直线法)、工作量法、双倍余额递减法和年数总和法等。折旧方法一经确定,不得随意变更。
4. 消耗性生物资产是指为出售而持有的、或在将来收获为农产品的生物资产。消耗性生物资产是劳动对象,包括生长中的大田作物、蔬菜、用材林以及存栏待售的牲畜等。生产性生物资产,是指为产出农产品、提供劳务或出租等目而持有的生物资产,属于劳动手段,包括经济林、薪炭林、产畜和役畜等。
5. "无形资产"科目用以核算小企业无形资产成本扣除摊销后的净值,可按无形资产项目进行明细核算。

基本训练

一、单项选择题

1. 小企业采用成本法核算长期股权投资,在实际收到被投资单位分派的现金股利时,应当(　　)。
   A. 减少长期股权投资　　　　　B. 冲减应收股利
   C. 增加实收资本　　　　　　　D. 计入投资收益
2. 小企业采用成本法核算长期股权投资时,股票持有期间被投资单位发放的现金股利,确认投资收益的时点是(　　)。
   A. 实际收到现金股利时

B. 被投资单位宣告发放现金股利的股权登记日
C. 被投资单位发放现金股利的除息日
D. 被投资单位宣告发放现金股利时

3. 以支付现金取得的长期股权投资,应当按照(　　)作为初始投资成本。
   A. 实际支付的购买价款和相关税费
   B. 被投资企业所有者权益账面价值的份额
   C. 被投资企业所有者权益公允价值的份额
   D. 被投资企业所有者权益

4. 小企业购入需要安装的固定资产,不论采用何种安装方式,固定资产的全部安装成本(包括固定资产买价以及包装运杂费和安装费)均应通过(　　)科目进行核算。
   A. "固定资产"　　B. "在建工程"　　C. "工程物资"　　D. "长期投资"

5. 某小企业2019年5月购入机器一台,取得的增值税专用发票上注明价款85 000元,增值税税额11 050元,支付运杂费2 500元,则该小企业设备入账的原值为(　　)元。
   A. 87 500　　B. 101 950　　C. 101 845　　D. 99 450

6. 下列各项中,应计提固定资产折旧的是(　　)。
   A. 当月增加的固定资产　　B. 已提足折旧继续使用的固定资产
   C. 以经营租赁方式租入的固定资产　　D. 以融资租赁方式租入的固定资产

7. 某林场外购一批柿子树,支付价款20万元,依据企业所得税相关规定,税前扣除方法为(　　)。
   A. 一次性在税前扣除
   B. 按柿子树寿命在税前分期扣除
   C. 按直线法以不低于3年折旧年限计算折旧税前扣除
   D. 按直线法以不低于10年折旧年限计算折旧税前扣除

8. 小企业出租无形资产取得的收入,应当记入(　　)科目。
   A. "主营业务收入"　　B. "其他业务收入"
   C. "投资收益"　　D. "营业外收入"

9. 由投资者投资转入的无形资产,应按照评估价值和相关税费,借记"无形资产"科目;按照其在注册资本中所占的份额,贷记"实收资本"科目;按照其差额贷记的科目是(　　)。
   A. "资本公积"　　B. "营业外收入"
   C. "盈余公积"　　D. "最低租赁付款额"

10. 企业发生的符合条件的固定资产大修理支出,应借记的科目是(　　)。
    A. "管理费用"　　B. "在建工程"
    C. "长期待摊费用"　　D. "制造费用"

11. 某企业为增值税一般纳税人企业,购入生产用设备一台,增值税专用发票上注明价款10万元,增值税税额1.3万元;发生运费取得增值税专用发票注明运费0.5万元,增值税额0.045万元。该设备取得时的成本为(　　)。

A. 10万元　　　　B. 11.6万元　　　C. 10.5万元　　　D. 12.15万元
12. 小企业固定资产盘亏净损失,应计入(　　)。
　　　A. 管理费用　　　B. 营业外支出　　　C. 资本公积　　　D. 销售费用
13. 下列各项中,关于小企业无形资产表述不正确的是(　　)。
　　　A. 使用寿命不确定的无形资产不应摊销
　　　B. 研究阶段和开发阶段的支出应全部计入无形资产的成本
　　　C. 无形资产应当按照成本进行初始计量
　　　D. 出租无形资产的摊销额应计入其他业务成本
14. 2019年1月1日,某企业开始自行研发一套软件,研究阶段发生支出30万元,开发阶段发生支出125万元,开发阶段支出均满足资本化条件。4月15日,该软件开发成功并依法申请了专利,支付相关手续费1万元。不考虑其他因素,该项无形资产的入账价值为(　　)。
　　　A. 126万元　　　B. 155万元　　　C. 125万元　　　D. 156万元
15. 下列各项中,应计入长期待摊费用的是(　　)。
　　　A. 生产车间固定资产日常修理
　　　B. 生产车间固定资产更新改造支出
　　　C. 经营租赁方式租入固定资产改良支出
　　　D. 融资租赁方式租入固定资产改良支出

二、多项选择题

1. 小企业在"长期债券投资"科目下,需要设置的明细科目有(　　)。
　　　A. "债券面值"　　B. "债券溢折价"　　C. "应计利息"　　D. "应收利息"
2. 在下列项目中,可以构成长期股权投资成本的有(　　)。
　　　A. 购买股票的价款
　　　B. 购买股票时支付的相关税费
　　　C. 实际支付的价款中包含已宣告但尚未发放的现金股利
　　　D. 咨询费
3. 采用成本法核算长期股权投资,被投资单位宣告分派的现金股利,投资单位可能涉及的科目有(　　)。
　　　A. "投资收益"　　　　　　　　　B. "利润分配"
　　　C. "长期股权投资"　　　　　　　D. "应收股利"
4. 影响固定资产折旧的因素主要有(　　)。
　　　A. 固定资产原值　　　　　　　　B. 固定资产的使用年限
　　　C. 固定资产的净残值　　　　　　D. 固定资产计提折旧范围
5. 下列业务中,通过"固定资产清理"科目核算的有(　　)。
　　　A. 出售固定资产　　　　　　　　B. 固定资产报废
　　　C. 固定资产毁损　　　　　　　　D. 固定资产对外投资
6. 第一年度提取折旧时,就需要考虑固定资产净残值的折旧方法有(　　)。
　　　A. 年限平均法　　B. 工作量法　　C. 双倍余额递减法　　D. 年数总和法

7. 下列固定资产在购建时需记入"在建工程"科目的有（　　）。
   A. "无需安装的固定资产"   B. "需要安装的固定资产"
   C. "固定资产的改扩建"   D. "固定资产新建工程"
8. 下列各项支出中，可以计入无形资产价值的有（　　）。
   A. 外购专利权的买价   B. 外购专利权支付相关的其他支出
   C. 外购专利权支付的相关税金   D. 外购专利权相关的借款费用
9. 外购无形资产的成本，包括（　　）。
   A. 购买价款   B. 相关的其他支出
   C. 相关税费   D. 相关的借款费用
10. 小企业的长期待摊费用包括（　　）。
    A. 已提足折旧的固定资产的改建支出   B. 经营租入固定资产的改建支出
    C. 固定资产的大修理支出   D. 其他长期待摊费用
11. 下列各项中，应计提固定资产折旧的有（　　）。
    A. 经营租入的设备
    B. 融资租入的办公楼
    C. 已投入使用但未办理竣工决算的厂房
    D. 已达到预定可使用状态但未投产的生产线
12. 下列各项中，影响固定资产清理净损益的有（　　）。
    A. 清理固定资产发生的清理费用   B. 清理固定资产的变价收入
    C. 清理固定资产的账面价值   D. 清理固定资产耗用的材料成本
13. 某企业为改进技术自行研究开发一项无形资产，研究阶段发生的支出为50万元，开发阶段发生符合资本化条件的支出120万元，不符合资本化条件的支出80万元，研究结束形成无形资产。不考虑其他因素，下列各项中，关于上述研发支出的会计处理结果正确的有（　　）。
    A. 计入管理费用的金额为130万元   B. 无形资产的入账价值为120万元
    C. 计入制造费用的金额为80万元   D. 无形资产的入账价值为170万元
14. 下列各项中，应通过"固定资产清理"科目核算的有（　　）。
    A. 盘亏的固定资产   B. 改扩建的固定资产
    C. 报废的固定资产   D. 毁损的固定资产
15. 下列各项中，属于无形资产特征的有（　　）。
    A. 不具有实物形态   B. 具有可辨认性
    C. 能够单独计量   D. 能够为企业带来经济利益流入

三、判断题
1. 对长期股权投资采用成本法核算，投资后收到的现金股利和股票股利均应确认为投资收益。　　　　　　　　　　　　　　　　　　　　　　　　　　（　　）
2. 在成本法下，当被投资企业发生盈亏时，投资企业并不作账务处理；当被投资企业宣告分配现金股利时，投资方应将分得的现金股利确认为投资收益。（　　）
3. 小企业对经营租入和融资租入的固定资产均不拥有所有权，故租入时均不必进行

账务处理,只需在备查簿中进行登记。   (   )
4. 以一笔款项购入多项没有单独标价的固定资产,应当按照各项固定资产或类似资产的市场价格或评估价值比例对总成本进行分配,分别确定各项固定资产的成本。   (   )
5. 企业购入的任何性质的工程物资,其增值税进项税额都不能抵扣,而应计入工程物资的成本。   (   )
6. 对于固定资产借款发生的利息支出,在竣工决算前发生的,应计入固定资产的建造成本;在办理竣工决算后发生的,则应作为当期费用处理。   (   )
7. 固定资产提足折旧后,不论能否继续使用,均不再计提折旧;提前报废的固定资产,也不再补提折旧。   (   )
8. 由于生产性生物资产比较特殊,所以生产性生物资产的折旧方法、使用寿命、预计净残值在确定后,可以随意变更。   (   )
9. 小企业出售无形资产,应将所得价款与该项无形资产的成本之间的差额,计入当期其他业务利润。   (   )
10. 对自行开发并按法律程序申请取得的无形资产,按在研究与开发过程中发生的材料费用、直接参与开发人员的工资及福利费、开发过程中发生的租金、借款费用,以及注册费、聘请律师费等费用作为无形资产的实际成本。   (   )
11. 固定资产提足折旧后,不论是否继续使用,均不再计提折旧,但是提前报废的固定资产需将尚未提足的折旧一次性提足。   (   )
12. 如果无法可靠区分研究阶段支出和开发阶段支出,应将所发生的研发支出全部资本化,作为无形资产的入账成本。   (   )

业务题一

一、目的:练习长期股权投资的核算。

二、资料:某小企业发生有关长期股权投资的经济业务如下:

1. 2018年2月1日,购入D股份公司股票10万股,每股成交价5元,支付印花税、手续费1 000元,占D股份公司有表决权资本的10%,准备长期持有。款项均以银行存款支付。

2. D公司2019年3月5日,宣告发放2015年度的现金股利,每股0.50元。

3. 2019年5月28日,企业收到现金股利,存入银行。

4. 2019年6月28日,企业转让D公司股票5万股,实得价款30万元。存入银行。

三、要求:根据以上经济业务,编制会计分录。

业务题二

一、目的:练习固定资产的取得、摊销、处置的核算。

二、资料:某小企业2019年年末购买设备一台,取得的增值税专用发票上注明价款500 000元,增值税税额65 000元,支付运杂费3 000元,均以银行存款支付。设备直接交付安装,安装时领用生产用材料20 000元,购进该批材料时支付的增值税税额为2 600元。结转本企业安装工程人员工资5 000元。安装工程完工,交付使用。该设备预计使用10年,净残值率为5%,企业采用年限平均法计提折旧。该设备于交付使用后第6年初出售,收到327 600元存入银行,用存款支付清理费2 000元。

三、要求:根据以上经济业务,编制会计分录。

业 务 题 三

一、目的:练习固定资产盘盈、盘亏的核算。

二、资料:某小企业2019年发生下列固定资产经济业务:

1. 在年度财产清查中盘盈一台6成新的机器设备,该设备同类产品市场价格为10 000元。经批准,该盘盈的机器设备作为企业的营业外收入。

2. 在年度财产清查中发现盘亏一台设备,其账面原价为20 000元,已提折旧15 000元。经批准,该盘亏的设备作为企业的营业外支出。

3. 接受A公司投入一台设备,其评估价值为200 000元。

三、要求:根据以上经济业务,编制会计分录。

业 务 题 四

一、目的:练习生物资产的核算。

二、资料:某养殖企业2019年5月月末养殖的肉猪账面余额为48 000元,共计40头;6月6日花费14 000元新购入一批肉猪养殖,共计10头;6月30日屠宰并出售肉猪20头,支付临时工屠宰费用1 000元,出售取得价款38 000元;6月份共发生饲养费用13 000元,其中,支付专职饲养员工资5 000元,饲料8 000元。该企业采用加权平均法结转成本。

三、要求:根据以上经济业务,编制会计分录。

业 务 题 五

一、目的:练习无形资产的核算。

二、资料:企业出租一项商标权,取得收入40 000元存入银行,以银行存款支付出租无形资产的相关费用5 000元,累计摊销额5 000元,并按3%的增值税税率计算结转应交增值税。

三、要求:根据以上经济业务,编制会计分录。

业 务 题 六

一、目的:练习固定资产折旧的计算。

二、资料:2019年12月甲公司购置一台不需安装即可投入使用的固定资产。固定资产入账价值为600万元,预计使用寿命为5年,预计净残值为5万元。

三、要求:采用双倍余额递减法计算该固定资产每年应计折旧额。

课后习题答案

第 4 章

负 债

◎ 通过本章你可以学习到：
- 短期借款和应付、预收款项的核算
- 增值税、消费税等应交税费的核算
- 应付职工薪酬的内容及核算
- 长期借款与利息的账务处理
- 应付债券的账务处理
- 长期应付款的账务处理

案例导入

出纳员小张所在的公司要求向供应商东海实业有限公司赊购商品,东海实业有限公司规定:若每次购买的商品达到1 000件,可享受5%的商业折扣;每次购买的商品达到2 000件,可享受10%的商业折扣;同时若能在10天内付款,将给予2%的现金折扣;若超过10天付款,则没有现金折扣,需付全款。小张的公司面对这样的条件,该如何选择呢?

第1节 负债概述

一、负债的概念和特征

负债是指小企业过去的交易或者事项形成的,预期会导致经济利益流出企业的现时义务。作为小企业的负债,一般应同时具有以下几个基本特征。

(一)由过去的交易或事项形成

小企业的负债都是因过去的交易、事项的发生所引起的。预期未来发生的交易或事项将产生的债务,不能确认为负债。

(二)是企业的现时义务

例如,银行借款是因为企业接受了银行贷款形成的,如果没有接受贷款就不会发生银行借款这项负债;应付账款是因为采用商业信用形式购买商品或接受劳务所形成的,在这种购买未发生之前,相应的应付账款并不存在。

(三)预期会导致经济利益流出企业

负债的偿还导致经济利益流出企业的具体表现为交付资产、提供劳务、将一部分股权转让给债权人等。如果企业能够回避的义务,就不能确认其为负债。

二、负债分类

小企业的负债按照其偿还速度或偿还时间的长短,可分为流动负债和非流动负债。

小企业的流动负债,是指预计在1年或者超过1年的一个正常营业周期内清偿的债务。小企业的流动负债包括:短期借款、应付及预收款项、应付职工薪酬、应交税费、应付利息等。

《小企业会计准则——负债》

流动负债以外的负债应当归类为非流动负债(长期负债),非流动负债是指偿还期在1年或者超过1年的1个营业周期以上的债务,包括长期借款、长期应付款等。

负债的项目及其分类如图表4-1所示。

图表4-1

负债分类简图

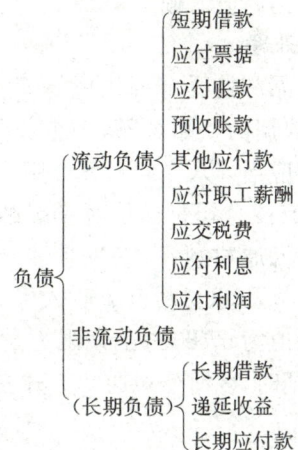

温馨提醒

负债不能归小企业永久使用,应当按期归还或偿付,它反映出小企业与债权人之间的债权、债务关系。小企业对于上述各项负债应当按照实际发生额入账。

第2节 应付及预收款项核算

应付及预收款项是指小企业在日常生产经营活动中发生的各项债务,包括:应付票据、应付账款、预收账款、应付利息、应付利润和其他应付款。小企业核算应付及预收款项,应当按照发生额入账。

微课:资金支付有计划

一、应付票据

(一)应付票据概述

应付票据是指小企业购买材料、商品和接受劳务供应等而开出、承兑的商业汇票。

小企业应通过"应付票据"科目核算应付票据的发生、偿付等情况。该科目贷方登记开出、承兑汇票的面值;借方登记支付票据的金额;余额在贷方,反映企业尚未到期的商业汇票的票面金额。

小企业应当设置"应付票据备查簿",详细登记商业汇票的种类、号数、出票日期、到期日、票面金额、交易合同号和收款人姓名或单位名称以及付款日期和金额等资料。商业汇票到期结清票款后,在备查簿中应予以注销。

我国商业汇票的付款期限不超过6个月,因此,企业应将应付票据作为流动负债管理和核算。同时,由于应付票据的偿付时间较短,在会计实务中,一般均按开出、承兑的应付票据面值入账。

(二)应付票据的账务处理

小企业因购买材料、商品和接受劳务供应等而开出、承兑的商业汇票,应当按其票面金额作为应付票据的入账金额,小企业因开出银行承兑汇票而支付银行的承兑汇票手续费,应当计入当期财务费用。

【例4-1】 东海实业有限公司是增值税一般纳税人,原材料按计划成本核算。2019年5月8日购入原材料一批,增值税专用发票上注明的价款为60 000元,增值税额为7 800元,原材料已验收入库。该企业开出并经开户银行承兑的商业汇票一张,面值为67 800元,期限为5个月。交纳银行承兑手续费35.10元。商业汇票到期时,东海公司通知其开户行以银行存款支付票款。应进行账务处理如下:

(1)开出并承兑商业汇票购入材料。

借:材料采购　　　　　　　　　　　　　　　　　　60 000
　　应交税费——应交增值税(进项税额)　　　　　　7 800
　　　贷:应付票据　　　　　　　　　　　　　　　　67 800

(2)支付商业汇票承兑手续费。

借:财务费用　　　　　　　　　　　　　　　　　　35.10
　　　贷:银行存款　　　　　　　　　　　　　　　　35.10

(3)支付商业汇票款。

借:应付票据　　　　　　　　　　　　　　　　　　67 800
　　　贷:银行存款　　　　　　　　　　　　　　　　67 800

二、应付账款

☞ **应付账款是指小企业因购买材料、商品和接受劳务等日常生产经营活动应支付的款项。**

由于商业信用(赊购)的普遍存在,应付账款成为一种最常见、最普遍的流动负债。应付账款是企业在正常经营过程中因购买商品或接受劳务供应而发生的在1年内或1个营业周期内待清偿的债务。凡不是购买商品或接受劳务而发生的其他应付款,不属于应付账款核算范围,如企业应付各种赔款、应付租金、应付存入保证金等,应在"其他应付款"科目核算。

小企业应通过"应付账款"科目核算应付账款的发生、偿还等情况。该科目应按照对方单位(或个人)进行明细核算。该科目期末贷方余额,反映小企业尚未支付的应付账款。

(1) 小企业购入材料、商品等未验收入库,货款尚未支付,应当根据发票账单等有关凭证,借记"在途物资"科目;按照专用发票上注明的增值税额,借记"应交税费——应交增值税(进项税额)"科目;按照应付的价款,贷记"应付账款"科目。

接受供应单位提供劳务而发生的应付未付款项,应当根据供应单位的发票账单,借记"生产成本""管理费用"等科目,贷记"应付账款"科目。

(2) 小企业偿付应付账款,借记"应付账款"科目,贷记"银行存款"等科目。

(3) "应付账款"科目期末贷方余额,反映小企业尚未支付的应付账款余额。

在市场经济中,进行购销活动有时会出现现金折扣,对购货方现金折扣问题,会计处理上有总价法和净价法的区别。

企业在购货发生时,按未扣除折扣前发票的总金额记入"应付账款"科目的方法被称之为总价法,即按发票的全部金额借记"在途物资"等有关科目,贷记"应付账款"科目。在实现折扣时,按发票全部金额,借记"应付账款"科目;按实际支付的金额,贷记"银行存款"科目;按发票金额与实际支付金额的差额,贷记"财务费用"科目。

【例 4-2】 某企业购入甲材料一批,货款计 90 000 元,10 天内付款可享受现金折扣 2%。甲材料已验收入库,企业于第 9 天付款。应进行账务处理如下:

(1) 在收到发票时。

借:原材料——甲材料　　　　　　　　　　　　　　　　　　　　90 000
　　贷:应付账款——××公司　　　　　　　　　　　　　　　　　90 000

(2) 在付款时。

借:应付账款——××公司　　　　　　　　　　　　　　　　　　90 000
　　贷:银行存款　　　　　　　　　　　　　　　　　　　　　　　88 200
　　　　财务费用　　　　　　　　　　　　　　　　　　　　　　　 1 800

小企业在购货发生时,按已扣除折扣后的发票金额记入"应付账款"科目的方法被称之为净价法,即在折扣期内支付货款时,按折扣后的金额借记"应付账款"科目,贷记"银行存款"科目。在超过折扣期后付款,即丧失购货折扣时,按折扣后的金额借记"应付账款"科目;按发票全部金额与折扣后金额的差额借记"财务费用"科目;按全部金额贷记"银行存款"科目。

【例 4-3】 承[例 4-2],采用净价法应进行账务处理如下:

借:原材料　　　　　　　　　　　　　　　　　　　　　　　　　 88 200
　　贷:应付账款——××公司　　　　　　　　　　　　　　　　　88 200

如果在10天之内付款,应进行账务处理如下:

借:应付账款——××公司　　　　　　　　　　　　　　88 200
　　贷:银行存款　　　　　　　　　　　　　　　　　　　88 200

如果在10天之后付款,即丧失购货现金折扣时,应进行账务处理如下:

借:应付账款——××公司　　　　　　　　　　　　　　88 200
　　财务费用　　　　　　　　　　　　　　　　　　　　1 800
　　贷:银行存款　　　　　　　　　　　　　　　　　　　90 000

小企业发生确实无法偿付的应付账款时,借记"应付账款"账户,贷记"营业外收入"账户。

三、预收账款

案例:预收账款
文章多

预收账款是指小企业按照合同规定向购货单位预收的款项。包括:预收的购货款、工程款等。

小企业应通过"预收账款"科目核算预收账款的取得、偿付等情况。该科目应按照对方单位(或个人)进行明细核算。该账户期末如为贷方余额,反映小企业预收的款项;期末如为借方余额,反映小企业尚未转销的款项。

预收账款不多的,也可以不设置该科目,将预收的款项直接记入"应收账款"科目贷方。

(1)小企业向购货单位预收的款项,借记"银行存款"等科目,贷记"预收账款"科目。

(2)销售实现时,按实现的收入,借记"预收账款"科目,贷记"主营业务收入"科目。涉及增值税销项税额的,还应进行相应的会计处理。

(3)"预收账款"科目期末如为贷方余额,反映小企业预收的款项;期末如为借方余额,反映小企业尚未转销的款项。

【例4-4】东海实业有限公司为增值税一般纳税人,2019年6月2日,与A公司签订供货合同,向A公司出售一批产品,货款金额共计200 000元,应交增值税26 000元。根据购货合同的规定,A公司在购货合同签订后1周内,应当向东海公司预付货款120 000元,剩余货款在交货后付清。2019年6月19日,东海公司将货物发给A公司并开具了增值税专用发票,A公司验收货物后付清了剩余货款。应进行账务处理如下:

(1)收到A公司预付的货款。

借:银行存款　　　　　　　　　　　　　　　　　　　120 000
　　贷:预收账款——A公司　　　　　　　　　　　　　120 000

(2)向A公司发出货物。

借:预收账款——A公司　　　　　　　　　　　　　　226 000
　　贷:主营业务收入　　　　　　　　　　　　　　　　200 000
　　　　应交税费——应交增值税(销项税额)　　　　　　26 000

(3) 收到 A 公司补付的货款。

借：银行存款　　　　　　　　　　　　　　　　　　　106 000
　　贷：预收账款——A 公司　　　　　　　　　　　　　　　　106 000

四、其他应付款

👉 其他应付款是指小企业除应付账款、预收账款、应付职工薪酬、应交税费、应付利息、应付利润等以外的其他各项应付、暂收的款项，如应付租入固定资产和包装物的租金、存入保证金等。

小企业应通过"其他应付款"科目，核算其他应付款的增减变动及其结存情况。该科目应按照其他应付款的项目和对方单位（或个人）进行明细核算。该科目期末贷方余额，反映小企业应付未付的其他应付款项。

(1) 小企业发生的其他各种应付、暂收款项，借记"管理费用"等科目，贷记"其他应付款"科目。

(2) 支付的其他各种应付、暂收款项，借记"其他应付款"科目，贷记"银行存款"等科目。

(3) "其他应付款"科目期末贷方余额，反映小企业应付未付的其他应付款项。

【例 4-5】 东海实业有限公司从 2019 年 1 月 1 日起，以经营租赁方式租入管理用办公设备一批，每月租金 8 000 元，按季支付。3 月 31 日，东海公司以银行存款支付应付租金 24 000 元。应进行账务处理如下：

(1) 1 月底计提应付租金。

借：管理费用　　　　　　　　　　　　　　　　　　　8 000
　　贷：其他应付款　　　　　　　　　　　　　　　　　　8 000

(2) 2 月底计提租金的分录同上。

(3) 3 月底支付租金。

借：其他应付款　　　　　　　　　　　　　　　　　　16 000
　　管理费用　　　　　　　　　　　　　　　　　　　　8 000
　　贷：银行存款　　　　　　　　　　　　　　　　　　　24 000

第 3 节　应付职工薪酬核算

一、应付职工薪酬的概念及其组成

👉 应付职工薪酬是指小企业为获得职工提供的服务而应付给职工的各种形式的报酬以及其他相关支出。凡是小企业为获得职工提供的服务给予或付出的各种形式的对价都构成职工薪酬，应当作为一种耗费构成人工成本，并与这些服务产生的经济利益相匹配。与此同时，企业与职工之间因职工提供服务形成的关系，大多数构成企业的现时义务，将导致企业未来经济利益的流出，从而形成企业的一项负债。

小企业的职工薪酬内容较多，主要内容如下：

（1）职工工资、奖金、津贴和补贴。它是指按照构成工资总额的计时工资、计件工资，支付给职工的超额劳动报酬和增收节支的劳动报酬，为了补偿职工特殊或额外的劳动消耗和因其他特殊原因支付给职工的津贴，以及为了保证职工工资水平不受物价影响支付给职工的物价补贴等。

工资支付有讲究

（2）职工福利费。它主要包括职工因公负伤赴外地就医路费、职工生活困难补助、未实行医疗统筹企业职工医疗费用，以及按规定发生的其他职工福利支出。

（3）医疗保险费、养老保险费等社会保险费。它是指企业按照国务院、各地方政府或企业年金计划规定的基准和比例计算，向社会保险经办机构交纳的医疗保险费、养老保险费、失业保险费、工伤保险费和生育保险费等。

（4）住房公积金。它是指企业按照国务院《住房公积金管理条例》规定的基准和比例计算，向住房公积金管理机构交存的住房公积金。

（5）工会经费和职工教育经费。它是指企业为了改善职工文化生活、提供职工业务素质用于开展工会活动和职工教育及职业技能培训，根据国家规定的基准和比例，从成本费用中提取的金额。

（6）非货币性福利。它是指企业以自己的产品或外购商品发放给职工作为福利，企业提供给职工无偿使用自己拥有的资产，或租赁资产供职工无偿使用和为职工无偿提供服务等，如提供给企业高级管理人员使用的住房等，免费为职工提供诸如医疗保健的服务等。

（7）因解除与职工的劳动关系给予的补偿。它是指由于分离办社会职能，实施主辅分离、辅业分离、辅业改制、分流安置富余人员，实施重组、改组计划，职工不能胜任等原因，企业在职工劳动合同尚未到期之前解除与职工的劳动关系，或者为鼓励职工自愿接受裁减而提出补偿建议的计划中给予职工的经济补偿（即国际财务报告准则中所指的辞退福利）。

（8）其他与获得职工提供的服务相关的支出。它是指除上述七种薪酬以外的其他为获得职工提供的服务而给予的薪酬，如企业提供给职工以权益形式结算的认股权、以现金形式结算但以权益工具公允价值为基础确定的现金股票增值权等。

二、应付职工薪酬的核算内容

小企业应当设置"应付职工薪酬"科目，核算应付职工薪酬的计提、结算、使用等情况。该科目的贷方登记已分配计入有关成本费用项目的职工薪酬的数额；借方登记实际发放职工薪酬的数额，包括扣还的款项等；期末贷方余额，反映企业应付未付的职工薪酬。

"应付职工薪酬"科目应当按照"工资""职工福利""社会保险费""住房公积金""工会经费""职工教育经费""非货币性福利"等应付职工薪酬项目设置明细账进行明细核算。

小企业应付职工薪酬的核算内容主要包括应付职工薪酬的确认和应付职工薪酬的发放两个方面。

（一）小企业应付职工薪酬的确认

小企业应当在职工为其提供服务的会计期间，将应付的职工薪酬确认为应付职工薪酬，并根据职工提供服务的受益对象，分别下列情况进行处理：

（1）应由生产产品、提供劳务负担的职工薪酬，计入产品成本或劳务成本，借记"生产成本""制造费用"等科目，贷记"应付职工薪酬"科目。

（2）应由在建工程负担的职工薪酬，计入建造固定资产成本，借记"在建工程"科目，贷记"应付职工薪酬"科目。

（3）管理部门人员的职工薪酬和因解除与职工的劳动关系给予的补偿，计入管理费用，借记"管理费用"科目，贷记"应付职工薪酬"科目。

（4）销售人员的职工薪酬，借记"销售费用"科目，贷记"应付职工薪酬"科目。

（5）以其自产产品发放给职工作为职工薪酬的，借记"管理费用""生产成本""制造费用""销售费用"等科目，贷记"应付职工薪酬"科目。

（二）小企业应付职工薪酬的发放

小企业发放职工薪酬应当区分以下情况进行处理：

（1）向职工支付工资、奖金、津贴、福利费等，从应付职工薪酬中扣还的各种款项（代垫的家属药费、个人所得税等）等，借记"应付职工薪酬"科目，贷记"库存现金""银行存款""其他应收款""应交税费——应交个人所得税"等科目。

（2）支付工会经费和职工教育经费用于工会活动和职工培训，借记"应付职工薪酬"科目，贷记"银行存款"等科目。

（3）按照国家有关规定交纳社会保险费和住房公积金，借记"应付职工薪酬"科目，贷记"银行存款"科目。

（4）以其自产产品发放给职工的，应视同销售收入，借记"应付职工薪酬"科目，贷记"主营业务收入"科目；同时结转产成品的成本；涉及增值税销项税额的，还应进行相应的账务处理。

（5）因解除与职工的劳动关系给予职工的补偿，借记"应付职工薪酬"科目，贷记"库存现金""银行存款"等科目。

三、应付职工薪酬的账务处理

（一）应付职工薪酬的确认

1. 货币性职工酬薪

企业应当在职工为其提供服务的会计期间，根据职工提供服务的受益对象，将应确认的职工薪酬（包括货币性薪酬和非货币性福利）计入相关资产成

本或当期损益,同时确认应付职工薪酬。具体分别以下情况进行处理:

(1) 生产部门人员的职工薪酬,借记"生产成本""制造费用""劳务成本"等科目,贷记"应付职工薪酬"科目。

(2) 管理部门人员的职工薪酬,借记"管理费用"科目,贷记"应付职工薪酬"科目。

(3) 销售人员的职工薪酬,借记"销售费用"科目,贷记"应付职工薪酬"科目。

(4) 应由在建工程、研发支出负担的职工薪酬,借记"在建工程""研发支出"科目,贷记"应付职工薪酬"科目。

【例 4-6】 甲企业 2019 年 6 月份应付工资总额 693 000 元,工资费用分配汇总表中列示的产品生产人员工资为 480 000 元,车间管理人员工资为 105 000元,企业行政管理人员工资为 90 600 元,专设销售机构人员工资为 17 400元。甲企业应进行账务处理如下:

借:生产成本——基本生产成本　　　　　　　　　　　480 000
　　制造费用　　　　　　　　　　　　　　　　　　　105 000
　　管理费用　　　　　　　　　　　　　　　　　　　　90 600
　　销售费用　　　　　　　　　　　　　　　　　　　　17 400
　　贷:应付职工薪酬——工资　　　　　　　　　　　693 000

小企业在计量应付职工薪酬时,对于国家(或企业年金计划)统一规定的计提基础和计提比例,如企业应向社会保险经办机构(或企业年金基金账户管理人)交纳的医疗保险费、养老保险费、失业保险费、工伤保险费和生育保险费等社会保险费,应向住房公积金管理中心交存的住房公积金,以及应向工会部门交纳的工会经费等,应当按照国家规定的标准计提。

【例 4-7】 根据国家规定的计提标准计算,乙企业本月应向社会保险经办机构交纳职工基本养老保险费共计 97 020 元,其中,应计入基本生产车间生产成本的金额为 67 200 元,应计入制造费用的金额为 14 700 元,应计入管理费用的金额为 15 120 元。乙企业应进行账务处理如下:

借:生产成本——基本生产成本　　　　　　　　　　　67 200
　　制造费用　　　　　　　　　　　　　　　　　　　14 700
　　管理费用　　　　　　　　　　　　　　　　　　　15 120
　　贷:应付职工薪酬——社会保险费(基本养老保险)　　97 020

国家(或企业年金计划)没有明确规定计提基础和计提比例的,如职工福利费等职工薪酬,企业应当根据历史经验数据和实际情况,合理预计当期应付职工薪酬。当期实际发生金额大于预计金额的,应当补提应付职工薪酬;当期实际发生金额小于预计金额的,应当冲回多提的应付职工薪酬。

【例 4-8】 丙企业下设一所职工食堂,每月根据在岗职工数量及岗位分布情况、相关历史经验数据等计算需要补贴食堂的金额,从而确定企业每期因补贴职工食堂需要承担的福利费金额。2016年9月，企业在岗职工共计200人，其中管理部门30人，生产车间170人。企业的历史经验数据表明，每个职工每月需补贴食堂150元。丙企业应进行账务处理如下：

  借：生产成本   25 500
    管理费用   4 500
    贷：应付职工薪酬——职工福利   30 000

  丙企业应计提的职工福利费=150×200=30 000（元）

2. 非货币性职工薪酬

  小企业以其自产产品作为非货币性福利发放给职工的，应当根据受益对象，按照该产品的公允价值计入相关资产、成本或当期损益，同时确认应付职工薪酬，届时借记"管理费用""生产成本""制造费用"等科目。将企业拥有的房屋等资产无偿提供给职工使用的，应当根据受益对象，将该住房每期应计提的折旧计入相关资产成本或当期损益，同时确认应付职工薪酬，届时借记"管理费用""生产成本""制造费用"等科目，贷记"应付职工酬薪——非货币性福利"科目，并且同时借记"应付职工酬薪——非货币性福利"科目，贷记"累计折旧"科目。租赁住房等资产供职工无偿使用的，应当根据受益对象，将该住房每期应计提的折旧计入相关资产、成本或当期损益，并确认应付职工薪酬，借记"管理费用""生产成本""制造费用"等科目，贷记"应付职工酬薪——非货币性福利"科目。难以认定受益对象的非货币性福利，直接计入当期损益和应付职工薪酬。

  【例4-9】 甲公司为家电生产企业，共有职工200名，其中170名为直接参加生产的职工，30名为总部管理人员。2019年2月，甲公司以其生产的每台成本为900元的电暖器作为春节福利发放给公司每名职工。该型号的电暖器其市场售价为每台1 000元，甲公司适用的增值税税率为13%。甲企业应进行账务处理如下：

  借：生产成本   19 200
    管理费用   33 900
    贷：应付职工薪酬——非货币性福利   226 000

  本例中，应确认的应付职工薪酬=200×1 000+200×1 000×13%
            =226 000（元）
  其中，应记入"生产成本"科目的金额=170×1 000+170×1 000×13%
            =192 100（元）
  应记入"管理费用"科目的金额=30×1 000+30×1 000×13%
            =33 900（元）

  【例4-10】 乙公司为总部各部门经理级别以上职工提供汽车免费使用，同时为副总裁以上高级管理人员每人租赁一套住房。乙公司总部共有部门经理以上职工20名，每人提供一辆桑塔纳汽车免费使用。假定每辆桑塔纳汽车每月计提折旧1 000元;该公司共有副总裁以上高级管理人员5名,公司为其每人租赁一套面积为200平方米的公寓,月租金为每套8 000元。乙公司应进行账务处理如下:

(1) 确认提供汽车的非货币性福利。

借:管理费用　　　　　　　　　　　　　　　　　　　　　　20 000
　　贷:应付职工薪酬——非货币性福利　　　　　　　　　　　　20 000
借:应付职工薪酬——非货币性福利　　　　　　　　　　　　　20 000
　　贷:累计折旧　　　　　　　　　　　　　　　　　　　　　　20 000

企业提供汽车供职工使用的非货币性福利费 = 20×1 000 = 20 000(元)

(2) 确认为职工租赁住房的非货币性福利。

借:管理费用　　　　　　　　　　　　　　　　　　　　　　40 000
　　贷:应付职工薪酬——非货币性福利　　　　　　　　　　　　40 000

企业租赁住房供职工使用的非货币性福利 = 5×8 000 = 40 000(元)

(二) 发放职工薪酬

1. 支付职工工资、奖金、津贴和补贴

小企业一般在每月发放工资前,根据"工资结算汇总表"中的"实发金额"栏的合计数向开户银行提取现金,借记"库存现金"科目,贷记"银行存款"科目,然后再向职工发放。

企业按照有关规定向职工支付工资、奖金、津贴等,借记"应付职工薪酬——工资"科目,贷记"银行存款""库存现金"等科目;企业从应付职工薪酬中扣还的各种款项(代垫的家属药费、个人所得税等),借记"应付职工薪酬"科目,贷记"银行存款""库存现金""其他应收款""应交税费——应交个人所得税"等科目。

【例4-11】承[例4-6],甲企业根据"工资结算汇总表"结算本月应付职工工资总额693 000元,其中企业代扣职工房租32 000元、代垫职工家属医药费8 000元、实发工资653 000元。甲企业应进行账务处理如下:

(1) 向银行提取现金。

借:库存现金　　　　　　　　　　　　　　　　　　　　　　653 000
　　贷:银行存款　　　　　　　　　　　　　　　　　　　　　653 000

(2) 用现金发放工资。

借:应付职工薪酬——工资　　　　　　　　　　　　　　　　653 000
　　贷:库存现金　　　　　　　　　　　　　　　　　　　　　653 000

注:如果通过银行发放工资,该企业的应进行账务处理如下:

借:应付职工薪酬——工资　　　　　　　　　　　　　　　　653 000
　　贷:银行存款　　　　　　　　　　　　　　　　　　　　　653 000

(3) 代扣款项。

借：应付职工薪酬——工资 40 000
　　贷：其他应收款——职工房租 32 000
　　　　　　　　　——代垫医药费 8 000

2. 支付职工福利费

企业向职工食堂、职工医院、生活困难职工等支付职工福利费时，借记"应付职工薪酬——职工福利"科目，贷记"银行存款""库存现金"等科目。

【例 4-12】 2019 年 9 月，甲企业以现金支付职工张某生活困难补助 1 000 元。甲企业应进行账务处理如下：

借：应付职工薪酬——职工福利 1 000
　　贷：库存现金 1 000

【例 4-13】 承[例 4-8]，2019 年 10 月，丙企业支付 15 000 元补贴给食堂。乙企业应进行账务处理如下：

借：应付职工薪酬——职工福利 15 000
　　贷：库存现金 15 000

3. 支付工会经费、职工教育经费和交纳社会保险费、住房公积金

企业支付工会经费和职工教育经费用于工会运作和职工培训，或按照国家有关规定交纳社会保险费或住房公积金时，借记"应付职工薪酬——工会经费（或职工教育经费、社会保险费、住房公积金）"科目，贷记"银行存款"、"库存现金"等科目。

【例 4-14】 甲企业以银行存款交纳参加职工医疗保险的医疗保险费 36 000 元。甲企业应进行账务处理如下：

借：应付职工薪酬——社会保险费 36 000
　　贷：银行存款 36 000

4. 发放非货币性福利

企业以自产产品作为职工薪酬发放给职工时，应确认主营业务收入，借记"应付职工薪酬——非货币性福利"科目，贷记"主营业务收入"科目；同时结转相关成本；涉及增值税销项税额的，还应进行相应的会计处理。企业支付租赁住房等资产供职工无偿使用所发生的租金，借记"应付职工薪酬——非货币性福利"科目，贷记"银行存款"科目。

【例 4-15】 承[例 4-9]，甲公司向职工发放电暖器作为福利，应确认主营业务收入，同时要根据相关税法规定，计算增值税销项税额。甲公司应进行账务处理如下：

借：应付职工薪酬——非货币性福利 226 000
　　贷：主营业务收入 200 000
　　　　应交税费——应交增值税(销项税额) 26 000

借：主营业务成本　　　　　　　　　　　　　　　　180 000
　　贷：库存商品——电暖器　　　　　　　　　　　　　180 000

　　　　甲公司应确认的主营业务收入＝200×1 000＝200 000(元)
　　　　甲公司应确认的增值税销项税额＝200×1 000×13％＝26 000(元)
　　　　甲公司应结转的销售成本＝200×900＝180 000(元)

【例 4-16】 承[例 4-10]，乙公司每月支付副总裁以上高级管理人员住房租金时，应进行账务处理如下：

借：应付职工薪酬——非货币性福利　　　　　　　　40 000
　　贷：银行存款　　　　　　　　　　　　　　　　　40 000

第 4 节　应交税费核算

　　税收是国家组织财政收入的主要形式和工具，是国家调节经济的重要杠杆之一，也是对经济活动进行监督管理的重要手段。国家凭借政治权力，制定法律，公布征税标准，并用行政手段和司法手段来保证税收任务的完成。因此，税收具有强制性、无偿性、固定性的特征。每一个依法直接负有纳税义务的单位和个人(即纳税主体)都应自觉地向各级税务机关(即征税主体)交纳税金。

　　为了全面反映小企业各项税费增减变动情况，应当设置"应交税费"账户，核算按照现行税法和权责发生制要求计算应交纳的各种税费，包括增值税、消费税、城市维护建设税、企业所得税、资源税、土地增值税、城镇土地使用税、房产税、车船税、教育费附加、矿产资源补偿费、排污费、代扣代交的个人所得税等。"应交税费"账户实质上是全面反映小企业与税务机关或财政部门之间发生的税务关系。

　　"应交税费"属负债类账户，贷方反映应交的各种税金数额；借方反映实际交纳的各种税金数额；期末贷方余额，反映小企业尚未交纳的税费；期末如为借方余额，反映小企业多交或尚未抵扣的税费。

　　现将小企业可能涉及的有关税费及其主要账务处理分别进行介绍：

一、应交增值税

(一) 增值税概述

　　增值税是以商品(含应税劳务)在流转过程中产生的增值额作为计税依据而征收的一种流转税。增值税是一种价外税，实行价税分离，即将商品的销售价格和商品负担的增值税额明确分离出来，分别核算，其增值税负担的多少一般与纳税企业的损益无关。由于增值税是以增值额作为计税依据，只对销售额中本企业新创造的、未征过税的价值征税，纳税企业实际交纳的增值税是销项税额减去进项税额以后的差额，在理论上不存在重复征税的问题。

　　现行税法将增值税纳税人按其经营规模及会计核算健全与否划分为一般纳税人和小规模纳税人，实行不同的征收方法。年应税销售额在 50 万元以上的工业企业或年应税销售额在 80 万元以上的商业企业或年销售额在 500 万元以上的提供服务的企业都为增值税一般纳税人。否则，为小规模纳税人。

增值税一般纳税人在一般计税方法下适用三种情况的比例税率：第一种是基本税率；第二种是低税率；第三种是出口货物、劳务、服务或无形资产适用的零税率。自 2017 年 7 月 1 日起，简并增值税税率结构，将原来 13% 的增值税税率调整为 11%。自 2018 年 5 月 1 日起，增值税一般纳税人发生增值税应税销售行为或进口货物，原适用 17% 和 11% 税率的，税率分别调整为 16% 和 10%。自 2019 年 4 月 1 日起，增值税一般纳税人发生增值税应税销售行为或者进口货物，原适用 16% 税率的，税率调整为 13%；原适用 10% 税率的，税率调整为 9%。一般纳税人特殊情况下采用简易计税方法适用征收率。小规模纳税人缴纳增值税采用简易计税方法适用征收率。自 2019 年 4 月 1 日起，增值税税率和征收率适用范围如图表 4-2 所示。

图表 4-2

一般纳税人增值税税率与适用范围一览表

类别	应税行为		增值税税率
销售货物	销售或进口货物（另有列举的货物除外）；销售劳务		13%
	销售或进口： 1. 粮食等农产品、食用植物油、食用盐； 2. 自来水、暖气、冷气、热水、煤气、石油液化气、天然气、二甲醚、沼气、居民用煤炭制品； 3. 图书、报纸、杂志、音像制品、电子出版物； 4. 饲料、化肥、农药、农机、农膜； 5. 国务院规定的其他货物。		9%
销售服务	交通运输服务	陆路运输服务	9%
		水路运输服务	
		航空运输服务	
		管道运输服务	
	邮政服务	邮政普遍服务	9%
		邮政特殊服务	
		其他邮政服务	
	电信服务	基础电信服务	9%
		增值电信服务	6%
	建筑服务	工程服务	9%
		安装服务	
		修缮服务	
		装饰服务	
		其他建筑服务	
	金融服务	贷款服务	6%
		直接收费金融服务	
		保险服务	
		金融商品转让	

(续表)

类别		应税行为	增值税税率
销售服务	现代服务	研发和技术服务	6%
		信息技术服务	
		文化创意服务	
		物流辅助服务	
		租赁服务	有形动产租赁服务13%；不动产经营租赁服务9%。
		咨询鉴证服务	6%
		广播影视服务	
		商务辅助服务	
		其他现代服务	
	生活服务		6%
销售无形资产	技术(专利、非专利)		6%
	商标权		
	著作权		
	土地使用权		9%
销售不动产	建筑物		9%
	构筑物		

小规模纳税人增值税的征收率为3%。

温馨提醒

为进一步加大对小微企业的税收支持力度，2016年1月1日至2017年12月31日，月销售额和营业额低于3万元（含3万元）的小微企业免征增值税和营业税。（财税〔2015〕96号）同时可免征教育费附加、地方教育附加、水利建设基金、文化事业建设费。（财税〔2014〕122号）

一般纳税人应纳增值税额的计算公式如下：

当期应纳增值税额 = 当期销项税额 − 当期进项税额

其中：
当期销项税额 = 当期销售额 × 适用税率
当期进项税额 = 当期购进货物支付的价款 × 适用税率

小规模纳税人，实行简单的征收办法，即按照3%的征收率征税。小规模纳税人应纳增值税额的计算公式如下：

应纳增值税额 = 销售额 × 3%

各国实行的增值税在计算增值额时一般都实行税款抵扣制度，即在计算应纳税款时,要扣除商品在以前生产环节已负担的税款,以避免重复征税。根据修订后的《中华人民共和国增值税暂行条例》的规定,我国从2009年1月1日起在全国范围内实施消费型增值税。

(二) 应交增值税的主要核算办法

(1) 小企业采购物资等,按照应计入采购成本的金额,借记"在途物资"或"原材料""库存商品"等科目;按可抵扣的增值税额,借记"应交税费——应交增值税(进项税额)"科目;按照应付或实际支付的金额,贷记"应付账款""银行存款"等科目。购入物资发生退货,作相反的会计分录。

购进免税农业产品,按照购入农业产品的买价和规定的税率计算的进项税额,借记"应交税费——应交增值税(进项税额)"科目;按照买价减去按规定计算的进项税额后的差额,借记"在途物资"等科目;按照应付或实际支付的价款,贷记"应付账款""库存现金""银行存款"等科目。

(2) 销售商品(提供劳务),按营业收入和应收取的增值税额,借记"应收账款""银行存款"等科目;按照专用发票上注明的增值税额,贷记"应交税费——应交增值税(销项税额)"科目;按确认的营业收入,贷记"主营业务收入""其他业务收入"等科目。发生销售退回,作相反的会计分录。

随同商品出售但单独计价的包装物,按规定应交纳的增值税额,借记"其他业务成本"科目,贷记"应交税费——应交增值税(销项税额)"科目。

(3) 出口产品按规定退税的,借记"其他应收款"科目,贷记"应交税费——应交增值税(出口退税)"科目。

(4) 小企业(小规模纳税人)以及小企业(一般纳税人)购入材料等不能抵扣增值税的,发生的增值税计入材料等的成本,借记"在途物资"等科目,贷记"银行存款"等科目,不通过"应交税费——应交增值税(进项税额)"科目核算。

(5) 将自产的产品用于非应税项目,如用作福利发放给职工等,应视同销售计算应交增值税,借记"管理费用""生产成本""制造费用""销售费用"等科目,贷记"应交税费——应交增值税(销项税额)"科目。

(6) 购进的物资、在产品、产成品发生非正常损失,以及购进物资改变用途等原因,其进项税额应相应转入有关科目,借记"营业外支出""在建工程"等科目,贷记"应交税费——应交增值税(进项税额转出)"科目。

属于转作待处理财产损失的部分,应与遭受非正常损失的购进货物、在产品、产成品成本一并处理。

(7) 本月上交本月的应交增值税时,借记"应交税费——应交增值税(已交税金)"科目,贷记"银行存款"科目。本月上交上期应交未交的增值税时,借记"应交税费——未交增值税"科目,贷记"银行存款"科目。

月度终了,将本月应交未交增值税自"应交税费——应交增值税"科目的明细科目转入"应交税费——未交增值税"科目的明细科目,借记"应交税费——应交增值税——转出未交增值税"科目,贷记"应交税费——未交增值税"科目;将本月多交的增值税自"应交税费——应交增值税"科目转入"应交税费——未交增值税"科目,借记"应交税费——未交增值税"科目,贷记"应交税费——应交增值税(转出多交增值税)"科目。结转后,"应交税费——应交增值税"科目的期末借方余额,反映企业尚未抵扣的增值税。

(三)应交增值税的账务处理

为了核算小企业应交增值税的发生、抵扣、交纳、转出等情况,增值税一般纳税人应在"应交税费"科目下设置"应交增值税"明细科目。并按应交的税费项目进行明细核算,还应分别按"进项税额""销项税额""出口退税""进项税额转出""已交税金""转出未交增值税""转出多交增值税"等设置专栏。小规模纳税人只需设置"应交增值税"明细科目,不需要在"应交增值税"明细科目中设置上述专栏。

1. 一般纳税人的账务处理

1) 采购商品和接受应税劳务。

【例4-17】 东海实业有限公司为增值税一般纳税人,适用的增值税税率为13%,原材料按计划成本核算,销售商品价格为不含增值税的公允价格。2019年8月5日,购入原材料一批,取得的增值税专用发票上注明的价款120 000元,税额为15 600元,货物尚未到达,货款和进项税已用银行存款支付。应进行账务处理如下:

借:材料采购　　　　　　　　　　　　　　　　　120 000
　　应交税费——应交增值税(进项税额)　　　　15 600
　　贷:银行存款　　　　　　　　　　　　　　　135 600

【例4-18】 东海实业有限公司为增值税一般纳税人,适用的增值税税率为13%,2019年8月20日,生产车间委托外单位修理机器设备,增值税专用发票上注明的修理费用20 000元,增值税额为2 600元,款项已用银行存款支付。应进行账务处理如下:

借:制造费用　　　　　　　　　　　　　　　　　20 000
　　应交税费——应交增值税(进项税额)　　　　2 600
　　贷:银行存款　　　　　　　　　　　　　　　22 600

2) 进项税转出。

【例4-19】 甲企业2019年8月份发生进项税额转出事项及应进行的账务处理如下:

(1) 10日,库存材料因意外火灾毁损一批,有关增值税专用发票注明的成本为20 000元,增值税额为2 600元。

借:待处理财产损溢——待处理流动资产损溢　　22 600
　　贷:原材料　　　　　　　　　　　　　　　　20 000
　　　　应交税费——应交增值税(进项税额转出)　2 600

(2) 18日,企业所属的职工宿舍维修领用原材料6 000元,购入原材料时支付的增值税额为780元。

借:应付职工薪酬——非货币性福利　　　　　　　　　　6 780
　　贷:原材料　　　　　　　　　　　　　　　　　　　6 000
　　　　应交税费——应交增值税(进项税额转出)　　　　780

3) 销售物资或者提供应税劳务。

【例 4-20】 东海实业有限公司 2019 年 6 月份发生经济交易或事项以及应进行的账务处理如下:

(1) 15 日,销售产品一批,价款 500 000 元,按规定应收取增值税税额 65 000 元,提货单和增值税专用发票已交给买方,款项尚未收到。

借:应收账款　　　　　　　　　　　　　　　　　　　565 000
　　贷:主营业务收入　　　　　　　　　　　　　　　　500 000
　　　　应交税费——应交增值税(销项税额)　　　　　 65 000

(2) 28 日,为外单位代加工电脑桌 500 个,每个收取加工费 80 元,加工完成,款项已收到并存入银行。

借:银行存款　　　　　　　　　　　　　　　　　　　 45 200
　　贷:主营业务收入　　　　　　　　　　　　　　　　 40 000
　　　　应交税费——应交增值税(销项税额)　　　　　　5 200

4) 视同销售行为。

小企业的有些交易和事项从会计角度看不属于销售行为,不能确认为销售收入,但是按照税法规定,应视同对外销售处理,计算应交增值税。视同销售需要交纳增值税的事项,如企业将自产、委托加工的货物用于非应税项目、集体福利或个人消费,将自产、委托加工或购买的货物作为投资、分配给股东或投资者、无偿赠送他人等。

【例 4-21】 2019 年 8 月 15 日,甲企业将自己生产的产品用于自行建造职工俱乐部。该产品的成本为 150 000 元,计税价格为 260 000 元。甲应进行账务处理如下:

借:在建工程　　　　　　　　　　　　　　　　　　　183 800
　　贷:库存商品　　　　　　　　　　　　　　　　　　150 000
　　　　应交税费——应交增值税(销项税额)　　　　　 33 800

企业在建工程领用自己生产的产品的销项税额 $=260\ 000\times13\%$
　　　　　　　　　　　　　　　　　　　　　$=33\ 800(元)$

5) 应交增值税。

小企业交纳的增值税,借记"应交税费——应交增值税(已交税金)"科目,贷记"银行存款"科目;"应交税费——应交增值税"科目的贷方余额,表示企业应交纳的增值税。

【例 4-22】 2019 年 8 月份,甲企业发生销项税额合计 136 000 元,进项税额转出合计 4 420 元,进项税额合计 80 750 元。甲企业当月应交增值税计算如下:

应交增值税 $=136\ 000+4\ 420-80\ 750=59\ 670(元)$

用银行存款交纳增值税,应进行账务处理如下:

借：应交税费——应交增值数（已交税金）　　　　　　　　　　　59 670
　　　　贷：银行存款　　　　　　　　　　　　　　　　　　　　　　　　59 670

需要说明的是，企业购入材料不能取得增值税专用发票的，发生的增值税应计入材料采购成本，借记"材料采购""在途物资"等科目，贷记"银行存款"等科目。

2. 小规模纳税人的账务处理

小规模纳税人企业应当按照不含销售额和规定的增值税征收率计算交纳增值税，销售货物或提供应税劳务时只能开具普通发票，不能开具增值税专用发票。小规模纳税人企业不享有进项税额的抵扣权，其购进货物或接受应税劳务支付的增值税额直接计入有关货物或劳务的成本。因此，小规模纳税人企业只需在"应交税费"科目下设置"应交增值税"明细科目，不需要在"应交增值税"明细科目中设置专栏。"应交税费——应交增值税"科目贷方登记应交纳的增值税额；借方登记已交纳的增值税额；期末贷方余额反映尚未交纳的增值税额，借方余额反映多交纳的增值税额。

【例4-23】 甲企业为增值税小规模纳税人，适用增值税征收率为3%，原材料按实际成本核算。该企业发生经济交易如下：购入原材料一批，取得的专用发票中注明货款30 000元，增值税额5 100元，款项以银行存款支付，材料验收入库。销售产品一批，所开出的普通发票中注明的货款（含税）为51 500元，款项已存入银行。用银行存款交纳增值税额1 500元。应进行账务处理如下：

（1）购入原材料。

　　借：原材料　　　　　　　　　　　　　　　　　　　　　　　　　35 100
　　　　贷：银行存款　　　　　　　　　　　　　　　　　　　　　　　　35 100

（2）销售产品。

　　借：银行存款　　　　　　　　　　　　　　　　　　　　　　　　51 500
　　　　贷：主营业务收入　　　　　　　　　　　　　　　　　　　　　　50 000
　　　　　　应交税费——应交增值税　　　　　　　　　　　　　　　　　 1 500

不含税销售额 = 含税销售额 ÷ (1 + 征收率) = 51 500 ÷ (1 + 3%) = 50 000（元）
应纳增值税 = 不含税销售额 × 征收率 = 50 000 × 3% = 1 500（元）

（3）交纳增值税。

　　借：应交税费——应交增值税　　　　　　　　　　　　　　　　　　 1 500
　　　　贷：银行存款　　　　　　　　　　　　　　　　　　　　　　　　 1 500

二、应交消费税

（一）消费税概述

消费税是指在我国境内对从事生产和进口一些特别消费品所征收的一种税。消费税实行从价定率、从量定额，或者从价定率和从量定额复合计税的办法计算应纳税额。从价计征采用差额比例税率，从量计征采用定额税率设置固定税额。其计算公式如下：

实行从价定率办法计算的应纳税额＝销售额×比例税率

实行从量定额办法计算的应纳税额＝销售数量×定额税率

实行复合计税办法计算的应纳税额＝销售额×比例税率＋销售数量×定额税率

（二）应交消费税的主要核算办法

企业应在"应交税费"科目下设置"应交消费税"明细科目,核算应交消费税的发生、交纳情况。该科目贷方登记应交纳的消费税;借方登记已交纳的消费税;期末贷方余额反映企业尚未交纳的消费税,借方余额反映企业多交纳的消费税。

(1) 销售需要交纳消费税的物资应交的消费税,借记"税金及附加"等科目,贷记"应交税费——应交消费税"科目。退税时,作相反会计分录。

(2) 以生产的产品用于在建工程、非生产机构等,按规定应交纳的消费税,借记"在建工程""营业外支出"等科目,贷记"应交税费——应交消费税"科目。

随同商品出售但单独计价的包装物,按规定应交纳的消费税,借记"其他业务成本"科目,贷记"应交税费——应交消费税"科目。出租、出借包装物逾期未收回没收的押金应交的消费税,借记"其他业务成本"科目,贷记"应交税费——应交消费税"科目。

(3) 需要交纳消费税的委托加工物资,由受托方代收代交税款(除受托加工或翻新改制金银首饰按规定由受托方交纳消费税外)。受托方按应交税款金额,借记"应收账款""银行存款"等科目,贷记"应交税费——应交消费税"科目。委托加工物资收回后,直接用于销售的,将代收代交的消费税计入委托加工物资的成本,借记"库存商品"等科目,贷记"应付账款""银行存款"等科目;委托加工物资收回后用于连续生产,按规定准予抵扣的,按代收代交的消费税额,借记"应交税费——应交消费税"科目,贷记"应付账款""银行存款"等科目。

(4) 有金银首饰零售业务的以及采用以旧换新方式销售金银首饰的小企业,在实现营业收入时,按照应交消费税额,借记"税金及附加"科目,贷记"应交税费——应交消费税"科目。有金银首饰零售业务的小企业因受托代销金银首饰按规定应交纳的消费税额,应当分别不同情况处理:以收取手续费方式代销金银首饰的,按其应交纳的消费税额,借记"其他业务成本"科目,贷记"应交税费"科目(应交消费税);以其他方式代销首饰的,按其交纳的消费税额,借记"税金及附加"科目,贷记"应交税费——应交消费税"科目。

有金银首饰批发、零售业务的小企业,将金银首饰用于馈赠、赞助、广告、职工福利、奖励等方面的,应于物资移送时,按照应交纳的消费税额,借记"营业外支出""销售费用""应付职工薪酬"等科目,贷记"应交税费——应交消费税"科目。

随同金银首饰出售但单独计价的包装物,按规定应交纳的消费税额,借记"其他业务成本"科目,贷记"应交税费——应交消费税"科目。

小企业因受托加工或翻新改制金银首饰,按规定应交纳的消费税额,于向委托方交货时,借记"税金及附加""其他业务成本"等科目,贷记"应交税费——应交消费税"科目。

(5) 需要交纳消费税的进口物资,其交纳的消费税应计入该项物资的成本,借记"固定资产""在途物资""库存商品"等科目,贷记"银行存款"等科目。

(6) 免征消费税的出口物资应当分别以下情况进行处理。即:

生产性企业直接出口或通过外贸企业出口的物资,按规定直接予以免税的,可不计算应交消费税。

委托外贸企业代理出口物资的生产性小企业,应在计算消费税时,按应交纳的消费税额,借记"其他应收款"科目,贷记"应交税费——应交消费税"科目;收到退回的税金,借记"银行存款"科目,贷记"其他应收款"科目;发生退关、退货而补交已退的消费税,作相反的会计分录。

自营出口物资的外贸小企业,在物资报关出口后申请出口退税时,借记"其他应收款"科目,贷记"主营业务成本"科目;实际收到退回的税金时,借记"银行存款"科目,贷记"其他应收款"科目;发生退关或退货而补交已退的消费税时,作相反的会计分录。

(7) 交纳的消费税,借记"应交税费——应交消费税"科目,贷记"银行存款"科目。

(三) 应交消费税的账务处理

1. 销售应税消费品

企业销售应税消费品应交纳的消费税,借记"税金及附加"科目,贷记"应交税费——应交消费税"科目。

【例 4-24】 甲企业销售所生产的化妆品,价款 1 000 000 元(不含增值税),适用的消费税税率为 30%,不考虑其他相关税费。应进行账务处理如下:

借:税金及附加   300 000
    贷:应交税金——应交消费税   300 000

应交消费税额 = 1 000 000 × 30% = 300 000(元)

2. 自产自用应税消费品

企业将生产的应税消费品用于在建工程等非生产机构时,按规定应交纳的消费税额,借记"在建工程"等科目,贷记"应交税费——应交消费税"科目。

【例 4-25】 乙企业在建工程领用自产柴油成本为 50 000 元,应纳消费税 6 000 元。不考虑其他相关税费。应进行账务处理如下:

借:在建工程   56 000
    贷:库存商品   50 000
        应交税费——应交消费税   6 000

【例 4-26】 丙企业下设的职工食堂享受企业提供的补贴,本月领用自产产品一批,该产品的账面价值 20 000 元,市场价格 30 000 元(不含增值税),适用的消费税税率为 10%。不考虑其他相关税费。应进行账务处理如下:

借:应付职工薪酬——职工福利   33 000
    贷:主营业务收入   30 000
        应交税费——应交消费税   3 000

借：主营业务成本	20 000	
贷：库存商品		20 000

3. 委托加工应税消费品

企业如有应交消费税的委托加工物资，一般由受托方代收代交税款。委托加工物资收回后，直接用于销售的，应将受托方代收代交的消费税计入委托加工物资的成本，借记"委托加工物资"等科目，贷记"应付账款""银行存款"等科目；委托加工物资收回后用于连续生产的，按规定准予抵扣的，应按已由受托方代收代交的消费税，借记"应交税费——应交消费税"科目，贷记"应付账款"、"银行存款"等科目。

【例 4-27】 甲企业委托乙企业代为加工一批应交消费税的材料（非金银首饰）。甲企业的材料成本为 2 000 000 元，加工费为 400 000 元，由乙企业代收代交的消费税为 160 000 元（不考虑增值税）。材料已经加工完成，并由甲企业收回验收入库，加工费尚未支付。甲企业采用实际成本法进行原材料的核算。应进行账务处理如下：

（1）委托加工物资收回继续用于生产应税消费品。

借：委托加工物资	2 000 000	
贷：原材料		2 000 000
借：委托加工物资	400 000	
应交税费——应交消费税	160 000	
贷：应付账款		560 000
借：原材料	2 400 000	
贷：委托加工物资		2 400 000

（2）委托加工物资收回直接对外销售。

借：委托加工物资	2 000 000	
贷：原材料		2 000 000
借：委托加工物资	560 000	
贷：应付账款		560 000
借：原材料	2 560 000	
贷：委托加工物资		2 560 000

4. 进口应税消费品

小企业进口应税物资在进口环节的消费税，应计入该项物资的成本。

【例 4-28】 甲企业从国外进口一批需交纳消费税的商品，商品价值 1 000 000 元，进口环节需交纳的消费税为 200 000 元（假设不考虑增值税），采购的商品已经验收入库，货款尚未支付，税款已经用银行存款支付。应进行账务处理如下：

```
借：库存商品                                    1 200 000
    贷：应付账款                                         1 000 000
        银行存款                                           200 000
```

三、应交资源税

（一）资源税概述

👉 资源税是对在我国境内开采应税矿产品和生产盐的单位和个人，就其应税数量征收的一种税。资源税对所有应税资源都实行幅度定额税率。

资源税的应纳税额，按照应税产品的课税数量和规定的单位税额计算。应纳税额计算公式如下：

$$应纳税额 = 课税数量 \times 单位税额$$

现行资源税计税依据是指纳税人应税产品的销售数量和自用数量。

纳税人开采或者生产应税产品销售的，以销售数量为课税数量。

纳税人开采或者生产应税产品自用的，以自用数量为课税数量。

（二）应交资源税的主要账务处理

（1）小企业销售商品应交纳的资源税，借记"税金及附加"科目，贷记"应交税费——应交资源税"科目。

（2）自产自用的物资应交纳的资源税，借记"生产成本"科目，贷记"应交税费——应交资源税"科目。

（3）收购未税矿产品，按实际支付的价款，借记"在途物资"等科目，贷记"银行存款"等科目；按代扣代交的资源税，借记"在途物资"等科目，贷记"应交税费——应交资源税"科目。

（4）外购液体盐加工固体盐时，在购入液体盐时，按所允许抵扣的资源税额，借记"应交税费"科目；按外购价款减去允许抵扣资源税后的金额，借记"在途物资"或"原材料"等科目；按应支付的全部价款，贷记"银行存款""应付账款"等科目。加工成固体盐后，在销售时，按照计算出的销售固体盐应交的资源税额，借记"税金及附加"科目，贷记"应交税费——应交资源税"科目；将销售固体盐应交资源税扣抵液体盐已交资源税后的差额上交时，借记"应交税费——应交资源税"科目，贷记"银行存款"科目。

（5）交纳的资源税，借记"应交税费"科目（应交资源税），贷记"银行存款"科目。

【例4-29】甲企业本月对外销售资源应税矿产品3 600吨，将资产资源税应税矿产品800吨用于其产品生产，税法规定每吨矿产品应交资源税5元。应进行账务处理如下：

```
借：税金及附加                                     18 000
    贷：应交税费——应交资源税                                18 000
```

借：生产成本　　　　　　　　　　　　　　　　　　4 000
　　贷：应交税费——应交资源税　　　　　　　　　　　　4 000
交纳资源税时：
借：应交税费——应交资源税　　　　　　　　　　　　22 000
　　贷：银行存款　　　　　　　　　　　　　　　　　　22 000

四、应交企业所得税

(一) 企业所得税概述

👉 企业所得税是指对一国境内的企业和其他经济组织在一定期间内的生产经营所得和其他所得等收入，在进行法定的生产成本、费用和损失等扣除后的余额（即应纳税所得额）所征收的一个税种。

企业所得税应纳税额 = 应纳税所得额 × 适用税率

按照《中华人民共和国企业所得税法》的规定，小企业属于依照一国法律、法规在该国境内成立的居民企业。居民企业适用税率具体分为以下三个档次：

（1）居民企业应当就其来源于中国境内、境外的所得交纳企业所得税。其适用的企业所得税的基本税率为25%。

（2）小型微利企业从事国家非限制和禁止行业，并符合下列条件的，减按20%的税率征收企业所得税。

盘点企业所得税税率的行业分布

> **温馨提醒**
>
> 自2014年1月1日至2016年12月31日，对年应纳税所得额低于10万元（含10万元）的小型微利企业，其所得减按50%计入应纳税所得额，按20%的税率交纳企业所得税。自2015年10月1日起至2017年12月31日，对年应纳税所得额在20万元到30万元（含30万元）之间的小型微利企业，其所得减按50%计入应纳税所得额，按20%的税率交纳企业所得税。详见《财政部 国家税务总局关于小型微利企业所得税优惠政策有关问题的通知》和《财政部 国家税务总局关于进一步扩大小型微利企业所得税优惠政策范围的通知》。

小型微利的工业企业是指年度应纳税所得额不超过30万元，从业人数不超过100人，资产总额不超过3 000万元的企业。

小型微利的其他企业是指年度应纳税所得额不超过30万元，从业人数不超过80人，资产总额不超过1 000万元的企业。

从业人数是指与企业建立劳动关系的职工人数和企业接受的劳务派遣用

工人数之和；从业人数和资产总额指标，可按企业全年月平均值确定。

（3）国家需要重点扶持的高新技术企业，减按 15% 的税率征收企业所得税。

（二）应交企业所得税的主要账务处理

（1）小企业按照税法规定计算应交的所得税，借记"所得税费用"科目，贷记"应交税费——应交所得税"科目。

（2）交纳的所得税，借记"应交税费——应交所得税"科目，贷记"银行存款"等科目。

【例 4-30】 甲企业全年利润总额为 100 000 元，所得税税率 20%，其所得减按 50% 计入应纳税所得额。假定本企业无纳税调整事项。应进行账务处理如下：

借：所得税费用　　　　　　　　　　　　　　　　　　10 000
　　贷：应交税费——应交所得税　　　　　　　　　　　　　10 000

交纳时：

借：应交税费——应交所得税　　　　　　　　　　　　10 000
　　贷：银行存款　　　　　　　　　　　　　　　　　　　　10 000

五、应交土地增值税

（一）土地增值税概述

☞ 土地增值税是指对转让土地使用权、地上的建筑物及其附着物并取得收入的单位和个人，就其房地产转让所获得收入的增值部分，按照超率累进税率计征的一种税。土地增值税实行四级超率累进税率。其计算公式如图表 4-3 所示。

图表 4-3

土地增值税计算表

级别	标　　准	计　算　公　式
1	土地增值额未超过扣除项目金额 50% 的	土地增值税税额＝土地增值额×30%
2	土地增值额超过扣除项目金额 50%，未超过 100% 的	土地增值税税额＝土地增值额×40% 　　　　　　　－扣除项目金额×5%
3	土地增值额超过扣除项目金额 100%，未超过 200% 的	土地增值税税额＝土地增值额×50% 　　　　　　　－扣除项目金额×15%
4	土地增值额超过扣除项目金额 200% 的	土地增值税税额＝土地增值额×60% 　　　　　　　－扣除项目金额×35%

（二）应交土地增值税的主要账务处理

（1）小企业转让土地使用权应交的土地增值税，土地使用权与地上建筑物及其附着物一并在"固定资产"等科目核算的，借记"固定资产清理"等科目，贷记"应交税费——应交土地增值税"科目。

（2）土地使用权在"无形资产"科目核算的，按实际收到的金额，借记"银行存款"科目;按应交的土地增值税,贷记"应交税费——应交土地增值税"科目;按冲销土地使用权的净值,贷记"无形资产"科目;按照其差额,借记"营业外支出"科目或贷记"营业外收入"科目。

(3) 交纳的土地增值税,借记"应交税费——应交土地增值税"科目,贷记"银行存款"等科目。

【例4-31】 甲企业对外转让一处厂房,根据税法规定计算的应交土地增值税为20 000元。应进行账务处理如下:

借:固定资产清理　　　　　　　　　　　　　　　　20 000
　　贷:应交税费——应交土地增值税　　　　　　　　　　20 000

交纳时:

借:应交税费——应交土地增值税　　　　　　　　　　20 000
　　贷:银行存款　　　　　　　　　　　　　　　　　　20 000

六、应交城市维护建设税和教育费附加

(一) 应交城市维护建设税

☞ 城市维护建设税是以增值税、消费税为计税依据征收的一种税。其纳税人为交纳增值税、消费税的单位和个人,以实际交纳的增值税、消费税为纳税依据,并分别与二项税金同时交纳。其计算公式如下:

$$\text{应纳城市维护建设税税额} = (\text{增值税额} + \text{消费税额}) \times \text{适用税率}$$

城市维护建设税适用税率分别为:纳税人所在地在市区的,税率为7%;纳税人所在地在县城、镇的,税率为5%;纳税人所在地不在市区、县城或镇的,税率为1%。

有关应交城市维护建设税的主要账务处理如下:

(1) 小企业按规定计算应交的城市维护建设税,借记"税金及附加""其他业务成本"科目,贷记"应交税费——应交城市维护建设税"科目。

(2) 交纳的城市维护建设税,借记"应交税费——应交城市维护建设税"科目,贷记"银行存款"科目。

【例4-32】 甲企业根据税法规定实际交纳10 000元的增值税,按7%税率计算应交城市维护建设税为700元,应进行账务处理如下:

借:税金及附加　　　　　　　　　　　　　　　　　　700
　　贷:应交税费——应交城市维护建设税　　　　　　　　700

交纳时:

借:应交税费——应交城市维护建设税　　　　　　　　　700
　　贷:银行存款　　　　　　　　　　　　　　　　　　700

(二) 应交教育费附加

☞ 教育费附加是为了发展教育事业而向企业征收的附加费用,企业应按

实际交纳的增值税、消费税的一定比例计算交纳。

有关应交教育费附加的主要账务处理如下：

（1）小企业按规定计算应交的教育费附加，借记"税金及附加""其他业务成本"科目，贷记"应交税费——应交教育费附加"科目。

（2）交纳的教育费附加，借记"应交税费——应交教育费附加"科目，贷记"银行存款"科目。

【例 4-33】 某公司本月应交纳增值税、消费税共计 10 000 元，按税法规定教育费附加的附加率为 3%，计算本月应负担的教育费附加。

$$\text{应纳教育费附加} = \text{实际缴纳的增值税、消费税} \times \text{附加率} = 10\,000 \times 3\% = 300(元)$$

月末，应进行账务处理如下：

借：税金及附加　　　　　　　　　　　　　　　　　　300
　　贷：应交税费——教育费附加　　　　　　　　　　　　300

交纳教育费附加时：

借：应交税费——应交教育费附加　　　　　　　　　　300
　　贷：银行存款　　　　　　　　　　　　　　　　　　300

七、应交房产税、车船税、城镇土地使用税

☞ 房产税是以房产的价值为课税对象的一种税，纳税人为房产产权所有人。房产税是按房产原值扣除 10%～30% 后的余值计算交纳的。其计算公式如下：

$$\text{全年应纳房产税额} = \text{房产原值} \times (1 - \text{扣除规定比例}) \times 1.2\%$$

或

$$= \text{租金收入} \times 12\%$$

☞ 车船税是由拥有并使用车船的单位或个人按照适用税率征收的一种税。按照车船的种类、使用性质、数量、吨位等实行定额征收。

☞ 城镇土地使用税是对使用土地的单位或个人，就其使用土地的面积按规定税额征收的一种税。按照土地面积和不同地区、地段的档次及每平方米定额税额计算征收。

有关应交房产税、城镇土地使用税、车船税的主要账务处理如下：

（1）小企业按规定计算应交的房产税、城镇土地使用税、车船税，借记"税金及附加"科目，贷记"应交税费——应交房产税、应交城镇土地使用税、应交车船税"科目。

（2）交纳的房产税、城镇土地使用税、车船税，借记"应交税费——应交房产税、应交城镇土地使用税、应交车船税"科目，贷记"银行存款"科目。

【例 4-34】 某企业按税法规定本期应交纳房产税 160 000 元，车船税 45 000元，城镇土地使用税 38 000 元。应进行账务处理如下：

借：税金及附加 243 000
　　贷：应交税费——应交房产税 160 000
　　　　　　　　——应交城镇土地使用税 45 000
　　　　　　　　——应交车船税 38 000

用银行存款交纳上述税金时：

借：应交税费——应交房产税 160 000
　　　　　　——应交城镇土地使用税 45 000
　　　　　　——应交车船税 38 000
　　贷：银行存款 243 000

八、应交个人所得税

个人所得税是对个人（自然人）取得的所得为征税对象的一种所得税。个人所得税以所得人为纳税义务人，以支付所得的单位或个人为扣税义务人。企业支付给职工的工资、薪金所得（包括工资、薪金、奖金、年终加薪、劳动分红、津贴、补贴，以及与任职或者受雇有关的其他所得），以每月收入额减去规定费用（自2018年10月1日起为5 000元以及专项扣除和依法确定的其他扣除后的余额）后的余额，为应纳税所得额，以计算征收个人所得税。有关个人所得税税率见图表4-4。

你被"劫富济贫"了吗？

图表 4-4
居民个人工资、薪金所得预扣预缴个人所得税预扣率
（工资、薪金所得适用）

级数	累计预扣预缴应纳税所得额	预扣率	速算扣除数
1	不超过36 000元的部分	3%	0
2	超过36 000元至144 000元的部分	10%	2 520
3	超过144 000元至300 000元的部分	20%	16 920
4	超过300 000元至420 000元的部分	25%	31 920
5	超过420 000元至660 000元的部分	30%	52 920
6	超过660 000元至960 000元的部分	35%	85 920
7	超过960 000元的部分	45%	181 920

有关应交个人所得税的主要账务处理如下：

（1）小企业按规定计算应代扣代交的职工个人所得税，借记"应付职工薪酬"科目，贷记"应交税费——应交个人所得税"科目。

（2）交纳的个人所得税，借记"应交税费——应交个人所得税"科目，贷记"银行存款"科目。

【例4-35】 甲企业结算本月应付职工工资总额300 000元，按税法元宝应代扣代交的职工个人所得税共计3 000元，实发工资297 000元，该公司应进行账务处理如下：

代扣个人所得税时：

借：应付职工薪酬——工资　　　　　　　　　　　　　　3 000
　　贷：应交税费——应交个人所得税　　　　　　　　　　3 000

交纳个人所得税时：

借：应交税费——应交个人所得税　　　　　　　　　　　3 000
　　贷：银行存款　　　　　　　　　　　　　　　　　　3 000

第5节　借款与利息核算

一、短期借款核算

好借好还，再借不难

短期借款是指企业向银行或其他金融机构等借入的期限在1年以内（含1年）的各种借款。短期借款一般是企业为维护正常的生产经营所需的资金而借入的或者为抵偿某项债务而借入的资金。短期借款的债权人一般为银行、其他金融机构或其他单位和个人。

小企业向银行进行短期借款需按照银行有关规定的程序，在提出申请、接受审核、签订人民币短期借款合同协议后，借入贷款、支付贷款的利息，并按规定的借款期限归还借款。

为了反映和监督短期借款的取得和归还情况，小企业应设置"短期借款"科目，核算小企业向银行或其他金融机构等借入的期限在1年以下（含1年）的各种借款。该科目贷方登记企业借入的各种短期借款；借款归还时，记入该科目的借方；该科目的余额一般在贷方，反映小企业尚未偿还的短期借款本金。该科目应按借款种类、贷款人和币种设置明细账进行明细核算。

为了反映小企业应付利息的增减变动情况，小企业应设置"应付利息"科目，核算小企业在应付利息日应支付的借款利息，借记"财务费用""在建工程"科目，贷记"应付利息"科目；实际支付利息时，借记"应付利息"科目，贷记"银行存款"科目；"应付利息"科目期末贷方余额，反映小企业应付未付的利息。"应付利息"科目可按贷款人进行明细核算。

【例4-36】某企业因进货需要向银行申请临时借款300 000元，借款期限3个月，到期时一次支付的本息，利息按月息9‰计算。

（1）在借入款项时，应进行账务处理如下：

借：银行存款　　　　　　　　　　　　　　　　　　300 000
　　贷：短期借款——临时借款　　　　　　　　　　　300 000

（2）每月按照借款合同计算应付利息时（300 000×9‰×3＝8 100元），应进行账务处理如下(共3个月)：

借：财务费用　　　　　　　　　　　　　　　　　8 100
　　贷：应付利息　　　　　　　　　　　　　　　　　　8 100

(3) 借款期满，该企业在以银行存款偿付本息时，应进行账务处理如下：

借：短期借款——临时借款　　　　　　　　　　300 000
　　应付利息　　　　　　　　　　　　　　　　　8 100
　　贷：银行存款　　　　　　　　　　　　　　　　308 100

二、长期借款核算

▶ 长期借款是指小企业向银行或其他金融机构借入的期限在1年以上(不含1年)的各项借款。

小企业通过设置"长期借款"科目，用以核算小企业长期借款的借入、归还等。该科目贷方登记取得长期借款的增加数；借方登记长期借款本息的减少数；贷方余额表示尚未偿还的长期借款本息。该科目可按贷款人和贷款种类设置明细账进行明细核算。

小企业应当在应付利息日按照借款本金和借款合同利率计提利息费用，借记"财务费用""在建工程"科目，贷记"长期借款"科目。应进行账务处理如下：

【例4-37】　AX公司为扩大生产经营规模，于2018年1月初从银行借入500 000元。贷款协议规定于2019年底到期，年利率为单利5%，每年付息一次，到期还本付息。应进行账务处理如下：

(1) 在收到借款时。

借：银行存款　　　　　　　　　　　　　　　　500 000
　　贷：长期借款——×银行　　　　　　　　　　　500 000

(2) 2018年12月31日付息时。

借：财务费用　　　　　　　　　　　　　　　　 25 000
　　贷：银行存款——×银行　　　　　　　　　　　 25 000

(3) 2019年12月31日还本付息时。

借：长期借款——×银行　　　　　　　　　　　500 000
　　财务费用　　　　　　　　　　　　　　　　 25 000
　　贷：银行存款　　　　　　　　　　　　　　　　525 000

小企业在借款中所发生的借款费用，是指因借款而发生的利息以及因外币借款而发生的汇兑差额等。借款费用的确认主要解决的是将每期发生的借款费用资本化、计入相关资产的成本，还是将有关借款费用费用化、计入当期损益的问题。借款费用确认的基本原则是：企业发生的借款费用，可直接归属于符合资本化条件的资产购建或者生产的，应当予以资本化，计入相关资产成本;其他借款费用,应当在发生时根据其发生额确认为财务费用。

为购建固定资产而发生的专门借款,在满足借款费用开始资本化的条件时至购建的固定资产已竣工决算前发生的借款费用,应计入固定资产成本;在固定资产已竣工决算后发生的,应于发生时计入当期财务费用。

【例 4-38】 某企业从建设银行借入人民币贷款 1 000 000 元,3 年到期,年利率 6%,每年计息一次,复利计算,到期时本息一次还清。该贷款用于新建固定资产项目,该工程预计 3 年完工。

(1) 在借入固定资产贷款时,应进行账务处理如下:

借:银行存款　　　　　　　　　　　　　　　　1 000 000
　　贷:长期借款——建设银行　　　　　　　　　　　　1 000 000

计算每年应付利息:

第 1 年年末应付利息:1 000 000×6% = 60 000(元)
第 2 年年末应付利息:1 060 000×6% = 63 600(元)
第 3 年年末应付利息:1 123 600×6% = 67 416(元)
　　3 年合计应付利息　　　　　　　　191 016(元)

(2) 第 1 年年末在计提利息时,工程尚处在项目建设期间,应进行账务处理如下:

借:在建工程——新建工程　　　　　　　　　　　60 000
　　贷:长期借款　　　　　　　　　　　　　　　　　　60 000

(3) 第 2 年年末在计提利息时,工程还处于项目建设期间,应进行账务处理如下:

借:在建工程——新建工程　　　　　　　　　　　63 600
　　贷:长期借款　　　　　　　　　　　　　　　　　　63 600

(4) 第 3 年年末计提利息时,该工程经验收合格并交付使用,应进行账务处理如下:

借:在建工程——新建工程　　　　　　　　　　　67 416
　　贷:长期借款　　　　　　　　　　　　　　　　　　67 416

(5) 第 3 年年末还本付息时,应进行账务处理如下:

借:长期借款——建设银行　　　　　　　　　　1 191 016
　　贷:银行存款　　　　　　　　　　　　　　　　　1 191 016

知识归纳

1. 应付及预收款项是指小企业在日常生产经营活动中发生的各项债务,包括:应付票据、应付账款、预收账款、应付利息、应付利润和其他应付款。小企业核算应付及预收款项时,应当按照发生额入账。
2. "应付职工薪酬"科目可按"职工工资、奖金、津贴和补贴""职工福利费""社会保险费""住房公积金""工会经费和职工教育经费""非货币性福利""辞退福利"等进行明细核算。
3. "应交税费"账户核算按照现行税法和权责发生制要求计算的应交纳的各种税费,包括增值税、消费税、城市维护建设税、企业所得税、资源税、土地增值税、城镇土地使用税、房产税、车船税、教育费附加、矿产资源补偿费、排污费、代扣代交的个人所得税等。"应交税费"账户实质上是全面反映小企业与税务机关或财政部门之间发生的税务关系。
4. 增值税是以商品(含应税劳务)在流转过程中产生的增值额作为计税依据而征收的一种流转税。增值税是一种价外税,实行价税分离,即将商品的销售价格和由商品负担的增值税金明确分离出来,分别核算,其增值税负担的多少一般与纳税企业的损益无关。
5. 小企业借款费用确认的基本原则是:企业发生的借款费用,可直接归属于符合资本化条件的资产购建或者生产的,应当予以资本化,计入相关资产成本;其他借款费用,应当在发生时根据其发生额确认为财务费用。

一、单项选择题

1. 小企业发生的下列业务中,应通过"应付账款"科目核算的是( )。
   A. 小企业开出的银行承兑汇票
   B. 小企业接受供应单位提供劳务而发生的应付未付款项
   C. 暂收所属单位的款项
   D. 预收的包装物押金

2. 如果小企业不设置"预收账款"科目,应将预收的货款记入( )。
   A. "应收账款"科目的借方   B. "应收账款"科目的贷方
   C. "应付账款"科目的借方   D. "应付账款"科目的贷方

3. 下列各项中,不属于应付职工薪酬核算内容的是( )。
   A. 住房公积金   B. 工会经费和职工教育经费
   C. 职工因公出差的差旅费   D. 因解除与职工的劳动关系给予的补偿

4. 下列各项中,属于增值税视同销售行为应当计算销项税额的是( )。
   A. 将自产的货物用于分配给股东   B. 将购买的货物用于在建工程
   C. 将购买的货物用于职工福利   D. 将购买的货物奖励给内部员工

5. 小企业购进农产品,除取得增值税专用发票或者"海关进口增值税专用缴款书"外,按照农产品收购发票或者销售发票上注明的农产品买价和( )的扣除率计算的进项税额。
   A. 17%   B. 13%   C. 9%   D. 7%

6. 某增值税一般纳税人购进玉米一批,支付给某农业开发基地收购价格为50 000元,取得农产品收购发票,则该项业务准予抵扣的进项税额为(　　)元。
   A. 6 605　　　　B. 8 605　　　　C. 4 500　　　　D. 6 650

7. 小企业委托加工应纳消费税的物资收回后用于连续生产应税消费品的,由受托方代收代交的消费税,应记入(　　)科目的借方。
   A. "应交税费——应交消费税"　　B. "管理费用"
   C. "委托加工物资"　　　　　　　　D. "税金及附加"

8. 小企业出售原作为固定资产管理的不动产应交纳的增值税,应借记(　　)等科目,贷记"应交税费——应交增值税"科目。
   A. "固定资产清理"　　　　B. "营业外支出"
   C. "其他业务成本"　　　　D. "固定资产"

9. 小企业自产自用的物资应交纳的资源税,借记(　　)科目,贷记"应交税费——应交资源税"科目。
   A. "生产成本"　　　　B. "税金及附加"
   C. "原材料"　　　　　D. "材料采购"

10. 小企业(房地产开发经营)销售房地产应交纳的土地增值税,应借记(　　)科目,贷记"应交税费——应交土地增值税"科目。
    A. "固定资产"　　　　B. "税金及附加"
    C. "固定资产清理"　　D. "营业外支出"

11. 小企业按照规定应交纳的城镇土地使用税、房产税、车船税、矿产资源补偿费、排污费,应记入(　　)科目。
    A. "管理费用"　　　　B. "税金及附加"
    C. "其他业务成本"　　D. "营业外支出"

12. 小企业按照税法规定应代扣代交的职工个人所得税,借记(　　)科目,贷记"应交税费——应交个人所得税"科目。
    A. "管理费用"　　　　B. "税金及附加"
    C. "其他业务成本"　　D. "应付职工薪酬"

13. 企业因债权人撤销而转销无法支付的应付账款时,应按所转销的应付账款账面余额计入(　　)。
    A. 资本公积　　B. 营业外收入　　C. 盈余公积　　D. 管理费用

14. 下列各项中,属于"其他应付款"科目核算范围的是(　　)。
    A. 应付经营租赁固定资产的租金　　B. 应付供应商的货款
    C. 应付给职工的薪酬　　　　　　　　D. 应付供应商的运杂费

15. 委托加工的应税消费品收回后准备直接出售的,由受托方代收代缴的消费税,委托方应借记的会计科目是(　　)。
    A. "在途物资"　　　　　　　　　　B. "委托加工物资"
    C. "应交税费——应交消费税"　　　D. "税金及附加"

16. 某企业适用的城市维护建设税税率为7%。2019年7月,该企业实际缴纳增值税额 200 000 元、土地增值税额 30 000 元、印花税额 100 000 元、消费税额 150 000 元、资源税额 20 000 元。7月份该企业应记入"应交税费——应交城市维护建设税"科目的金额为(　　)元。

　　A. 16 100　　　　B. 24 500　　　　C. 26 600　　　　D. 28 000

17. 下列各项中,不应当在"应付职工薪酬"科目核算的是(　　)。

　　A. 应付职工的医疗保险费　　　　B. 预支职工的差旅费
　　C. 应付职工的带薪缺勤　　　　　D. 应付职工的辞退福利

18. 下列各项税费中,不通过"应交税费"科目核算的是(　　)。

　　A. 房产税　　B. 车船税　　C. 城镇土地使用税　　D. 印花税

19. 企业将自有办公楼对外出租缴纳的房产税应记入的会计科目是(　　)。

　　A. 管理费用　　B. 其他业务成本　　C. 税金及附加　　D. 营业外支出

20. A公司是增值税一般纳税人企业,委托M公司加工应交消费税的B材料一批(非金银首饰),发出材料价款 20 000 元,支付加工费 10 000 元,取得增值税专用发票上注明增值税额 1 300 元,由受托方代收代缴的消费税为 1 000 元,材料已加工完成,委托方收回B材料用于继续生产应税消费品,该B材料收回时的成本为(　　)。

　　A. 30 000 元　　B. 31 000 元　　C. 32 600 元　　D. 22 600 元

二、多项选择题

1. 下列关于应付票据处理的表述中,正确的有(　　)。

　　A. 小企业开出、承兑商业汇票抵付货款时,应贷记"应付票据"科目
　　B. 应付票据到期,支付票款时,借记"应付票据"科目,贷记"银行存款"科目
　　C. 小企业支付的银行承兑手续费,应借记"财务费用"科目
　　D. 小企业到期无力支付的银行承兑汇票,应按票面金额转入"应付账款"科目

2. 下列关于应付账款的表述中,正确的有(　　)。

　　A. 小企业购入材料未验收入库,货款尚未支付时,应借记"在途物资"科目,借记"应交税费——应交增值税(进项税额)"科目,贷记"应付账款"科目
　　B. 小企业开出承兑商业汇票抵付应付账款,应借记"应付账款"科目,贷记"应付票据"科目
　　C. 小企业开出承兑商业汇票抵付应付账款,应借记"应付账款"科目,贷记"短期借款"科目
　　D. 小企业确实无法偿付的应付账款,应借记"应付账款"科目,贷记"营业外收入"科目

3. 下列项目中,应通过"其他应付款"科目核算的有(　　)。

　　A. 应付租入包装物的租金
　　B. 应付经营租入固定资产的租金
　　C. 应付融资租入固定资产的租赁费
　　D. 分期付款方式购入固定资产发生的应付款项

4. 下列关于职工薪酬的确认,说法正确的有(　　)。

A. 应由生产产品负担的职工薪酬,计入产品成本
B. 应由在建工程负担的职工薪酬,计入建造固定资产成本
C. 应由提供劳务负担的职工薪酬,计入劳务成本
D. 应由无形资产负担的职工薪酬,计入当期损益

5. 华联公司共有职工人数60人,2019年的工资总额为1 440 000元。华联公司的下列处理中,说法正确的有( )。
   A. 公司按工资总额的8%提取的115 200元职工教育经费列入成本开支
   B. 公司按工资总额的8%提取的115 200元职工教育经费准予在企业所得税税前扣除
   C. 公司在费用中已经支出的工会经费报销金额28 800元准予在企业所得税税前扣除
   D. 公司按工资总额的2%向工会拨缴工会经费28 800元,凭工会组织开具的《工会经费收入专用收据》在税前扣除

6. 按照《小企业会计准则》规定,小企业(增值税一般纳税人企业)应在"应交税费——应交增值税"明细科目下分别设置( )等专栏,核算应交增值税的发生、抵扣、交纳、退税及转出等情况。
   A. 进项税额   B. 销项税额
   C. 出口退税   D. 进项税额转出

7. 下列关于小企业视同销售业务的账务处理,正确的有( )。
   A. 小企业将自产的产品等用作福利发放给职工,应借记"应付职工薪酬"科目,贷记"主营业务收入""应交税费——应交增值税(销项税额)"科目
   B. 小企业将自产的产品等用作福利发放给职工,应借记"应付职工薪酬"科目,贷记"库存商品""应交税费——应交增值税(销项税额)"科目
   C. 小企业由于工程而使用本企业的产品或商品,应借记"在建工程"科目,贷记"主营业务收入""应交税费——应交增值税(销项税额)"科目
   D. 小企业由于工程而使用本企业的产品或商品,应借记"在建工程"科目,贷记"库存商品""应交税费——应交增值税(销项税额)"科目

8. 下列有关消费税的会计处理,正确的有( )。
   A. 小企业对外销售产品应交纳的消费税,计入"税金及附加"科目
   B. 小企业进口应税消费品应交消费税,不计入资产成本
   C. 小企业委托加工应税消费品,收回后直接销售的,其消费税计入委托加工存货成本
   D. 小企业委托加工应税消费品,收回后用于连续生产应税消费品按规定准予抵扣的,计入应交消费税科目的借方

9. 小企业下列项目中,按规定应交纳增值税的有( )。
   A. 小企业提供修理劳务取得的收入   B. 小企业提供加工取得的收入
   C. 小企业出租无形资产取得的收入   D. 小企业出售不动产取得的收入

10. 城市维护建设税和教育费附加是国家对纳税人实际交纳的( )税额为计税依据

征收的一种税。

A. 增值税　　　B. 消费税　　　C. 资源税　　　D. 企业所得税

11. 下列关于资源税的会计处理,正确的有(　　)。
   A. 小企业销售商品按照税法规定应交纳的资源税,计入"税金及附加"科目
   B. 小企业自产自用的物资应交纳的资源税,计入"生产成本"科目
   C. 小企业外购液体盐加工固体盐,在购入液体盐时,按照税法规定所允许抵扣的资源税,计入"税金及附加"科目
   D. 小企业收购未税矿产品,按照实际支付的价款,计入"材料采购"或"在途物资"等科目

12. 关于个人所得税,下列说法正确的有(　　)。
   A. 个人所得税是对个人取得的各项应税所得征收的一种税
   B. 个人所得税实行代扣代交和纳税人自行申报相结合的征收方式
   C. 工资、薪金所得,适用超额累进税率,税率为3%~45%
   D. 劳务报酬所得,适用比例税率,税率为10%

13. 企业发生赊购商品业务,下列各项中影响应付账款入账金额的有(　　)。
   A. 商品价款　　　　　　　　B. 增值税进项税额
   C. 现金折扣　　　　　　　　D. 销货方代垫运杂费

14. 下列各项中,应通过"应付职工薪酬"科目核算的有(　　)。
   A. 提取的工会经费　　　　　B. 计提的职工住房公积金
   C. 计提的职工医疗保险费　　D. 确认的职工短期带薪缺勤

15. 企业资产自用的应税矿产品应交的资源税,可能计入(　　)。
   A. 制造费用　　B. 生产成本　　C. 主营业务成本　　D. 税金及附加

三、判断题

1. 短期借款利息在计提时应通过"短期借款"科目核算。　　　　　　　(　　)
2. 小企业预收账款情况不多的,也可以不设置"预收账款"科目,将预收的款项直接记入"应付账款"科目。　　　　　　　　　　　　　　　　　　　　　　(　　)
3. 小企业发生的其他各种应付、暂收款项,应借记"管理费用"等科目,贷记"其他应付款"科目。　　　　　　　　　　　　　　　　　　　　　　　　(　　)
4. 《小企业会计准则》与《企业所得税法》规定的职工教育经费的计提比例均为1.5%。
   　　　　　　　　　　　　　　　　　　　　　　　　　　　　　(　　)
5. 小企业依照国务院有关主管部门或者省级人民政府规定的范围和标准为职工交纳的基本养老保险费,准予在企业所得税税前扣除。　　　　　　　　(　　)
6. 小企业购入材料等按照税法规定不得从增值税销项税额中抵扣的进项税额,其进项税额应计入材料等的成本,借记"材料采购"或"在途物资"等科目,贷记"银行存款"等科目,同时贷记"应交税费——应交增值税(进项税额)"科目。　(　　)
7. 单位或个体经营者将自产、委托加工或购买的货物用于非应税项目应视同销售货物。　　　　　　　　　　　　　　　　　　　　　　　　　　　　(　　)
8. 小规模纳税人企业应当按照不含税销售额和规定的增值税征收率计算交纳增值

税,销售货物或提供应税劳务时只能开具普通发票,不能开具增值税专用发票。
(   )
9. 小企业购进的物资因盘亏、毁损、报废、被盗等原因按照税法规定不得从增值税销项税额中抵扣的进项税额,其进项税额应转入有关科目,借记"待处理财产损溢"等科目,贷记"应交税费——应交增值税(进项税额转出)"科目。(   )
10. 小企业借入长期借款,在应付利息日,应当按照借款本金和借款合同利率计提利息费用。(   )

业 务 题 一

一、目的:练习流动负债的核算。
二、资料:滨海公司为增值税一般纳税人,2019 年 12 月发生下列经济业务。

1. 1 日,从大华公司购进甲材料一批,取得的增值税专用发票上注明价款 300 000 元,增值税税额 39 000 元。甲材料已验收入库,价、税款尚未支付。发票已通过认证。

2. 1 日,向临江公司借入生产经营周转借款 300 000 元,期限为 6 个月,年利率为 15%。

3. 3 日,销售 A 商品一批,价款 600 000 元,增值税税率为 13%。开出增值税专用发票,A 商品已发出,价、税款已收存银行。

4. 6 日,开出并承兑为期 3 个月的商业承兑汇票一张,用以抵付前欠大华公司所购甲材料价、税款 339 000 元。

5. 10 日,开出现金支票,从银行提取现金 102 000 元,用以支付本月职工工资。

6. 15 日,将自产的 B 商品向长江公司投资,B 商品的评估价值为 50 000 元,增值税税率为 13%。

7. 16 日,发生福利费 180 000 元。其中:生产部门人员福利费 124 200 元,车间管理人员福利费 21 600 元,行政管理人员福利费 21 600 元,专设销售机构人员福利费 7 200 元,基建部门人员福利费 5 400 元。

8. 18 日,按照本月工资总额的 2% 和 8% 计提工会经费和职工教育经费。(已知全年工资总额 1 200 000 元)

9. 31 日,计提应由本月负担的短期借款利息。

10. 31 日,分配本月工资:生产车间直接生产工人工资 69 000 元,车间管理人员工资 12 000 元,行政管理人员工资 14 000 元,专设销售机构人员工资 4 000 元,基建部门人员工资 3 000 元。

11. 31 日,公司按照本月职工工资总额 100 000 元的 10%、12%、2% 和 10% 分别计提医疗保险费、养老保险费、失业保险费和住房公积金。

12. 31 日,结转本月销售 A 商品的成本 400 000 元。

13. 31 日,将当月应缴未缴增值税予以结转。

14. 31 日,按本期应交增值税额的 7%、3%,分别计提应交未交的城市维护建设税、教育费附加。

三、要求:根据以上资料,编制相关业务的会计分录。

业务题二

一、目的:练习流动负债应交税费的核算。

二、资料:泰丰公司为增值税一般纳税人,原材料按实际成本核算,购销货物适用的增值税税率均为13%。2019年5月,泰丰公司发生如下有关税金核算的经济业务。

1. 向甲公司购进A材料一批,取得的增值税专用发票上注明价款60 000元,税款7 800元。A材料在运输过程中发生运输费2 000元,其他运输杂费80元,取得运费结算单据。A材料已验收入库,款项尚未支付。相关票据均通过认证。

2. 向小规模纳税人购进并已验收入库的B材料50 000元,已取得普通发票。款项以银行存款支付。

3. 销售应税消费品一批,开具的增值税专用发票上注明价款100 000元,增值税额13 000元,款项均已收存银行。

4. 将自制产品一批无偿赠送给客户,成本价20 000元,计税价格为24 000元。

5. 将上月购进的10 000元(不含增值税)A原材料用于职工福利。

6. 收取出租房屋租金8 000元存入银行。

7. 收取土地使用权转让金80 000元存入银行。

8. 结转本月应交未交增值税额。

9. 按消费税税率10%计提本月应交未交消费税。

10. 按房屋租金收入的12%计提本月应交未交的房产税。

11. 按城市维护建设税税率7%计提本月应交未交的城市维护建设税。

12. 按教育费附加率3%计提本月应交未交教育费附加。

三、要求:根据以上资料,编制泰丰公司2016年1月份相关业务的会计分录。

业务题三

一、目的:练习应付职工薪酬的核算。

二、资料:胜利股份有限公司2019年5月发生部分业务如下。

1. 3月1日,收到甲公司发来的材料一批并验收入库,取得的增值税专用发票注明:货款100 000元,增值税13 000元,其款项上年已预付。公司材料采用实际成本核算。

2. 3月10日,公司因引进两条自动化生产线而制定了一项辞退计划。拟辞退车间主任2名,共补偿250 000元;高级技工2名,共补偿300 000元;一般技工8名,共补偿400 000元。

3. 3月28日,辞退5名技工,实际补偿250 000元。

三、要求:编制上述业务的会计分录。

业务题四

一、目的:练习长期借款的核算。

二、资料:祥云公司为建造厂房,于2019年1月1日向工商银行借入3年期借款800 000元,年利率7%,每年年末分期归还借款利息,到期一次还本。款项已存入银行。该工程于第2年年末竣工并办理结算。

三、要求：根据以上资料，编制相关业务的会计分录。

业 务 题 五

一、目的：练习应付、预收款项的核算。

二、资料：A公司为增值税一般纳税人，2019年6月发生与应付款项有关的经济业务如下：

1. 6月2日，预收甲公司购货定金100万元，并与当日送存银行。

2. 6月6日，从乙公司处购入工材料一批，价款150万元，增值税19.5万元，款项尚未支付，材料已验收入库。

3. 6月19日，将甲公司预定的货物发出，开具增值税专用发票注明的价款为200万元，增值税税额为26万元，余款尚未收回。

4. 7月1日，向乙公司开具面值为174万元，期限为6个月的无息银行承兑汇票一张。因向银行申请承兑汇票以银行存款支付汇票手续费2万元。

三、要求：根据以上资料，编制上述业务的会计分录。

课后习题答案

第 5 章

所有者权益

CHAPTER 5

通过本章你可以学习到:

- 所有者权益的特征与分类
- 实收资本的账务处理
- 资本公积的账务处理
- 盈余公积的账务处理
- 未分配利润的账务处理

Learning objectives 学习目标

微课:投入多少开公司

> **案例导入**
>
> 在大众创业、万众创新的当下,小张想在毕业以后创办一家自己的公司,他非常想知晓怎样才能创办一家公司,很多疑问困扰着他:设立公司有哪些具体规定？需要多少资本金？如何出资？会计上如何进行账户处理？想解决这些疑问,那就一起阅读本章节的内容吧。

第1节 所有者权益概述

一、所有者权益的基本特征

 所有者权益是指投资者对企业净资产的所有权,它表明了企业的产权关系,即企业谁投资的,归谁所有。在数量上,它等于企业全部资产减去全部负债后的余额。投资者应按照各自出资的比例或者按照合同、章程的规定比例分享企业利润分担企业的风险。

相对于负债而言,所有者权益具有以下几个方面的特征。

(一)所有者权益是稳定的资金来源

在一般情况下,所有者权益中的资本金不像负债那样需要偿还。除非小企业发生减资、清算,否则小企业不需要将资本金偿还给所有者。

小企业清算时,负债将优先偿还,而所有者权益只有在负债得到偿还后,才能得到返还。

(二)所有者权益归属于投资人(股东)

所有者能够分享利润,而债权人通常不能参与利润的分配。

在不同组织形式的企业里,所有者权益的表现形式和所有者所拥有权利是不同的。

在独资企业里,所有者权益表现为业主权益。业主对企业的重大经营决策及人事变动、盈利分配等具有决定权,同时,对企业的债务负全部责任。在企业清算时,当企业的财产不足以清偿其债务时,业主必须将个人的财产用来清偿企业的债务,即应付无限责任。

在合伙企业里,所有者权益表现为合伙人权益。合伙人对企业的经营决策权以及盈利分配等,按投资金额或契约规定的比例分配,当企业的财产不足以清偿对外负债时,任何一个合伙人都负有清偿其他合伙人无力清偿的那一部分债务的责任,即应付无限连带责任。

在股份制企业里,所有者权益表现为股东权益。股东具有对企业的重大经营决策及人事变动决策的参与权,有参与企业盈利的分配权,以及在企业清算时,有对企业剩余资产的要求权。股东以其认缴的出资额对公司承担有限责任。

所有者权益和负债的区别可归纳如图表5-1所示。

图表5-1

所有者权益和负债的区别比较

比较项目	所有者权益	负债
资金来源性质	永久性的	临时性的
是否需要还本付息	不需要	需要
能否参与企业管理	能	不能
能够参与利润分配	能	不能
企业清算时是否有优先清偿权	没有	有

二、所有者权益分类

所有者权益是投资者投入资本以后所形成的一种资金来源,不论是工业企业、商品流通企业,还是其他组织形式的企业,所有者权益可以分为以下四个方面。

《小企业会计准则——所有者权益》

(一) 实收资本

☞ 实收资本是指投资者实际投入企业经营活动的各种财产物资,即企业实际收到投资人投入的资本额,也称投入资本。投入资本反映了企业的不同所有者通过股权投资而形成企业的资金来源,它是企业经营的原动力。正是有了这部分资本的投入,才有了企业的存在。

(二) 资本公积

☞ 资本公积是一种储备形式的资本,也称准资本金。它是投入资本本身运动的结果而非经营活动中所产生的增值,如投资者实际缴付的出资额超出其资本金的差额、法定财产重估增值等,其可以按照法定程序转化为资本金。

(三) 盈余公积

☞ 盈余公积是企业按照规定从税后利润中提取的公积金,包括法定盈余公积和任意盈余公积。

1. 法定盈余公积

企业必须按当年税后利润的10%提取法定盈余公积,当法定盈余公积已达到注册资本的50%时可不再提取。盈余公积属于投资者的权益,是利润分配的一项内容。盈余公积可以用于弥补亏损,也可以用于转增资本,但转增资本后,企业的法定盈余公积一般不得低于注册资本的25%。

2. 任意盈余公积

按企业章程规定或股东会议决议提取的盈余公积称为任意盈余公积。

(四) 未分配利润

未分配利润是企业实现的利润扣除应交纳的所得税、提取盈余公积以及分配给投资者的利润后的余额,是企业留于以后年度分配的利润或待分配的利润。

盈余公积和未分配利润是企业生产经营过程所形成的资本增值额,也称之为留存收益。

通过对所有者权益分类,不仅能清晰地反映企业内部资金的来源结构,而且能体现出利润分配政策上的限制因素。企业为了正常生产经营,既要考虑当期的分配利润,又要兼顾扩大再生产的长远利益;既不能全额分配而导致企业后劲无力,也不能过分压缩分配利益而导致投资者对企业丧失信心。企业应当全力追求所有者权益最大化,并正确处理在利润分配中各方之间的关系。

资产、负债与所有者权益三个要素构成一组,反映企业资产与权益的关系,形成反映一定日期财务状况的平衡公式,即:

$$资产 = 负债 + 所有者权益$$

企业作为商品生产经营者,按照所有权与经营权相分离的原则,对投资者投入的资本进行运作,最大限度地利用资金,提高资金使用效果,其经营成果体现出企业的经营业绩,反映在经营损益中,最终归属于所有者权益。因为企业是投资人所拥有的企业。投资人将资本投资于企业,既不能随意抽回,也享有最终的经营成果。

第2节 资本金与投入资本核算

一、企业法人登记与资本管理规定

我国正在通过改革公司注册资本及其他登记事项,进一步放松对市场主体准入的管制,降低准入门槛,优化营商环境,促进市场主体加快发展,激发各类市场主体创造活力,增强经济发展内生动力。目前,申请企业法人登记的单位应当具备下列条件:

(1) 名称、组织机构和章程。

(2) 固定的经营场所和必要的设施。

(3) 符合国家规定并与其生产经营和服务规模相适应的资金数额和从业人员。

(4) 能够独立承担民事责任。

(5) 符合国家法律、法规和政策规定的经营范围。

其中,有符合规定数额并与经营范围相适应的注册资金,是设立法人企业必备的条件之一。

资本是经营公司的本钱。设立企业必须有资本金,即必须有一定数量的能用来抵偿风险的资金。<mark>资本金是指企业在工商行政管理部门登记的注册资本。</mark>建立资本金制度,充分体现资本保全和完整的原则,是我国资本管理的重要原则。

某些行业设立法定资本金,一是可以为企业正常经营提供必要的资本保证,二是可以为企业法人承担其责任提供必要的物质基础。

(一) 资本金的筹集与股东的出资方式

企业筹集资本金的方式有:国家投资、法人投资、自然人出资等。企业必须按国家的法律、法规规定及时筹集资本。

☞ <mark>出资方式是指为出资人(股东)投入股份的形式。</mark>股东或者发起人可以用货币出资,也可以以实物、知识产权、土地使用权等可以用货币估价并可以依法转让的非货币财产作价出资,但不得以劳务、信用、自然人姓名、商誉、特许经营权或者设定担保的财产等作价出资。

(1) 货币。设立公司必然需要一定数量的货币资金,以支付创建公司时的必要开支和启动公司运营的资金。公司日常的运营离不开一定量的货币资金。

(2) 实物。实物出资一般是以机器设备、原料、零部件、货物、建筑物和厂房等作为出资。

(3) 无形资产。主要是指知识产权和土地使用权,经过评估作价等法定程序以后可以作为出资。

(4) 其他可以用货币估价并可以依法转让的非货币财产也可以作价出资。

(二) 注册资本、实收资本、投入资本的关系

从申请设立公司开始,就应当关注注册资本、实收资本、投入资本之间的区别与联系,这是资本的三种不同的表现形式。①

(1) <mark>注册资本是企业在工商登记机关登记的投资者认缴的出资额,也称认缴资本。</mark>企业可以自主约定注册资本总额、自主约定出资方式和货币出资比例、自主约定公司股东(发起人)缴足出资的出资期限。

温馨提醒

有限责任公司的股东以其认缴的出资额为限对公司承担责任,股份有限公司的股东以其认购的股份为限对公司承担责任。即股东(发起人)未按约定实际缴付出资的,要根据法律和公司章程承担民事责任。为此,公司股东(发起人)应正确认识注册资本认缴的责任,理性作出认缴承诺,严格按照章程、协议约定的时间、数额等履行实际出资责任。

《公司法》中的注册资本

---

① 详细内容请阅读《中华人民共和国公司法》《中华人民共和国企业法人登记管理条例》《中华人民共和国企业法人登记管理条例施行细则》等政策性文件

(2) 实收资本是指投资者按照企业章程或合同、协议的约定，实际投入企业的资本额，即实缴资本。

注册资本与实收资本不是同一概念。注册资本是认缴数，只是反映在营业执照中的一个登记数额，并非实收资本。实收资本是投资者的实际交纳数，在会计核算时，应设置"实收资本"（股份公司为"股本"）科目，用以核算实收资本的增减变动情况，反映在公司的凭证、账簿与报表之中。

(3) 投入资本是指投资者实际投入公司的资本。投资者在企业注册资本的范围内作为资本实际投入企业的资金数额被称之为实收资本（资本金），超过资本金以外多投入的资本被称之为资本溢价。在国外，有些国家将其称之为"额外投入资本""超面额缴入资本"和"准资本"，我国将其称之为资本公积。

由于投资人投入企业的资本，是根据投资方式和投资期限一次或分批逐步投入的，因而企业的投入资本，只有在投资者的投资足额后，才等于注册资本。如果资本金总额分几次投入，在未投足前，实收资本会小于注册资本；如果实收资本超过注册资本，其差额就形成了资本公积金。所以，投入资本的核算内容是实收资本，而不是注册资本。

温馨提醒

在投资者溢价出资的情况下，会使得其投入资本超过企业的注册资本，超过部分在进行会计核算时，应单独核算，计入资本公积。

二、实收资本的核算

非股份制的小企业可以设置"实收资本"科目对投资者投入的资本金进行核算。"实收资本"属于所有者权益类科目，核算小企业接受投资者投入的资本。"实收资本"科目可按投资者进行明细核算。小企业（股份有限公司）的投资者投入的资本，应当将"实收资本"科目的名称改为"股本"科目。

为保障投资人的权益，贯彻资本保全原则，实收资本除投资人依法转让外，一般不得减少。在"实收资本"科目的账页第一页上端应注明注册资本额和出资比例。如果注册资本以外币计价，应在"实收资本"科目上同时注明按外币计价的实收资本额和按记账本位币计价的实收资本额，在摘要栏记载实际收到的现金和其他资产的外币金额等。

(1) 小企业接受投资者投入的资本，借记"银行存款""固定资产""无形资产"等科目，贷记"实收资本"科目。

(2) 根据相关规定，经投资者决议，用资本公积转增资本，借记"资本公积"科目，贷记"实收资本"科目。

按照法定程序报经批准减少注册资本的，借记"实收资本""资本公积"等科目，贷记"库存现金""银行存款"等科目。

(3) 投资者按规定转让出资的，应在有关的转让手续办理完毕时，将出让方所转让的投资,在投资者账户有关明细账及备查记录中转为受让方。

(4)"实收资本"科目期末贷方余额,反映小企业实收资本总额。

【例 5-1】 东达公司收到自然人张三投资人民币 800 000 元,A 公司投资 400 000 元。应进行账务处理如下:

借:银行存款	1 200 000
贷:实收资本——张三	800 000
实收资本——A 公司	400 000

【例 5-2】 南北公司收到 B 公司投入的设备一台,经投资各方确认的价值为 100 000 元,应借记"固定资产"科目,贷记"实收资本"科目;同时,C 公司又投入一批原材料,经投资各方确认其价值为 200 000 元,进项税额 26 000 元。收到的设备与材料物资等有关资产的投入,要按确认的价值记入有关资产科目和实收资本科目。应进行账务处理如下:

借:固定资产——生产经营用固定资产	100 000
原材料	200 000
应交税费——应交增值税(进项税额)	26 000
贷:实收资本——B 企业	100 000
实收资本——C 企业	226 000

【例 5-3】 东方公司接受 D 公司一项专利技术投资,经双方协商作价 28 000 元。应进行账务处理如下:

借:无形资产——专利技术	28 000
贷:实收资本——D 企业	28 000

三、资本公积核算

资本公积是投资者投入企业、所有权归属于投资者,并且金额上超过注册资本(股本)部分的投资额。资本公积从形成来源上看,它不是由企业实现的利润转化而来的,从本质上讲应属于投入资本范畴,因而与留存收益有根本区别,留存收益是由企业实现的利润转化而来的。所以,小企业的资本公积不得用于弥补亏损。

盘点资本公积的来源

"资本公积"属于所有者权益类科目,用于核算小企业收到投资者出资额超出其在注册资本中所占份额的部分。

(1)小企业收到投资者的出资额超过其在注册资本中所占份额的部分,应记入"资本公积"科目。

(2)根据相关规定,经投资者决议,用资本公积转增资本,借记"资本公积"科目,贷记"实收资本"科目。

(3)"资本公积"科目期末贷方余额,反映小企业的资本公积。

【例 5-4】 某企业根据董事会决议,将资本公积金 150 000 元转增资本。应进行账务处理如下:

借：资本公积　　　　　　　　　　　　　　　　　　150000
　　贷：实收资本　　　　　　　　　　　　　　　　　　　150000

小企业在筹建期间内发生的开办费，包括人员薪酬、办公费、培训费、差旅费、印刷费、注册登记费以及不计入固定资产成本的借款费用等在实际发生时，应当记入"管理费用（开办费）"科目，不能计入有关资本账户进行核算。

第3节　盈余公积核算

资本实力靠积累

盈余公积是指小企业按照有关规定从净利润中提取的积累资金。小企业实现的利润在交纳所得税后，应按规定从税后利润中提取10%的法定盈余公积和一定比例的任意盈余公积。

"盈余公积"属于所有者权益类科目，核算小企业（公司制）按照法律规定从净利润中提取的盈余公积。"盈余公积"科目应当分别"法定盈余公积""任意盈余公积"进行明细核算。小企业（外商投资）还应分别"储备基金""企业发展基金"进行明细核算。小企业（中外合作经营）在合作期间归还投资者的投资，应在本科目设置"利润归还投资"明细科目进行核算。

（1）小企业（公司制）按照法律规定提取盈余公积，借记"利润分配——提取法定盈余公积、提取任意盈余公积"科目，贷记"盈余公积"（法定盈余公积、任意盈余公积）科目。

（2）小企业（外商投资）按照规定提取的储备基金、企业发展基金、职工奖励及福利基金，借记"利润分配——提取储备基金、提取企业发展基金、提取职工奖励及福利基金"科目，贷记"盈余公积"（储备基金、企业发展基金）"应付职工薪酬"科目。

（3）经股东大会或类似机构决议，用盈余公积弥补亏损或转增资本时，借记"盈余公积"科目，贷记"利润分配——盈余公积补亏""实收资本"或"股本"科目。

（4）小企业（中外合作经营）根据合同规定在合作期间归还投资者的投资，应按实际归还投资的金额，借记"实收资本——已归还投资"科目，贷记"银行存款"等科目；同时，借记"利润分配——利润归还投资"科目，贷记"盈余公积"科目。

（5）"盈余公积"科目期末贷方余额，反映小企业的盈余公积。

【例5-5】　某企业用盈余公积100 000元，弥补上年亏损额。应进行账务处理如下：

借：盈余公积 100 000
　　贷：利润分配——盈余公积补亏 100 000

【例5-6】 某企业按照税后利润的10%提取法定盈余公积20 000元。应进行账务处理如下：

借：利润分配——提取盈余公积 20 000
　　贷：盈余公积 20 000

【例5-7】 经董事会决定，年终将盈余公积60 000元转增资本。应进行账务处理如下：

借：盈余公积 60 000
　　贷：实收资本 60 000

第4节　未分配利润核算

利润怎么分

　　未分配利润是指小企业实现的净利润经过弥补亏损、提取盈余公积和向投资者分配利润后留存在企业的、历年结存的利润。

　　未分配利润属于企业所有者权益的组成内容之一。小企业出于各种考虑或者由于生产经营活动的客观需要，其年度利润可以不全部分配。另外，为了平衡各会计年度的投资报酬水平，谋求长远发展、以丰补歉，保证企业发展后劲，逐步提高职工福利水平，企业可以留出部分利润不作分配，或者将上年年末的未分配利润并入本年利润进行分配，而后再留余额转入下年等。

【例5-8】 某公司2019年度净利润800 000元，"利润分配"科目的各个明细科目的年终余额如下："提取盈余公积"200 000元，"应付利润"500 000元。

（1）在年终结转全年实现净利润时，应进行账务处理如下：

借：本年利润 800 000
　　贷：利润分配——未分配利润 800 000

（2）在年终结转利润分配各明细科目余额时，应进行账务处理如下：

借：利润分配——未分配利润 700 000
　　贷：利润分配——提取盈余公积 200 000
　　　　　　　　——应付利润 500 000

年度终了，在各科目结转以后，"利润分配——未分配利润"科目贷方为800 000元，借方为700 000元，借贷方相抵以后，贷方余额为100 000元，该余额即为"未分配利润"。此余额可结转至下年，与下年度实现利润一并进行分配。如出现借方余额则为未弥补的亏损。

【例5-9】 某企业2019年发生年度亏损30 000元，年终时应进行账务处理如下：

借：利润分配——未分配利润　　　　　　　　　　　　　　30 000
　　贷：本年利润　　　　　　　　　　　　　　　　　　　　　　30 000

知识归纳

1. 所有者权益是指投资者对企业净资产的所有权，在数量上等于企业全部资产减去全部负债后的余额。
2. 实收资本、注册资本、投入资本不是同一概念。只有在投资者的投资足额后，实收资本才等于注册资本。在未投足资本前，实收资本会小于注册资本；投足资本后如果实收资本超过注册资本，其差额就形成了资本公积。
3. 留存收益包括盈余公积和未分配利润，是由企业实现的利润转化而来的。
4. "盈余公积"应当分别"法定盈余公积""任意盈余公积"进行明细核算。
5. 为了平衡各会计年度的投资报酬水平，谋求长远发展、以丰补歉，保证企业发展后劲，逐步提高职工福利水平，企业可以留出部分利润不作分配，或者将上年年末的未分配利润并入本年利润进行分配，而后再留余额转入下年等。

基本训练

一、单项选择题

1. 小企业收到投资者出资超过其在注册资本中所占份额的部分，应通过（　　）科目核算。
   A. "资本公积"　　　　　　　　　　B. "盈余公积"
   C. "实收资本"　　　　　　　　　　D. "未分配利润"
2. 黄河有限责任公司原由甲、乙、丙三方共出资200万元组建。2年后，经投资者协商一致，新增投资者丁，丁以货币出资260万元，注册资本变更为400万元。黄河公司收到投资者丁投入的资本时应作的会计处理是（　　）。
   A. 借：银行存款　　　　　　　　　　　　　　　　2 600 000
   　　　贷：实收资本　　　　　　　　　　　　　　　　　2 600 000
   B. 借：银行存款　　　　　　　　　　　　　　　　2 600 000
   　　　贷：实收资本　　　　　　　　　　　　　　　　　2 000 000
   　　　　　资本公积——资本溢价　　　　　　　　　　　600 000
   C. 借：银行存款　　　　　　　　　　　　　　　　2 600 000
   　　　贷：实收资本　　　　　　　　　　　　　　　　　2 400 000
   　　　　　资本公积——资本溢价　　　　　　　　　　　200 000
   D. 借：银行存款　　　　　　　　　　　　　　　　2 600 000
   　　　贷：股本　　　　　　　　　　　　　　　　　　　2 000 000
   　　　　　盈余公积　　　　　　　　　　　　　　　　　600 000

3. 小企业（中外合作经营）根据合同规定在合作期间归还投资者的投资,应当按照实际归还投资的金额,借记"实收资本——已归还投资"科目,贷记"银行存款"等科目;同时,借记"利润分配——利润归还投资"科目,贷记(　　)科目。
   A. "资本公积" B. "盈余公积——利润归还投资"
   C. "实收资本" D. "未分配利润"

4. 关于实收资本,下列说法错误的是(　　)。
   A. 实收资本是指投资者按照合同协议约定或相关规定投入小企业、构成小企业注册资本的部分
   B. 实收资本在一般情况下无需偿还,可以长期周转使用
   C. 小企业根据有关规定增加注册资本,应贷记"实收资本"科目
   D. 小企业收到投资者的出资,按照其在注册资本中所占的份额,贷记"实收资本"科目;按照其差额,贷记"盈余公积"科目

5. 小企业根据有关规定用资本公积转增资本,应借记"资本公积"科目,贷记(　　)科目。
   A. "银行存款" B. "盈余公积"
   C. "实收资本" D. "未分配利润"

6. 关于资本公积,下列说法错误的是(　　)。
   A. 资本公积是指小企业收到投资者出资超出其在注册资本中所占份额的部分
   B. 资本公积由全体股东享有,其形成主要来源于企业的净利润
   C. 小企业的资本公积不得用于弥补亏损
   D. 小企业根据有关规定用资本公积转增资本,借记"资本公积"科目,贷记"实收资本"科目

7. 关于盈余公积,下列说法错误的是(　　)。
   A. 盈余公积是指小企业按照法律规定在税后利润中提取的法定公积金和任意公积金
   B. 小企业（外商投资）按照法律规定在税后利润中提取储备基金、企业发展基金和职工奖励及福利基金通过"盈余公积"科目核算
   C. 小企业用盈余公积弥补亏损或者转增资本,应当冲减盈余公积
   D. 小企业的盈余公积可用于扩大生产经营

8. 甲企业年初未分配利润为10万元,盈余公积为4万元。本年净利润为100万元,按10%计提法定盈余公积,按10%计提任意盈余公积。该企业期末留存收益的金额为(　　)万元。
   A. 80 B. 94 C. 100 D. 114

9. 下列各项中,不属于所有者权益的是(　　)。
   A. 资本溢价 B. 计提的盈余公积
   C. 投资者投入的资本 D. 应付高管人员的基本薪酬

10. 某公司年初资本公积为1 500万元,经股东大会批准,用资本公积转增资本300万

元。不考虑其他因素,该公司年末的资本公积为( )。

    A. 1 700 万元   B. 1 500 万元   C. 1 200 万元   D. 1 400 万元

11. 某公司年初未分配利润为1 000万元,当年实现净利润500万元,按10%提取法定盈余公积,5%提取任意盈余公积,发放现金股利100万元。不考虑其他因素,该公司年末未分配利润为( )。

    A. 1 450 万元   B. 1 475 万元   C. 1 325 万元   D. 1 400 万元

12. 某公司年初未分配利润为1 000万元,盈余公积为500万元;本年实现净利润5 000万元,分别提取法定盈余公积500万元、任意盈余公积250万元,发放现金股利500万元。不考虑其他因素,该公司年末留存收益为( )。

    A. 5 250 万元   B. 6 000 万元   C. 6 500 万元   D. 5 750 万元

二、多项选择题

1. 所有者权益的来源包括( )。
   A. 投资者投入企业的资本
   B. 投资者投入企业的资本超过注册资本中所占份额的部分
   C. 小企业按照法律规定在税后利润中提取的法定公积和任意公积
   D. 未分配利润

2. 甲公司为一般纳税人,按照公司章程和出资者协议规定,在注册资本的范围内,现收到乙企业作为资本投入的一批原材料,该原材料成本为200万元,公允价值为300万元(不含增值税),适用的增值税税率为13%。甲公司在入账时,下列说法中不正确的有( )。
   A. 甲公司应按200万元来确定乙企业在注册资本中享有的份额
   B. 甲公司应按300万元来确定乙企业在注册资本中享有的份额
   C. 甲公司应按300万元来确定原材料的入账金额,按339万元来确定乙企业在实收资本中享有的份额
   D. 甲公司应按300万元来确定原材料的入账金额,按200万元来确定乙企业在注册资本中享有的份额

3. 关于资本公积,下列说法正确的有( )。
   A. 资本公积由全体股东享有,其形成有其特定的来源,与企业的净利润无关
   B. 小企业用资本公积转增资本,应当冲减资本公积
   C. 小企业的资本公积可以用于弥补亏损
   D. 资本公积是指小企业收到投资者出资超出其在注册资本中所占份额的部分

4. 下列各项中,构成企业留存收益的有( )。
   A. 资本溢价   B. 未分配利润
   C. 任意盈余公积   D. 法定盈余公积

5. 甲公司注册资本总额为500万元,收到乙公司投入的现金120万元,在原注册资本中占20%的份额,甲公司进行账务处理时,可能涉及的科目有( )。
   A. "银行存款"   B. "实收资本(或股本)"

C. "资本公积" D. "盈余公积"

6. 下列各项中,能够引起企业留存收益总额发生变动的有( )。
   A. 以盈余公积补亏 B. 提取任意盈余公积
   C. 向投资者宣告分配现金股利 D. 用盈余公积转增资本

7. 下列各项中,会导致实收资本增加的有( )。
   A. 资本公积转增资本 B. 接受投资者追加投资
   C. 盈余公积转增资本 D. 接受非流动资产捐赠

8. 下列各项中,属于资本公积来源的有( )。
   A. 盈余公积转入 B. 股本溢价
   C. 资本溢价 D. 从企业实现的净利润提取

9. 下列各项中,关于盈余公积的用途表述正确的有( )。
   A. 以盈余公积转增实收资本 B. 以盈余公积转增资本公积
   C. 以盈余公积弥补亏损 D. 以盈余公积发放现金股利

10. 下列各项中,会导致企业留存收益发生增减变动的有( )。
    A. 盈余公积分配现金股利 B. 盈余公积弥补亏损
    C. 盈余公积转增资本 D. 资本公积转增资本

三、判断题

1. 小企业收到投资者出资超过其在注册资本中所占份额的部分,作为资本溢价,通过"实收资本"科目核算。( )
2. 投资者投入的资本,不得变动。( )
3. 被投资企业将股权(票)溢价所形成的资本公积转为股本的,不作为投资方企业的股息、红利收入,投资方企业也不得增加该项长期投资的计税基础。( )
4. 股份制企业用盈余公积转增股本不属于股息、红利性质的分配,对个人取得的转增股本数额,不作为个人所得,不征收个人所得税。( )
5. 小企业用资本公积转增资本,无需作账务处理。( )
6. 小企业的盈余公积不得用于弥补亏损。( )
7. 小企业用盈余公积转增资本或弥补亏损,均不影响所有者权益总额的变化。( )
8. 企业用当年实现的利润弥补亏损时,应单独作出相应的会计处理。( )
9. 除投资合同或协议约定价值不公允的以外,企业接受投资者作为资本投入的固定资产,应按投资合同或协议约定价值确定其入账价值。( )
10. 企业以资本公积转增资本会导致实收资本增加,从而导致企业所有者权益总额增加。( )
11. 企业年末资产负债表中的未分配利润金额一定等于"本年利润"科目的年末余额。( )
12. 企业负债与所有者权益的区别在于负债需要还本付息,而所有者权益不需要。( )

实战演练

业务题一

一、目的:练习资本金的核算。

二、资料:2019年5月1日,银华有限责任公司由甲、乙两个投资者各出资200 000元成立。10月30日,"资本公积——资本溢价"贷方余额为4 000元。11月份发生如下有关业务(所涉及款项全部以银行存款收支):

11月1日,甲、乙决定吸收丙、丁两位新投资者加入银华公司。经有关部门批准后,银华公司实施增资,将注册资本增加到800 000元。经四方协商一致同意,完成下述投入后,投资者各占银华公司1/4的股份。各投资者的出资情况如下:

1. 投资者丙以360 000元投入银华公司,11月11日收到款项并存入银行。
2. 投资者丁以一批原材料投入银华公司作为增资,开具的增值税专用发票注明价款320 000元,税款41 600元。

三、要求:

1. 编制银华公司11月份发生业务的会计分录。
2. 计算资本公积的期末余额。

业务题二

一、目的:练习利润分配的核算。

二、资料:海河公司2019年度的有关资料如下。

1. 年初未分配利润为30万元,本年利润总额为90万元,适用的企业所得税税率为25%。经查,海河公司当年营业外支出中有10万元为税款滞纳金及罚款,投资收益中有2万元为国库券利息收入。除此之外,不存在其他纳税调整因素。
2. 按税后利润的10%提取法定盈余公积。
3. 提取任意盈余公积7万元。
4. 向投资者分配利润30万元。

三、要求:计算海河公司本期应纳所得税,并编制上述业务的会计分录。

业务题三

一、目的:练习所有者权益核算

二、资料:A公司是增值税一般纳税人,2019年发生的与所有者权益有关的事项如下:

1. 2月20日,接受甲公司以5 000万元现金进行投资,占A公司实收资本为3 000万元。
2. 4月9日,接受乙公司(增值税一般纳税人)以存货进行投资,该批存货的成本为800万元,市场公允价值为1 000万元,投资后乙公司占A公司实收资本为1 000万元。
3. 5月19日,A公司股东大会宣告分配现金股利500万元。
4. 9月3日,经A公司股东大会批准,以盈余公积1 000万元转增资本。

三、要求:根据以上资料,编制上述业务的会计分录。

课后习题答案

第 6 章 收入

通过本章你可以学习到：

- 收入的概念和特征
- 收入的分类及确认条件
- 主营业务收入的账务处理
- 其他业务收入的核算
- 政府补助和递延收益的核算

> **案例导入**
>
> H 公司 2015 年年末委托某运输公司向 W 公司交付一批产品。由于验收时发现部分产品有破损，W 公司按照合同约定要求 H 公司采取减价等措施来补偿或者全部予以退货，但 H 公司以产品破损是运输公司的责任为由而拒绝了对方的要求。由于发货前已经收到 W 公司预付的全部款项，所以 H 公司于 2015 年已经确认了相关的主营业务收入。那么，H 公司该笔收入是否应该确认呢？让我们一起来阅读本章节内容。

第 1 节 收 入 概 述

一、收入的概念和特征

不是所有的所得都叫收入

收入是指小企业在日常活动中形成的、会导致所有者权益增加的、与所有者投入资本无关的经济利益的总流入，通常包括主营业务收入和其他业务收入。

收入一般有以下几个显著特征。

（一）收入是小企业的日常活动中产生的经济利益流入

销售商品、提供劳务形成小企业的收入。而有些偶发的交易或事项也能为小企业带来经济利益，但不属于企业的日常活动，如出售固定资产，因固定资产是为使用而不是为出售而购入的，将固定资产出售并不是企业的经营目标，也不属于企业日常活动，出售固定资产取得的收益不作为收入核算。

（二）收入表现为资产的增加或负债的减少

收入可能表现为企业资产的增加，如增加银行存款、应收账款等；也可能表现为企业负债的减少，如以商品或劳务抵偿债务；或两者兼而有之，如在商品销售的货款中一部分抵偿债务，一部分收取现金。

由于收入能增加资产或减少负债或两者兼而有之，因此根据"资产－负债＝所有者权益"的公式，企业取得收入一定能增加所有者权益。但收入扣除相关成本费用后的净额，则可能增加所有者权益，也可能减少所有者权益。这里仅指收入本身导致的所有者权益的增加，而不是指收入扣除相关成本费用后的毛利对所有者权益的影响。

（三）收入只包括本企业经济利益的流入

小企业为第三方或客户代收的款项，如增值税、代收利息等，一方面增加企业的资产，一方面增加企业的负债。因此代收的款项不增加企业的所有者权益，也不属于小企业的经济利益，不能作为小企业的收入。

收入表明产品价值的实现，表明企业在供应、生产和销售过程中所耗费资金的收回和补偿。企业在再生产过程中能否顺利进行生产以及再生产规模能否扩大，取决于收入能否实现和实现净收入数额的大小。在市场经济的条件下，每一个企业都应遵循市场经济的规律和价值规律的作用，按照产品（商品）的价格和提供劳务的收费标准实现销售，取得收入。

二、收入分类

（一）按小企业从事日常活动的性质分类

按小企业从事日常活动性质的不同，小企业的收入可以分为销售商品的收入、提供劳务的收入。

☞ 销售商品收入是指小企业通过销售商品实现的收入。这里的商品包括企业为销售而生产的产品和为转售而购进的商品。

☞ 提供劳务的收入是指小企业通过提供劳务实现的收入。主要包括小企业提供旅游、运输、饮食、广告、咨询、代理、培训、产品安装等劳务所获取的收入。

☞ 让渡资产使用权的收入是指小企业通过让渡资产使用权所取得的收入，包括利息收入和使用费收入。

（二）按小企业经营业务的主次分类

按小企业经营业务的主次不同，收入可以分为主营业务收入（基本业务收入）和其他业务收入（非主营业务收入）。

☞ 主营业务收入是指企业销售商品、提供劳务等取得的收入。其他业务收入是指销售材料、出租资产等取得的收入。

收入的项目及其分类如图表6-1所示。

图表6-1

收入分类简图

收入
- 主营业务收入（基本业务收入）——指销售商品、提供劳务取得的收入
- 其他业务收入（非主营业务收入）——指主营业务收入以外的其他业务收入如出租资产、销售材料等的收入

三、销售商品收入确认的条件

☞ 销售商品收入是指小企业通过销售商品实现的收入。小企业确认销售收入有两个最直接的标志：一是物权的转移，表现为发出商品；二是收到货款或取得收款的权利。同时满足这两个条件时可以确认收入。也就是说，小企业应当在发出商品且收到货款或取得收款权利时，确认销售商品收入。

具体情况与确认条件如下：

（1）销售商品采用托收承付方式的，在办妥托收手续时确认收入。

（2）销售商品采取预收款方式的，在发出商品时确认收入。

（3）销售商品需要安装和检验的，在购买方接受商品以及安装和检验完毕时确认收入。如果安装程序比较简单，可在发出商品时确认收入。

（4）销售商品采用支付手续费方式委托代销的，在收到代销清单时确认收入。

（5）销售商品以旧换新的，销售的商品作为商品销售处理，回收的商品作为购进商品处理。

温馨提醒

小企业在已经确认收入以后又发生销售退回（不论是属于本年度还是属于以前年度销售的），应当在发生时冲减主营业务收入或其他业务收入。

销售退回，是指小企业售出的商品由于质量、品种不符合要求等原因发生的退货。

四、提供劳务收入确认的条件

小企业提供劳务的收入是指小企业从事建筑安装、修理修配、交通运输、仓储租赁、咨询经纪、文化体育、科学研究、技术服务、教育培训、餐饮住宿、中介代理、卫生保健、社区服务、旅游、娱乐、加工以及其他劳务服务活动取得的收入。

同一会计期间内开始并完成的劳务，应当在提供劳务交易完成且收到款项或取得收款权利时，确认主营业务收入或其他业务收入。主营业务收入或其他业务收入的金额通常为从接受劳务方已收或应收的合同或协议价款。

劳务的开始和完成分属不同会计期间的，可以按完工进度或完成的工作量确认主营业务收入或其他业务收入。资产负债表日，按照提供劳务收入总额乘以完工进度，扣除以前会计期间累计已确认提供劳务收入后的金额，确认主营业务收入或其他业务收入；同时，按照提供劳务估计总成本乘以完工进度，扣除以前会计期间累计已确认劳务成本后的金额，结转主营业务成本或其他业务成本。

如果小企业与其他企业签订的合同或协议包括销售商品和提供劳务时，销售商品部分和提供劳务部分能够区分且能够单独计量的，应当将销售商品的部分作为销售商品处理，将提供劳务的部分作为提供劳务处理。

销售商品部分和提供劳务部分不能够区分，或虽能区分但不能够单独计量的，应当作为销售商品处理。

第2节 主营业务收入核算

为了反映小企业主营业务收入的增减变动情况,应当设置"主营业务收入"科目,用以核算小企业确认的销售商品(或提供劳务)等主营业务的收入。"主营业务收入"科目可按主营业务的种类进行明细核算。

小企业销售商品(或提供劳务)实现的收入,应当按实际收到或应收的金额,借记"银行存款""应收账款"等科目;按照增值税专用发票上注明的增值税额,贷记"应交税费——应交增值税(销项税额)"科目;按照确认的营业收入,贷记"主营业务收入"科目。

在确定小企业销售商品收入的金额时,应注意区分商业折扣和现金折扣。现金折扣是指小企业为了尽快回笼资金而发生的理财费用。销售方的现金折扣在实际发生时直接计入当期财务费用。小企业应按实际收到的金额,借记"银行存款"等科目;按应给予的现金折扣,借记"财务费用"科目;按应收的账款,贷记"应收账款""应收票据"等科目。

发生销货退回(不论是属于本年度还是属于以前年度销售的)时,借记"主营业务收入"科目;按实际支付或应退还的金额,贷记"银行存款""应收账款"等科目。

期(月)末,可将"主营业务收入"科目的余额转入"本年利润"科目,结转后该科目应无余额。

现以一般纳税人企业为例,结合不同的结算方式与情况,分别说明销售收入的账务处理。

(一) 采用支票等结算方式的销售

采用支票、汇兑、银行汇票、银行本票以及委托收款方式的销售,当产品已经发出就可以收回货款或者取得收取货款的权利时,应作为销售实现。借记"银行存款"科目或"应收账款"科目,贷记"主营业务收入""应交税费"科目。

【例6-1】 东海实业有限公司销售A产品300件,该产品单位售价50元,货款共计15 000元,开出增值税专用发票,应收取的增值税额为1 950元,该公司收到转账支票当即送存银行。应进行账务处理如下:

借:银行存款 16 950
　贷:主营业务收入——A产品 15 000
　　　应交税费——应交增值税(销项税额) 1 950

【例6-2】 东海实业有限公司销售给外地某企业B产品200件,该产品单位售价30元,货款共计6 000元,增值税税率13%,双方商定采用汇兑结算的方式。已开增值税专用发票,款项已收妥入账。应进行账务处理如下:

借：银行存款   6 780
　　贷：主营业务收入——B产品   6 000
　　　　应交税费——应交增值税(销项税额)   780

(二) 采用商业汇票结算方式的销售

采用商业汇票的结算方式销售产品，当产品已经发出，收到购货方交来的商业汇票(商业承兑汇票或银行承兑汇票)时，即作为销售，借记"应收票据"科目，贷记"主营业务收入""应交税费"科目。

【例6-3】 东海实业有限公司销售A产品160件，该产品单位售价50元，货款共计8 000元，该公司开出增值税专用发票，应收取的增值税额1 040元。该公司收到购货方转来的银行承兑汇票。应进行账务处理如下：

借：应收票据——银行承兑汇票   9 040
　　贷：主营业务收入——A产品   8 000
　　　　应交税费——应交增值税(销项税额)   1 040

(三) 采用托收承付结算方式的销售

采用托收承付的结算方式销售产品，产品发出在办妥托收手续后，应视作销售实现。借记"应收账款"科目，贷记"主营业务收入"科目和"应交税费"科目。

【例6-4】 东海实业有限公司按照合同向外地某公司发出B产品250件，该产品单位售价30元，计货款7 500元，适用增值税税率13%。

(1) 商品发运后，根据开出的增值税专用发票等向银行办妥托收手续。应进行账务处理如下：

借：应收账款——×公司   8 475
　　贷：主营业务收入——B产品   7 500
　　　　应交税费——应交增值税(销项税额)   975

(2) 在收到银行转来的"收款通知"时，应进行账务处理如下：

借：银行存款   8 475
　　贷：应收账款——×公司   8 475

(四) 采用分期收款结算方式的销售

分期收款销售是指商品已经交付，但货款分期收回的一种销售方式。在分期收款销售方式下，企业应按合同约定的收款日期分期确认收入。同时，可按商品全部销售成本与全部销售收入的比率计算出本期应结转的销售成本。

小企业如采用分期收款方式销售商品的，按合同约定开出销售发票是确认收入的重要标志。在每期销售实现(收取货款)时，按本期应收(或已收)的货款金额，借记"应收账款""银行存款"等科目；按实现的营业收入，贷记"主营业务收入"科目；按专用发票上注明的增值税额，贷记"应交税费——应交增值税(销项税额)"科目。

【例 6-5】 东海实业有限公司采用分期收款的方式销售 B 产品 600 件,该产品单位成本 15 元、单位售价 30 元,货款共计 18 000 元。按合同规定货款分三次等额收回。第一次开出发票并收回销货款 6 000 元,销项税额为 780 元。应进行账务处理如下:

借:银行存款 6 780
　　贷:主营业务收入 6 000
　　　　应交税费——应交增值税(销项税额) 780

(五) 代销商品

代销商品应分别以下情况确认收入。

1. 视同买断

☞ 视同买断方式,是指由委托方和受托方签订协议,委托方按协议价收取所代销商品的货款,实际售价可由受托方自定,实际售价与协议价之间的差额归受托方所有的销售方式。在这种销售方式下,委托方在交付商品时不确认收入,受托方也不作为购进商品处理。受托方将商品销售后,应按实际售价确认为销售收入,并向委托方开具代销清单。委托方收到代销清单时,再确认收入。

小企业委托代销发出的商品作为委托代销商品处理,借记"发出商品"科目,贷记"库存商品"等科目。收到受托单位的代销清单,按代销清单上注明的已销商品货款的实现情况,按应收的款项,借记"应收账款""应收票据"等科目;按实现的收入,贷记"主营业务收入"科目,按应交的增值税销项税额,贷记"应交税费——应交增值税(销项税额)"科目。

受托单位销售的委托代销商品收入的实现及账务处理,与本企业商品对外销售收入的实现及账务处理相同。

【例 6-6】 南方公司委托乙企业代销 A 产品 400 件,双方签订的代销协议确定的协议价为 1 130 元(含 13%的增值税),单位成本为 680 元,于 7 月 20 日发出该产品。次月 20 日收到乙企业转来的代销清单上表明售出 400 件,南方公司开出增值税专用发票,注明售价 400 000 元,增值税 52 000 元。乙企业实际销售时开具增值税专用发票,注明售价 500 000 元,增值税 65 000 元。次月 25 日,南方公司收到乙企业按协议价支付的款项 452 000 元。

委托方南方公司应进行账务处理如下:

(1) 发出 A 产品。

借:发出商品——A 产品(乙企业) 272 000
　　贷:库存商品——A 产品 272 000

(2) 次月 20 日收到代销清单,并开出增值税专用发票。

借:应收账款——乙企业 452 000
　　贷:主营业务收入 400 000
　　　　应交税费——应交增值税(销项税额) 52 000

借：主营业务成本 272 000
　　贷：发出商品——A产品（乙企业） 272 000

（3）收到乙企业汇来的货款。

借：银行存款 452 000
　　贷：应收账款——乙企业 452 000

受托方乙企业应作如下账务处理：
（1）收到发来的A产品。

借：受托代销商品——A产品（南方公司） 400 000
　　贷：受托代销商品款 400 000

（2）实际销售A产品。

借：银行存款 565 000
　　贷：主营业务收入 500 000
　　　　应交税费——应交增值税（销项税额） 65 000

借：主营业务成本 400 000
　　贷：受托代销商品——A产品（南方公司） 400 000

（3）收到南方公司开来增值税专用发票。

借：受托代销商品款 400 000
　　应交税费——应交增值税（进项税额） 52 000
　　　　贷：应付账款——南方公司 452 000

（4）按合同协议价将款项付给南方公司。

借：应付账款——南方公司 452 000
　　贷：银行存款 452 000

2. 收取手续费

收取手续费方式，是指受托方根据所代销的商品数量向委托方收取手续费的销售方式。在这种代销方式下，委托方应在受托方将商品销售后，并向委托方开具代销清单时，确认收入；受托方在商品销售后，按应收取的手续费确认收入。

小企业委托代销发出的商品作为委托代销商品处理，借记"发出商品"科目，贷记"库存商品"等科目。收到受托单位的代销清单，按代销清单上注明的已销商品货款的实现情况，按应收的款项，借记"应收账款""应收票据"等科目；按实现的收入，贷记"主营业务收入"科目；按应交的增值税销项税额，贷记"应交税费——应交增值税（销项税额）"科目；按应支付的代销手续费，借记"销售费用"科目，贷记"应收账款"等科目。受托单位销售的委托代销商品，按收到的款项，借记"银行存款"等科目；按应付委托单位的代销款项，贷记"应付账款"科目；按应交的增值税销项税额，贷记"应交税费——应交增值税（销项税额)"科目;按可抵扣的增值税进项税额,借记"应交税费——应交增值税(进项税额)"科目,贷记"应付账款"等科目。归还委托单位的货款并计算代销手续费,按应付的金额,借记"应付账款"等科目;按应收取的手续费,贷记"主营业务收入"科目或"其他业务收入"科目;按其差额,贷记"银行存款"科目。

【例6-7】 南方公司委托乙企业代销A产品1 000件,双方签订的代销协议确定的协议价为1 130元(含13%的增值税),每件支付手续费100元,A产品单位成本为680元,于7月20日发出该产品。次月20日,收到乙企业转来的代销清单,清单上表明售出400件,南方公司开出增值税专用发票,注明售价400 000元,增值税额52 000元。乙企业实际销售时开具增值税专用发票,注明售价400 000元,增值税额52 000元。次月25日,南方公司收到乙企业按协议价支付的代销货款净额412 000元(452 000-40 000)。

委托方南方公司应进行账务处理如下:

(1) 发出A产品。

借:发出商品——A产品(乙企业) 680 000
 贷:库存商品——A产品 680 000

(2) 次月20日收到代销清单,并开出增值税专用发票。

借:应收账款——乙企业 452 000
 贷:主营业务收入 400 000
  应交税费——应交增值税(销项税额) 52 000
借:主营业务成本 272 000
 贷:发出商品——A产品(乙企业) 272 000
借:销售费用——代销手续费 40 000
 贷:应收账款——乙企业 40 000

(3) 收到乙企业汇来的代销货款净额。

借:银行存款 412 000
 贷:应收账款——乙企业 412 000

受托方乙企业应作如下账务处理:

(1) 收到发来的A产品。

借:受托代销商品——A产品(南方公司) 1 000 000
 贷:受托代销商品款 1 000 000

(2) 实际销售A产品,并开出增值税专用发票。

借:银行存款 452 000
 贷:应付账款——南方公司 400 000
  应交税费——应交增值税(销项税额) 52 000
借:受托代销商品款 400 000
 贷:受托代销商品——A产品(南方公司) 400 000

(3) 收到南方公司开来增值税专用发票。

借：应交税费——应交增值税（进项税额） 52 000
　　贷：应付账款——南方公司 52 000

(4) 按合同协议价将款项付给南方公司。

借：应付账款——南方公司 452 000
　　贷：银行存款 412 000
　　　　其他业务收入 40 000

（六）销售退回的核算

👉 销售退回是指企业售出的商品，由于质量、品种不符合要求等原因而发生的退货。销售退回应当分别情况处理。

(1) 未确认收入的已发出商品的退回，按照记入"发出商品"等科目的金额，借记"库存商品"科目，贷记"发出商品"科目。采用计划成本或售价核算的，应按计划成本或售价记入"库存商品"科目，并计算成本差异或商品进销差价。

(2) 已确认收入的销售商品退回，一般情况下直接冲减退回当月的销售收入、销售成本等。企业发生的销售退回，按应冲减的收入，借记"主营业务收入"科目；按允许扣减当期销项税额的增值税额，借记"应交税费——应交增值税（销项税额）"科目；按已付或应付的金额，贷记"银行存款""应付账款"等科目；按退回商品的成本，借记"库存商品"账户，贷记"主营业务成本"科目。如果该项销售已发生现金折扣，应在退回当月一并处理。

【例 6-8】 南方公司售给某企业的 A 产品，因质量不合格退回 3 件，价税合计 169.50 元（其中增值税额 19.50 元）。该批产品的款项已于上月收妥，现以银行存款退回上述货款。应进行账务处理如下：

借：主营业务收入 150
　　应交税费——应交增值税——销项税额 19.50
　　贷：银行存款 169.50

（七）结转主营业务收入的核算

企业在月内实现的主营业务收入，在月终时应将其全部转入"本年利润"科目，以便计算确定企业的盈余情况。在结转时，借记"主营业务收入"科目，贷记"本年利润"科目。

【例 6-9】 根据上述经济业务，南方公司本月共实现销售收入 42 350 元，其中，A 产品销售 460 件，售价计 23 000 元；B 产品销售 650 件，售价计 19 500 元；A 产品退回 3 件，计货款 150 元。现将本月产品销售净收入 42 350 元全部转入"本年利润"账户。应进行账务处理如下：

借：主营业务收入——A 产品 22 850
　　主营业务收入——B 产品 19 500
　　贷：本年利润 42 350

第3节 其他业务收入核算

为了反映小企业其他业务收入的增减变动情况,应当设置"其他业务收入"科目,用以核算小企业确认的除主营业务活动以外的其他经营活动实现的收入,包括出租固定资产、出租无形资产、出租包装物和商品、销售材料等实现的收入。"其他业务收入"科目可按其他业务收入种类进行明细核算。

小企业确认的其他业务收入,借记"银行存款""其他应收款"等科目,贷记"其他业务收入"等科目。

期(月)末,可将"其他业务收入"科目余额转入"本年利润"科目,结转后本科目应无余额。

【例6-10】 南方公司销售材料一批,货款计300元,适用增值税税率13%,款项已通过银行收妥入账。应进行账务处理如下:

```
借:银行存款                                              339
    贷:其他业务收入                                       300
        应交税费——应交增值税(销项税额)                    39
```

【例6-11】 南方公司出租包装物发生租金收入500元,其适用增值税税率13%,款项已存入银行。应进行账务处理如下:

```
借:银行存款                                              565
    贷:其他业务收入                                       500
        应交税费——应交增值税(销项税额)                    65
```

【例6-12】 月终,将本月全部其他业务的收入800元,转入"本年利润"科目。应进行账务处理如下:

```
借:其他业务收入                                          800
    贷:本年利润                                          800
```

第4节 政府补助与递延收益核算

一、政府补助概念与特点

政府补助是指小企业从政府无偿取得货币性资产或非货币性资产。在实际工作中,政府补助的形式主要有财政拨款、财政贴息、税收返还和无偿划拨非货币性资产等。例如,对粮、棉、油等生产或储备企业给予的定额补助等。

政府补助在会计处理上应当划分为与资产相关的政府补助和与收益相

关的政府补助。政府补助主要是对企业特定产品由于非市场因素导致的价格低于成本的一种补偿,所以通常情况下政府补助表现为与收益相关的补助。与资产相关的政府补助最终也是与收益相关,只是暂时作为递延收益处理,在相关资产形成、投入使用并提取折旧或摊销时从递延收益转入当期损益。

政府补助一般具有以下几个方面的特征。

1. 无偿性

微课：人人都想拿补助

这是政府补助的基本特征。政府并不因此享有企业的所有权,企业将来也不需要偿还政府补助。

政府补助区分于政府作为企业所有者投入的资本。政府如以企业所有者身份向企业投入资本,将拥有企业相应的所有权,分享企业利润。在这种情况下,政府与企业之间的关系是投资者与被投资者的关系,属于互惠交易。这与其他单位或个人对企业的投资在性质上是一致的。所以政府补助不包括政府作为企业所有者投入的资本。

政府补助通常也是附有一定的条件,这与政府补助的无偿性并无矛盾,并不表明该项补助有偿,而是企业经法定程序申请取得政府补助后,应当按照政府规定的用途使用该项补助。

2. 直接取得资产

政府补助是企业从政府直接取得的资产,包括货币性资产和非货币性资产,形成企业的收益。比如,企业取得政府拨付的货币补助,采用先征后返(退)、即征即退等办法返还的税款等。

【例 6-13】 丙企业生产一种先进的模具产品,按照国家相关规定,该企业的这种产品适用增值税先征后返政策,即先按规定征收增值税,然后按实际交纳增值税额返还 70%。2019 年 2 月,该企业实际交纳增值税额 20 万元。2019 年 3 月,该企业实际收到返还的增值税额 14 万元,应进行账务处理如下：

借：银行存款　　　　　　　　　　　　　　　　　　　　　140 000
　　贷：营业外收入　　　　　　　　　　　　　　　　　　　　140 000

不涉及资产直接转移的经济支持不属于政府补助核算规范的对象,如政府与企业间的债务豁免、除税收返还外的税收优惠(如直接减征、免征、增加计税抵扣额、抵免部分税额)等。

增值税出口退税也不属于政府补助。根据相关税收法规规定,对增值税出口货物实行零税率,即对出口环节的增值部分免征增值税,同时退回出口货物前道环节所征的进项税额。由于增值税是价外税,出口货物前道环节所含的进项税额是抵扣项目,体现为企业垫付资金的性质。增值税出口退税实质上是政府归还企业事先垫付的资金,不属于政府补助。

政府补助为货币性资产的,应当按照收到或应收的金额计量。

政府补助为非货币性资产的,政府提供了有关凭据的,应当按照凭据上标明的金额确认为营业外收入;政府没有提供有关凭据的,应当按照同类或类似资产的市场价格确认营业外收入。

当小企业能够满足政府补助所附条件,同时能够收到政府补助时,应当计入营业外收入。

【例6-14】 按照有关规定,2019年9月甲企业为其自主创新的某高新技术项目申报政府财政贴息,申报材料中表明该项目已于2019年3月启动,预计共需投入资金200万元。项目期1年内,已投入资金60万元。项目尚需新增投资140万元,其中计划贷款80万元,已与银行签订贷款协议,协议规定贷款年利率6%,贷款期1年内。

2019年11月,经审核,政府批准拨付甲企业贴息资金3万元;2019年12月,实际收到贴息资金3万元。应作出账务处理如下:

借:银行存款　　　　　　　　　　　　　　　　　　30 000
　　贷:营业外收入　　　　　　　　　　　　　　　　　　30 000

温馨提醒

小企业按照规定实行所得税、增值税、消费税、营业税等先征后返的,应当在实际收到返还的所得税、增值税、消费税、营业税时,将其计入营业外收入。

二、递延收益核算

与资产相关的政府补助通常用于购买固定资产或无形资产的财政拨款、固定资产专门借款的财政贴息等,一般应当分步处理。

(1)企业实际收到款项时,按照到账的实际金额计量,确认资产(银行存款)和递延收益。

(2)企业将政府补助用于购建长期资产。该长期资产的购建与企业正常的资产购建或研发处理一致,通过"在建工程""研发支出"等科目归集,完成后转为固定资产或无形资产。

(3)该长期资产交付使用。自长期资产可供使用时起,按照长期资产的预计使用期限,将递延收益平均分摊转入当期损益。①递延收益分配的起点是"相关资产可供使用时",对于应计提折旧或摊销的长期资产,即为资产开始折旧或摊销的时点。②递延收益分配的终点是"资产使用寿命结束或资产被处置时(孰早)"。相关资产在使用寿命结束时或结束前被处置(出售、转让、报废等),尚未分摊的递延收益余额应当一次性转入资产处置当期的收益,不再予以递延。

为了核算小企业确认的应在以后期间计入当期损益的政府补助,应当设置"递延收益"科目,"递延收益"科目可按相关项目进行明细核算。

口袋里的钱是别人的

小企业收到政府补助不符合政府补助确认条件的,借记"银行存款"科目,贷记"递延收益"科目。

小企业在以后期间符合政府补助确认条件时,借记"递延收益"科目,贷记"营业外收入"科目。

"递延收益"科目期末贷方余额,反映企业应在以后期间计入当期损益的政府补助。

【例 6-15】 丁公司 2019 年 12 月申请某国家级研发补贴。申请报告书中的有关内容如下:本公司于 2019 年 1 月启动某新技术开发项目,预计总投资 72 万元,已投入资金 24 万元。项目还需新增投资 48 万(包括购置设备、场地租赁费等),计划自筹资金 24 万元、申请财政补助 24 万元。2019 年 1 月,主管部门批准了公司的申请,签订的补贴协议规定:批准公司补贴申请,共补贴款项 24 万元,分 2 次拨付。合同签订日拨付 12 万元,结项验收时支付 12 万元。该项目预计 3 年有效。应进行账务处理如下:

(1) 2019 年 1 月,实际收到拨款 12 万元。

借:银行存款　　　　　　　　　　　　　　　　　　　120 000
　　贷:递延收益　　　　　　　　　　　　　　　　　　　　120 000

(2) 2019 年 3 月项目完工,通过验收,实际收到拨付 12 万元。

借:银行存款　　　　　　　　　　　　　　　　　　　120 000
　　贷:递延收益　　　　　　　　　　　　　　　　　　　　120 000

(3) 自 2019 年至 2021 年,每年分配递延收益(假设按年分配)。

借:递延收益　　　　　　　　　　　　　　　　　　　80 000
　　贷:营业外收入　　　　　　　　　　　　　　　　　　　80 000

【例 6-16】 丙公司于 2019 年申请对 A 生产线进行改造,9 月收到国家拨给的技术改造款 340 万元。A 生产线原账面价值 400 万元,累计折旧 240 万元;预计净残值率为 10%,预计使用寿命 6 年,已使用 4 年;采用平均年限法计提折旧。丙公司将 A 生产线投入改造,12 月底生产线的改扩建工程达到预定可使用状态。至此,改扩建工程期发生支出 340 万元,全部以银行存款支付。经改扩建,该生产线的使用年限预计延长了 6 年,报废时预计净残值率不变。应进行账务处理如下:

(1) 收到拨款政府补助。

借:银行存款　　　　　　　　　　　　　　　　　　　3 400 000
　　贷:递延收益　　　　　　　　　　　　　　　　　　　　3 400 000

(2) A 生产线转入改造。

借:在建工程——扩建工程　　　　　　　　　　　　　1 600 000
　　累计折旧　　　　　　　　　　　　　　　　　　　2 400 000
　　贷:固定资产——专用设备　　　　　　　　　　　　　　4 000 000

(3) 改扩建工程发生支出。

　　借：在建工程——扩建工程　　　　　　　　　　3 400 000
　　　　贷：银行存款　　　　　　　　　　　　　　　　3 400 000

(4) 改扩建工程达到预定可使用状态，其总价值为 5 000 000 元
（1 600 000＋3 400 000）。

　　借：固定资产——专用设备　　　　　　　　　　5 000 000
　　　　贷：在建工程——扩建工程　　　　　　　　　　5 000 000

(5) 每年底计提折旧 562 500 元(5 000 000×90％÷8)。

　　借：制造费用　　　　　　　　　　　　　　　　　562 500
　　　　贷：累计折旧　　　　　　　　　　　　　　　　562 500

(6) 假定按 8 年分期结转递延收益 425 000 元(3 400 000÷8)。

　　借：递延收益　　　　　　　　　　　　　　　　　425 000
　　　　贷：营业外收入　　　　　　　　　　　　　　　425 000

1. 小企业应当在发出商品且收到货款或取得收款权利时，确认销售商品收入。
2. 在分期收款销售方式下，企业应按合同约定的收款日期分期确认收入。同时，可按商品全部销售成本与全部销售收入的比率计算出本期应结转的销售成本。
3. 在视同买断方式销售方式下，委托方在交付商品时不确认收入，受托方也不作为购进商品处理。受托方将商品销售后，应按实际售价确认为销售收入，并向委托方开具代销清单。委托方收到代销清单时，再确认收入。
4. 政府补助在会计处理上应当划分为与资产相关的政府补助和与收益相关的政府补助。与资产相关的政府补助最终也是与收益相关，只是暂时作为递延收益处理，在相关资产形成、投入使用并提取折旧或摊销时从递延收益转入当期损益。

基本训练

一、单项选择题

1. 工业小企业结转销售原材料的实际成本，应记入（　　）科目。
　　A．"主营业务成本"　　　　　　　　B．"销售费用"
　　C．"其他业务成本"　　　　　　　　D．"营业外支出"
2. 工业小企业出租固定资产所取得的收入，按《小企业会计准则》与《企业所得税法》的规定，应分别作为（　　）处理。
　　A．主营业务收入，租金收入　　　　B．其他业务收入，租金收入
　　C．其他业务收入，财产转让收入　　D．营业外收入，财产转让收入

3. 下列有关小企业收入的表述中,正确的是( )。
   A. 小企业向银行借入款项,增加了库存现金或银行存款,因而增加了收入
   B. 小企业取得收入导致所有者权益的增加,是指收入扣除相关成本费用后的净额增加所有者权益
   C. 小企业取得收入一定能增加所有者权益,但不会增加"实收资本"
   D. 小企业销售产品时代税务机关向客户收取的增值税应增加收入

4. 小企业应当按照( )确定销售商品收入金额。
   A. 从购买方已收或应收的合同或协议价款
   B. 合同或协议价款的现值
   C. 公允价值
   D. 全部价款和价外费用

5. 根据收入的确认标准,小企业在发出商品时即确认收入的销售方式是( )。
   A. 支付手续费方式委托代销商品   B. 分期收款销售
   C. 交款提货   D. 托收承付

6. 下列项目中,按照《小企业会计准则》的规定,销售企业应当作为财务费用处理的是( )。
   A. 销售方发生的现金折扣   B. 销售方发生的商业折扣
   C. 销售方发生的销售折让   D. 销售方发生的销售退回

7. 销售商品涉及商业折扣时,以下各项说法不正确的是( )。
   A. 《小企业会计准则》规定,按照扣除商业折扣后的金额确定销售商品收入金额
   B. 《企业所得税法》规定,按照扣除商业折扣后的金额确定销售商品收入金额
   C. 增值税暂行条例规定,销售额和折扣额在同一张发票上的"金额"栏或"备注"栏分别注明的,可按折扣后的销售额征收增值税
   D. 增值税暂行条例规定,销售额和折扣额在同一张发票上的"金额"栏分别注明的,可按折扣后的销售额征收增值税

8. 工业小企业结转销售原材料的实际成本,应记入( )科目。
   A. "主营业务成本"   B. "销售费用"
   C. "其他业务成本"   D. "营业外支出"

9. 下列各项中,属于企业收入的是( )。
   A. 出租固定资产取得的租金   B. 接受捐赠取得的现金
   C. 处置无形资产取得的净收益   D. 股权投资取得的现金股利

10. 企业销售商品确认收入后,对于客户实际享受的现金折扣,应当( )。
    A. 确认当期财务费用   B. 冲减当期主营业务收入
    C. 确认当期管理费用   D. 确认当期主营业务成本

11. 委托方采用支付手续费方式委托代销商品,受托方在商品销售后应按( )确认收入。
    A. 销售价款和手续费之和   B. 销售价款和增值税之和
    C. 商品售价   D. 收取的手续费

12. 企业销售商品已经发出，但不满足收入确认条件，则应借记的会计科目是（　　）。
   A．"库存商品"　　B．"在途物资"　　C．"材料采购"　　D．"发出商品"

二、多项选择题

1. 下列各项中，属于《小企业会计准则》所界定的收入有（　　）。
   A．销售商品收入　　　　　　　B．提供劳务收入
   C．让渡资产使用权收入　　　　D．营业外收入

2. 下列各项中，符合小企业收入定义的有（　　）。
   A．收入是企业在日常活动中形成的经济利益的总流入
   B．收入会导致企业所有者权益的增加
   C．收入形成的经济利益总流入的形式多种多样，既可能表现为资产的增加，也可能表现为负债的减少
   D．收入与所有者投入资本有关

3. 下列各项企业所得税收入，应作为小企业会计上的收入来认定的有（　　）。
   A．销售货物收入　　　　　　　B．提供劳务收入
   C．出租固定资产取得的租金收入　D．特许权使用费收入

4. 下列各项企业所得税收入，不应作为小企业会计上的收入来认定的有（　　）。
   A．出租包装物取得的租金收入　B．接受捐赠收入
   C．企业资产溢余收入　　　　　D．逾期未退包装物押金收入

5. 小企业销售商品时，确认收入的标志有（　　）。
   A．已将商品所有权上的主要风险和报酬转移给购货方
   B．已发出商品
   C．收入的金额能够可靠地计量，相关的将发生的成本能够可靠地计量
   D．已收到货款或取得收款权利

6. 按《小企业会计准则》规定，下列商品销售业务不能确认为收入的有（　　）。
   A．尚未完成售出商品的安装或检验工作，且此项安装或检验任务是销售合同的重要组成部分
   B．收取手续费方式下，委托方收到代销清单的商品销售
   C．预收款销售，货款已收到，货物未发出
   D．采用以旧换新方式销售的商品

7. 下列各项中，影响小企业销售商品收入金额的有（　　）。
   A．从购货方应收的合同或协议价款　B．现金折扣
   C．商业折扣　　　　　　　　　　　D．代垫购货方的运杂费

8. 下列各项中，属于"其他业务收入"科目核算内容的有（　　）。
   A．出租固定资产取得的收入　　B．出租无形资产取得的收入
   C．出租包装物取得的收入　　　D．销售材料取得的收入

9. 下列各项中，属于工业企业营业收入的有（　　）。
   A．债权投资的利息收入　　　　B．出租无形资产的租金收入
   C．销售产品取得的收入　　　　D．出售无形资产的净收益

10. 下列各项中,关于采用支付手续费方式委托代销商品的会计处理,表述正确的有(　　)。
    A. 委托方通常在收到受托方开出的代销清单时确认销售商品收入
    B. 委托方发出商品时应按约定的售价记入"委托代销商品"科目
    C. 受托方应在代销商品销售后按照双方约定的手续费确认劳务收入
    D. 受托方一般应按其与委托方约定的售价总额确认受托代销商品款

11. 下列关于商品销售收入确认的时间表述中,正确的有(　　)。
    A. 采用支付手续费委托代销方式销售商品,在收到代销清单时确认收入
    B. 采用预收款方式销售商品的,在收到全部货款时确认收入
    C. 采用托收承付方式销售商品的,在办妥托收手续时确认收入
    D. 采用交款提货方式销售商品的,在开出发票账单收到货款时确认收入

12. 以下关于收入的说法中,错误的有(　　)。
    A. 企业出售原材料取得的款项扣除成本及相关税费后,应当确认为营业外收支
    B. 销售单独计价的包装物实现的收入通过"营业外收入"科目核算
    C. 企业在销售商品时,如果估计价款收到的可能性不大,即使收入确认的其他条件均已满足,也不可以确认收入
    D. 企业在发出商品之后,即使没有确认收入,也不应将其确认为企业的存货

三、判断题

1. 《小企业会计准则》将收入分为销售商品收入、提供劳务收入和让渡资产使用权收入。　　　　　　　　　　　　　　　　　　　　　　　　　　　(　　)
2. 通常,小企业应当在发出商品且收到货款或取得收款权利时,确认销售商品收入。这里所讲的发出商品是指所售商品已离开企业。　　　　　　(　　)
3. 销售需要安装的商品,只能在安装和检验完毕后确认收入。　　(　　)
4. 小企业在销售商品时如提供有商业折扣的,在确认收入时应将商业折扣的部分扣除。　　　　　　　　　　　　　　　　　　　　　　　　　　　　　　(　　)
5. 小企业在销售收入确认之后发生的销售折让,应在实际发生时冲减发生当期的收入,并同时冲减已结转的成本。　　　　　　　　　　　　　　(　　)
6. 小企业已经确认销售商品收入的售出商品发生的销售退回,不论此销售业务属于本年度还是属于以前年度,均应当在发生时冲减退回当期销售商品收入。(　　)
7. 小企业提供劳务取得的收入,均应通过"其他业务收入"科目核算。　(　　)
8. 小企业内部管理部门领用本企业生产的产品,进行会计处理时,应按其销售价格确认为收入。　　　　　　　　　　　　　　　　　　　　　　　　　　(　　)
9. 企业已确认销售收入的售出商品发生销售折让,且不属于资产负债表日后事项的,应在发生时冲减当期销售收入。　　　　　　　　　　　　　　(　　)
10. 企业采用支付手续费方式委托代销商品,委托方应在发出商品时确认销售商品收入。　　　　　　　　　　　　　　　　　　　　　　　　　　　　(　　)
11. 企业发生的商业折扣和现金折扣均属于销售产品付出的代价,在发生时计入当期销售费用中。　　　　　　　　　　　　　　　　　　　　　　(　　)

12. 企业发生销售退回时,如果该项销售退回已发生现金折扣,应同时调整相关财务费用的金额。( )

实战演练

业务题一

一、目的:练习主营业务收入和其他业务收入的核算。

二、资料:大卫企业为增值税一般纳税人,适用增值税税率为13%。2019年9月份发生下列经济业务(假设除增值税以外的其他税费不予考虑)。

1. 3日,销售库存商品一批,开出的增值税专用发票上注明的价款为50 000元,增值税额6 500元,款项已存入银行,该批商品成本为36 000元。

2. 11日,出售原材料,开出的增值税专用发票上注明的价款为4 000元,增值税额520元,款项尚未收回。

3. 15日,出售无形资产,无形资产的账面余额为60 000元,已摊销了12 000元,取得出售价款为90 000元,款项已收到存入银行。

4. 17日,取得出租固定资产收入6 000元,款项尚未收回。

5. 24日,收到现金捐赠70 000元。

三、要求:根据2019年9月份的经济业务编制会计分录,并计算当月收入。

业务题二

一、目的:练习代销商品方式下收入的核算。

二、资料:2019年5月10日,甲公司委托乙公司销售商品100件,商品已经发出,每件成本为60元。合同约定乙公司应按每件100元对外销售,甲公司按售价的10%向乙公司支付手续费。当年乙公司实际对外销售50件,开出的增值税专用发票上注明的售价为5 000元,增值税税额为650元,款项已收到。10月30日,甲公司收到乙公司开具的代销清单时,向乙公司开具一张相同金额的增值税专用发票。

三、要求:根据以上资料,分别编制甲、乙公司的会计分录。

业务题三

一、目的:练习销售退回的核算。

二、资料:2019年6月10日,甲公司销售一批商品,开出的增值税专用发票上注明的售价为50 000元,增值税税额为6 500元;该批商品的成本为30 000元,商品已于当日发出,并于6月22日收到了相关款项。7月5日,购货方验货时发现该批商品的质量严重不合格,要求全部退回给甲公司。甲公司同意退货,并按规定向购货方开具了红字增值税专用发票。

三、要求:根据上述经济业务编制会计分录。

业务题四

一、目的:练习政府补助与递延收益的核算。

二、资料:2019年年初,翔云公司接受一项政府补贴400万元,要求用于治理当地环境污染,企业购建了专门设施,该专门设施于2019年年末达到预定可使用状态。该专门设施入账金额为640万元,预计使用年限为5年,预计净残值为0,采用直线法计提折旧。假设2023年年末翔云公司出售了该专门设施,取得价款300万元。不考虑其他因素。

三、要求:作出翔云公司此项业务的会计处理。

业 务 题 五

一、目的:练习商业折扣、现金折扣和销售退回的核算。

二、资料:A公司为增值税一般纳税人,2019年6月发生如下经济业务。

1. 4日,与甲公司签订购销合同,向甲公司销售产品一批,该批产品售价为315万元。由于甲公司批量购买,A公司给予甲公司15万元的商业折扣,同日商品发出,该批产品的成本为260万元。A公司按折扣后的金额开具了增值税专用发票,款项尚未收到。合同约定现金折扣的条件为2/10,1/20,N/30。(计算现金折扣时不考虑增值税)

2. 8日,上月销售给乙公司的一批商品由于质量问题被全部退回。A公司根据乙公司提供的销货退回证明单开具了红字增值税专用发票,发票注明价款200万元,增值税税额26万元;该批商品的成本为150万元。A公司以银行存款支付了上述款项。

3. 15日,A公司收到了甲公司支付的扣除现金折扣后的购货款并存入银行。

三、要求:根据上述资料,编制上述业务的会计分录。

课后习题答案

第 7 章 费用

通过本章你可以学习到：
- 费用的概念和特征
- 费用的分类及确认原则
- 成本核算设置的主要会计科目
- 生产成本汇集与分配的一般程序
- 期间费用的核算

案例导入

H 公司 2015 年年报显示利润同比下降 11.6%，成本费用同比增长 12.8%，形成高达 24.4 个百分点的反差。为什么成本费用会增加如此迅猛？成本费用由哪些内容构成？应该如何控制成本费用？带着这些问题，我们一起来学习本章费用的相关内容。

第1节　费用概述

一、费用的概念和特征

微课：管理水平看费用

费用是指小企业在日常活动中发生的、会导致所有者权益减少的、与向所有者分配利润无关的经济利益的总流出。

小企业在生产加工过程中的主要经济业务是发生的各种费用，主要包括材料耗费、动力耗费、人工耗费、机器设备的磨损、其他耗费等。小企业发生的各项费用中，为一定种类、一定数量的产品所支出的费用，称为计入制造成本的费用，即构成产品的生产成本。凡企业在生产经营过程中不受产量或工作量增减变化所影响，而由当期损益负担的费用，被称为期间费用。期间费用按其发生的阶段和范围又分为销售费用、管理费用和财务费用。随着各种生产费用的发生，小企业的资金逐渐由储备资金、固定资金和货币资金形态转化为生产资金形态。随着产品的完工和验收入库，企业的资金由生产资金形态转化为成品资金形态。

与收入相对应，费用的主要特征表现在以下方面。

（1）费用是小企业日常活动中的经济利益流出。小企业在销售商品、提供劳务等日常活动中所发生的费用是会导致经济利益流出企业，通常要形成产品或劳务成本。

就制造业而言，费用是在以货币计量的生产经营过程中发生的、应计入本期产品成本或由本期收益补偿的消耗。企业在生产经营过程中发生的耗费，从构成内容上来说，有原材料、燃料、动力、工资、折旧费、销售费用、管理费用、财务费用及其他支出等。这些消耗在用途上有的直接用于产品生产，构成产品成本中的直接材料、直接人工、其他直接费用等；有的用于组织管理车间生产而构成制造费用；有的服务于销售过程而构成销售费用；有的用于企业行政管理部门而构成管理费用；有的为筹集资金而构成财务费用等。

（2）费用表现为资产的减少或负债的增加。费用可以表现为资产的减少，如耗用存货；也可能引起负债的增加，如负担利息；或者同时表现为资产的减少和负债的增加。

根据"资产－负债＝所有者权益"的会计等式，费用一定会导致所有者权益的减少。小企业经营管理中的某些支出，并不减少所有者权益，也就不构成费用。例如，小企业以银行存款偿还一项负债，只是一项资产和一项负债的等额减少，对所有者权益没有影响，因此，不构成企业的费用。

二、费用确认的基本原则

费用的实质是资产的耗费，但并不是所有的资产耗费都是费用，因此，就需明确什么样的资产耗费应确认为费用。由于发生费用的目的是为了取得收入，那么费用的确认就应当与收入确认相联系。因此，确认费用应当正确划分收益性支出与资本性支出、按照权责发生制要求和配比原则进行核算。

（一）正确划分收益性支出与资本性支出

☞ 收益性支出指受益期不超过1年或一个营业周期的支出，即发生该项支出是仅仅为了取得本期收益；资本性支出是指受益期超过1年或一个营业周期的支出，即发生该项支出不仅是为了取得本期收益，而且也是为了取得以后各期收益。

在费用核算中首先将资本性支出与收益性支出加以区分，将收益性支出记入费用科目，作为当期损益列入利润表；将资本性支出计入资产科目，作为资产列入资产负债表。前者称为支出费用化；后者称为支出资本化。资本化的支出随着每期对资产的耗费，按照受益原则和耗费比例通过转移、折旧和摊销等方法，逐渐转化为费用。

收益性支出是成本费用核算的主要内容。在收益性支出中需要正确划分成品成本与期间费用的界限。小企业在生产产品或提供劳务过程中发生的耗费，应由产品或劳务负担。期间费用不应由产品或劳务负担，不计入产品或劳务成本，而直接计入当期损益。

（二）以权责发生制作为核算基础

☞ 按照权责发生制，凡是本期已经发生或应当负担的费用，不论其款项是否已经收付，都应作为当期费用处理；凡是不属于当期的费用，即使款项已经在当期收付，都不应作为当期费用。权责发生制明确了费用确认与计量方面的要求，解决费用何时予以确认及确认多少等问题。

核算时要善于依据权责发生制和受益原则划清各期产品成本的界限。某项耗费是否应计入本月存货成本以及应计入多少，取决于是否应由本月负担以及受益量的大小。某项耗费是否应计入本月产品成本，不取决于成本金额的大小,而决定于本月产品是否受益,只要是本月产品受益的耗费,就应计入本期产品成本;只要是由本月与以后各月共同受益的耗费,就应在相关期内采用适当方法进行合理计量。

(三) 配比原则的具体应用

 按照配比原则,为产生当期收入所发生的费用,应当确认为该期的费用,即当收入已经实现时,某些资产(如物料用品)已被消耗,或已被出售(如商品),以及劳务已经提供(如专设的销售部门人员提供的劳务),已被耗用的这些资产和劳务的成本,应当在确认有关收入的期间予以确认。如果收入要到未来期间实现,相应的费用应递延分配于未来的实际受益期间。

费用是成本的基础,没有发生费用就不会形成成本。但费用、生产费用、计入本月产品成本的生产费用、完工产品成本、在产品成本等不是同一概念。以工业企业为例,经过对费用的层层划分以后,费用与成本的分布情况如图表7-1所示。

成本与费用对报表项目的不同影响

图表 7-1

费用与成本的分布情况

费用					
生产经营管理费用(简称生产费用)					非生产经营管理费用
计入本月产品成本的生产费用			期间费用	跨期摊配费用	
甲种产品生产费用(按成本项目反映)	乙种产品生产费用(按成本项目反映)	丙种产品生产费用(按成本项目反映)	直接计入当月损益	如预付费用、长期待摊费用、应付利息等①	资本性支出、营业外支出等
完工产品成本(全部完工)	在产品成本(全部未完工)	完工产品成本	在产品成本		

三、费用的分类

为了正确计算成本,必须首先划清费用的界限。对于企业的各种开支,应先划清资本性支出与收益性支出的界限。资本性支出是指企业为了取得受益期在1年以上的资产和劳务而发生的支出,如购置固定资产和无形资产的支出。这些支出只能在受益期间,通过折旧或摊销的形式逐步转入费用。如果某一项支出,是为了取得本期收益而发生的,如企业为获取收入而提供商品、产品或劳务而发生的生产费用、为销售产品而发生的销售费用等,应根据收入与费用的配比原则,列入当期的费用或成本。在收益性支出中,为了正确计算

---

① 《企业会计准则》没有设置"待摊费用"账户和"预提费用"账户,如果成本会计核算时增设了"待摊费用"账户和"预提费用"账户,在会计期末结转后应当没有余额。财会[2012]20号关于印发《小企业执行〈小企业会计准则〉有关问题衔接规定》的通知允许小企业根据需要自行增设这两个账户。

产品成本,还应划清制造成本、期间费用与营业外支出的界限,如固定资产盘亏、处理固定资产净损失、非常损失等。这些支出与生产和经营无关,故不能计入制造成本和期间费用。经过以上划分以后,又可以将计入成本与费用的各种支出分为直接费用、间接费用和期间费用。关于费用的划分详见图表7-2所示。

图表7-2

费用分类简图

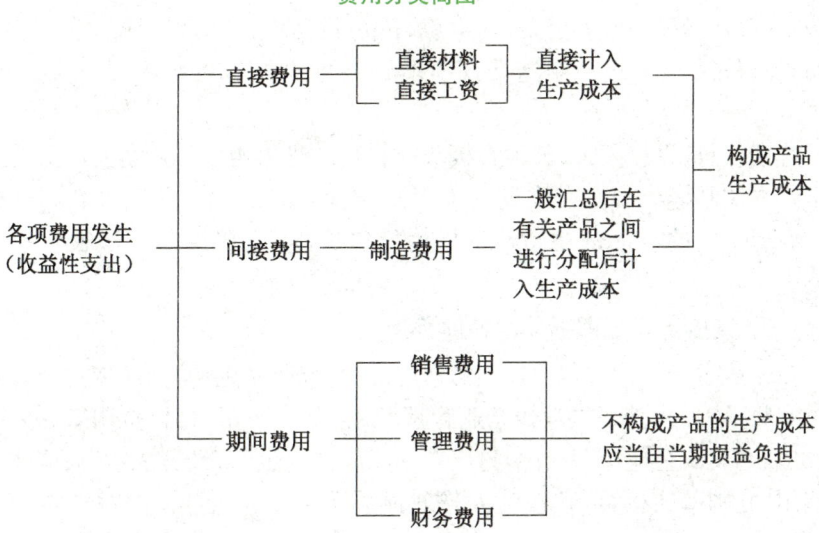

(一) 直接计入生产、经营成本的直接费用

小企业为销售商品、提供劳务等发生的可归属于商品成本、劳务成本的费用,应当在确认主营业务收入或其他业务收入时,将已销售商品、已提供劳务的成本计入主营业务成本或其他业务成本。

在工业企业中,直接计入企业生产、经营成本的费用包括生产中实际消耗的直接材料、直接人工和其他直接费用等。在商品流通企业中,直接计入成本的费用只包括商品进价。其中:

直接材料主要是指直接用于生产产品(提供劳务)所消耗的各种材料,它包括生产过程中实际消耗的原材料、辅助材料、备品配件、外购半成品、燃料、动力、包装物及其他材料。

直接人工主要是指直接用于生产产品(提供劳务)的工资,它包括企业直接从事产品生产(提供劳务)人员的工资、奖金、津贴和补贴。

商品进价主要是指商品进货的原价,即商品流通企业为取得商品而支付给供货单位的商品的全部价款,它包括国内购进商品进价或原价,国外购进商品进价及应分摊的外汇差价和进口环节的各种税金;委托其他单位代理进口商品,支付给代理单位的全部价款;收购农副产品支付的收购价款和税金等。

直接材料、直接人工和其他直接费用构成了工业企业产品生产成本的直接成本；已实现销售收入的商品进价构成了商品流通企业商品的销售成本。

（二）分配计入生产、经营成本的间接费用

分配计入企业生产经营成本的费用主要指制造费用。制造费用是指企业为生产产品和提供劳务而发生的各项间接费用，它包括企业内部的各个生产单位（分厂、车间）为组织和管理生产所发生的生产单位管理人员的工资和福利费、折旧费、修理费、办公费、水电费、机物料消耗、劳动保护费、季节性和修理期间的停工损失等。制造费用应按一定的分配标准分配计入生产经营成本。

直接材料、直接人工、其他直接费用和制造费用构成工业企业产品的制造成本。本期制造成本应在本期完工产品成本及期末在产品成本之间进行分配。实现销售的产品的制造成本即为销售成本，应在当期销售收入中获得补偿。

（三）直接计入当期损益的期间费用

在企业生产经营过程中发生的费用，有的与产品生产、商品取得及劳务提供没有数量上的直接联系，如企业管理费用、财务费用、销售费用等。为了及时、准确地反映企业经营情况，这些费用不应计入生产、经营成本，而应作为期间费用，分别单独核算，直接计入当期损益。直接计入当期损益的费用具体包括：

为了归集和分配上述费用，在会计核算上应设置"生产成本""制造费用""销售费用""财务费用""管理费用""所得税费用"等成本费用类科目。

四、成本核算设置的主要会计科目

（一）生产成本

"生产成本"科目用以核算小企业进行工业性生产发生的各项生产成本，包括生产各种产品（产成品、自制半成品等）、自制材料、自制工具、自制设备等。

小企业对外提供劳务发生的成本，可将"生产成本"科目改为"劳务成本"科目，或单独设置"劳务成本"进行核算。

"生产成本"科目可按基本生产成本和辅助生产成本进行明细核算。

（1）小企业发生的各项直接生产成本，借记"生产成本"科目（基本生产成本、辅助生产成本），贷记"原材料""库存现金""银行存款""应付职工薪酬"等科目。

各生产车间应负担的制造费用，借记"生产成本"科目（基本生产成本、辅助生产成本），贷记"制造费用"科目。

(2) 辅助生产车间为基本生产车间、小企业管理部门和其他部门提供的劳务和产品,可在月度终了按照一定的分配标准分配给各受益对象,借记"生产成本"(基本生产成本)、"销售费用""管理费用""其他业务成本""在建工程"等科目,贷记"生产成本"科目(辅助生产成本)。

(3) 小企业已经生产完成并已验收入库的产成品以及入库的自制半成品,可于月度终了,借记"库存商品"等科目,贷记"生产成本"科目(基本生产成本)。

(4) "生产成本"科目期末借方余额,反映小企业尚未加工完成的在产品成本。

(二) 制造费用

"制造费用"科目用以核算小企业生产车间(部门)为生产产品和提供劳务而发生的各项间接费用。

小企业行政管理部门为组织和管理生产经营活动而发生的管理费用,在"管理费用"科目核算,不在"制造费用"科目核算。

"制造费用"科目可按不同的生产车间、部门和费用项目进行明细核算。

(1) 生产车间发生的机物料消耗和固定资产修理费,借记"制造费用"科目,贷记"原材料""银行存款"等科目。

(2) 发生的生产车间管理人员的工资等职工薪酬,借记"制造费用"科目,贷记"应付职工薪酬"科目。

(3) 生产车间计提的固定资产折旧,借记"制造费用"科目,贷记"累计折旧"科目。

(4) 生产车间支付的办公费、水电费等,借记"制造费用"科目,贷记"银行存款"等科目。

(5) 发生季节性的停工损失,借记"制造费用"科目,贷记"原材料""应付职工薪酬""银行存款"等科目。

(6) 将制造费用分配计入有关的成本核算对象,借记"生产成本——基本生产成本、辅助生产成本"等科目,贷记"制造费用"科目。

(7) 季节性生产小企业制造费用全年实际发生额与分配额的差额,除其中属于为下一年开工生产做准备的可留待下一年分配外,其余部分实际发生额大于分配额的差额,借记"生产成本——基本生产成本"科目,贷记"制造费用"科目;实际发生额小于分配额的差额,作相反的会计分录。

除季节性的生产性小企业外,"制造费用"科目期末应无余额。

当小企业各类费用发生时,应将发生的各项要素费用分别记入各成本费用科目,汇集起来,然后按照直接配比、间接配比和期间配比等不同方式形成的计算结果在有关资产、负债与费用成本等科目中进行结转,具体账务处理程序以及科目之间的勾稽关系详见图表7-3。

图表 7-3

成本费用科目之间的勾稽关系

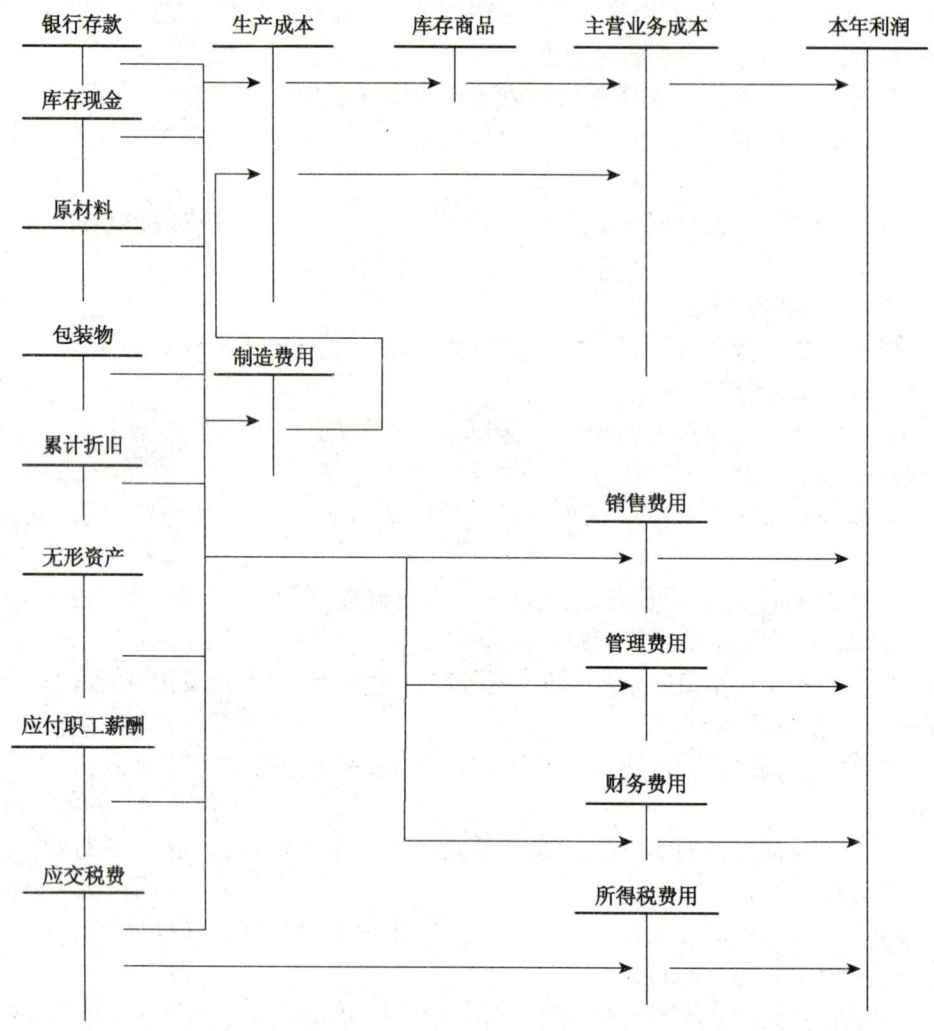

第 2 节 成 本 核 算

一、成本核算目的

成本核算的目的是提供真实可靠的成本信息资料,从而为管理决策服务。为了加强企业产品成本核算工作,保证产品成本信息真实、完整,促进企业和经济社会的可持续发展,根据《中华人民共和国会计法》《企业会计准则》等国家有关规定,财政部于 2013 年 8 月 16 日印发《企业产品成本核算制度(试行)》的通知,自 2014 年 1 月 1 日起在除金融保险业以外的大中型企业范围内施行,鼓励其他企业执行。

企业产品成本核算既是企业的一项重要会计工作,也是企业的一项重要管理活动。制定成本制度是规范和加强企业产品成本核算的一项重要制度安排,对于加强企业内部管理、提高竞争力具有重要意义,也是不断完善企业会计准则体系、推进管理会计体系建设的一项重要任务。

成本核算应当满足以下四个方面的要求。

(1) 为改善决策服务。成本核算应当向管理当局提供许多重要信息,帮助其作出较好的决策。例如,产品定价、自制和外购的选择、项目评价等。

(2) 有利于计划、控制和业绩评价。在预算编制过程中,可靠的成本信息是预算质量的保证。通过预算成本和实际成本的比较,分析差异,才能达到控制目的。

(3) 用于衡量资产和收益。编制财务报表要使用存货成本和已销产品成本信息,这些成本信息是股东、债权人和税务当局所需要的,所以,成本核算必须按照会计准则的要求来报告。

(4) 可以确定应补偿的金额。有些销售价格以成本为定价基础,为了确定价格需要计算产品成本,如有的产品订货合同经常使用成本加成法来定价;有些咨询费可以按成本节约额的一定比率收取;有些公用事业收费以成本增加为提价依据的,如此等等。

不同的目的,需要不同的成本信息。一个特定的成本计算系统,应尽可能同时满足多方面的需要。如果不能同时满足多种需要,就需要在管理会计系统中提供补充的成本信息。

产品成本是企业生产耗费的综合表现,是产品价格的基本部分,在产品价格不变的条件下,产品成本的高低决定着产品的利润水平。因此,通过增收节支、挖潜增盈,达到不断降低产品成本、提高经济效益的目的,就成了小企业会计核算的重要任务。

二、成本核算应当划清的费用界限

(一) 正确划分应计入产品成本和不应计入产品成本的费用界限

小企业的经营活动是多方面的,因而企业耗费和支出的用途也是多方面的,并非所有耗费和支出都可以计入成本的,按规定只有对象化了的费用可以计入产品成本。

(1) 非生产经营活动的耗费不能计入产品成本。小企业应当明确成本开支范围,规定哪些费用可以列入生产经营成本,哪些费用不能列入生产经营成本。只有生产经营活动的成本才可能计入产品成本,而筹资活动和投资活动不属于生产经营活动,它们的耗费不能计入产品成本,应计入筹资成本和投资成本。有人会误以为凡是耗费都可以计入产品成本,这种认识是错的。

下列与生产经营活动无关的耗费不能计入产品成本:对外投资的支出、耗费和损失;对内长期资产投资的支出、耗费和损失,包括有价证券的销售损失、固定资产出售损失和报废损失等;捐赠支出;各种筹资费用,包括应计利息、贴现费用、证券发行费用等。

(2) 营业外支出不能计入产品成本。小企业生产经营活动的成本分成正常的成本和非正常的成本,只有正常的生产经营活动成本才可能计入产品成本,非正常的经营活动成本不计入产品成本而应计入营业外支出。非正常的经营活动成本包括灾害损失、盗窃损失等非常损失;滞纳金、违约金、罚款、损害赔偿等赔偿支出等。

(3) 期间费用不能计入产品成本。正常的生产经营活动费用还可以被分为产品成本和期间成本。正常的为制造产品发生的料、工、费属于生产成本,可以计入产品成本;而销售费用、管理费用、财务费用列为期间费用,由当前损益负担。

(二) 正确划分各会计期成本的费用界限

应计入生产经营成本的费用,还应在各月之间进行划分,以便分月计算产品成本。应由本月产品负担的费用,应全部计入本月产品成本;不应由本月负担的生产经营费用,则不应计入本月的产品成本。

为了正确划分会计期的费用界限,要求企业不能提前结账,将本月费用作为次月费用处理;也不能延后结账,将次月费用作为本月费用处理。

(三) 正确划分不同成本对象的费用界限

对于应计入本月产品成本的费用还应在各种产品之间进行划分:凡是能分清应由某种产品负担的直接成本,应直接计入该产品成本;各种产品共同发生、不易分清应由哪种产品负担的间接费用,则应采用合理的方法分配计入有关产品的成本,并保持一贯性。

制造成本(生产成本)是指产品在制造过程中所发生的各项成本。为了具体地反映计入产品生产成本的生产费用的各种用途,还应进一步将其划分为若干个项目,即产品生产成本项目,简称产品成本项目或成本项目。如制造企业一般设置直接材料、燃料和动力、直接人工和制造费用等成本项目。[①]

(1) 直接材料,是指构成产品实体的原材料以及有助于产品形成的主要材料和辅助材料。

(2) 燃料和动力,是指直接用于产品生产的燃料和动力。

(3) 直接人工,是指直接从事产品生产的工人的职工薪酬。

(4) 制造费用,是指企业为生产产品和提供劳务而发生的各项间接费用,包括企业生产部门(如生产车间)发生的水电费、固定资产折旧、无形资产摊销、管理人员的职工薪酬、劳动保护费、国家规定的有关环保费用、季节性和修理期间的停工损失等。

成本分配方法有直接追溯法、动因追溯法和分摊法之分。直接追溯法依

[①] 燃料和动力发生额较少的企业,其成本项目为直接材料、直接人工和制造费用。

赖于可实际观察的因果关系,因而其结果最准确;动因追溯法是依赖于成本动因将成本分配至各个成本对象,其准确性次之;分摊法具有操作简单性和低成本等优点,但是准确程度不高。

某项费用发生后,其用途往往不止一个,生产的产品不止一种,成本计算的对象也不止一个,这样,该项费用发生后,往往不能直接地、全部地记入反映某一个对象的明细科目,而需要把这项费用在几个对象之间进行分配。

费用的分配原则是"谁耗费,谁负担"或者"谁受益,谁负担"。例如,材料费用一般可以按产品的重量、体积或定额消耗量进行分配,人工费用可以按工时进行分配等等。费用要素的分配就是将各种费用要素的发生额合理分配给各个成本计算对象。在选择适当的分配方法时,既要考虑分配标准与分配费用的关联度,又要考虑分配标准资料取得途径的难易程度,这样才能保证分配结果的合理性和计算的简便性。常用的分配标准有:

一是成果类:如产品的重量、体积、产量、产值。

二是消耗类:如生产工时、生产工人工资、机器工时、原材料消耗量等。

三是定额类:如原材料定额消耗量、定额费用等。

四是成本动因类:如批次、机器台时、检验时间等。成本动因是指引起成本发生的原因,是采用作业成本法的前提。

间接费用分配公式如下:

$$费用分配率 = 待分配费用总额 \div 分配标准总额$$
$$某分配对象应分配的费用 = 该对象分配标准额 \times 费用分配率$$

选择分配标准存在一定的主观性,所以应该选择比较客观、科学的标准来对费用进行分配,以比较真实地反映一定对象所实际发生的消耗情况。某一种标准一旦被选定,不要轻易变更,否则就违反了一致性原则,因为分配标准的不同,也会人为地造成计算出来的成本不一样。

(四) 正确划分完工产品和在产品成本的界限

月末计算产品成本时,如果某产品已经全部完工,则计入该产品的全部生产成本之和,就是该产品的"完工产品成本";如果这种产品全部尚未完工,则计入该产品的生产成本之和,就是该产品的"月末在产品成本";如果某种产品既有完工产品又有在产品,已计入该产品的生产成本还应在完工产品和在产品之间分配,以便分别确定完工产品成本和在产品成本。

不论是完工产品还是月末在产品,其成本分配都必须按成本项目进行,也就是说,各项目的成本都应分别在完工产品与月末在产品之间进行划分。但在某些情况下,如果产品中的直接材料成本项目在全部成本中所占的比重很大,且月末在产品数量较少,则可以根据重要性原则,仅仅将全部成本项目中的直接材料成本在完工产品与在产品之间进行划分,而其他成本项目(如直接人工、制造费用)则全部由完工产品成本承担,这样可简化成本核算工作。产品成本计算与分配原理如图表7-4所示。

图表 7-4

产品成本核算程序示意图

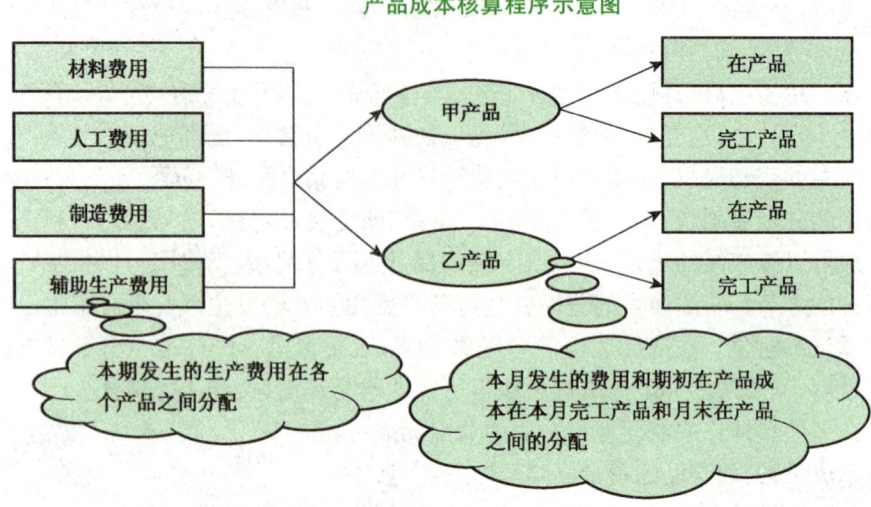

三、生产成本汇集与分配的一般程序

费用核算的中心环节是生产成本。生产成本是生产车间生产产品所发生的各项费用,其成本核算是否真实、准确,直接关系到企业损益情况是否真实和准确,其核算过程涉及生产成本的汇集与分配,其一般程序可归纳如下所述。

(一) 直接材料费用的汇集与分配

根据存货核算提供的"发出材料汇总表"的记录与计算,凡直接用于基本生产车间产品生产的材料费用(包括各种原料及主要材料、辅助材料、燃料、包装物、低值易耗品、外购半成品、自制半成品等),应直接记入"生产成本——基本生产成本"科目及计入各成本计算对象的成本计算单,列入"直接材料"成本项目;凡为几种产品共同耗用的,应按一定标准(如产品的重量、体积、面积)或定额比例等在各种产品之间分配计入。

【例 7-1】 某企业某生产车间共同领用一种原材料 40 000 元,生产 A、B 两种产品,A 产品 20 件,B 产品 30 件;产品材料消耗定额 A 产品 3 千克,B 产品 4 千克。要求:按定额成本法分配原材料费用。

$$材料消耗量分配率 = \frac{材料实际消耗总额}{各种产品材料定额之和} = \frac{40\ 000}{20 \times 3 + 30 \times 4} = 222.22(元/千克)$$

A 产品材料费用 = 60 × 222.22 = 13 333.33(元)
B 产品材料费用 = 120 × 222.22 = 26 666.67(元)

(二) 直接人工费用的汇集与分配

计件工资和计时工资中的直接人工(指为生产某种产品而发生的生产人员的工资),应直接记入"生产成本——基本生产成本"科目及计入各成本计算对象的成本计算单,列入"直接人工"成本项目;对于几种产品共同发生的生产人员的计时工资费用,应按各产品生产工人的工资比例或生产工人的工时比例分配计入各产品成本计算单。

【例 7-2】 某公司生产 A、B 两种产品。A 产品生产工人计件工资 50 000 元,B 产品生产工人计件工资 35 000 元。A、B 产品计时工资为 100 000 元,A、B 两种产品工时分别为 10 000 小时和 15 000 小时。要求:按生产工时比例分配工资费用。

$$计时工资分配率 = \frac{100\ 000}{10\ 000+15\ 000} = 4(元/小时)$$

A 产品分配的计时工资 = 10 000×4 = 40 000(元)
B 产品分配的计时工资 = 15 000×4 = 60 000(元)
A 产品应负担的工资 = 50 000+40 000 = 90 000(元)
B 产品应负担的工资 = 35 000+60 000 = 95 000(元)

(三) 辅助生产车间费用的汇集与分配

企业的辅助生产车间(如供水、供电、供汽、机修、运输等)是为基本生产车间、企业管理部门和其他部门提供劳务和产品服务的。平时发生的直接材料、直接人工以及分配转入的制造费用,应先记入"生产成本——辅助生产成本"科目;月末,应按照一定的分配标准和方法(如直接分配法、顺序分配法、一次交互分配法、代数分配法等),分配给受益对象,借记"生产成本——基本生产成本"等科目,贷记"生产成本——辅助生产成本"科目。

(四) 制造费用的汇集与分配

小企业为生产产品和提供劳务而发生的各项间接费用,平时应当汇集在"制造费用"科目中,到了月末,应当按照小企业成本核算办法的规定,分配计入有关的成本核算对象,借记"生产成本"(基本生产成本、辅助生产成本)科目,贷记"制造费用"科目。

制造费用可以按生产工人工资、按生产工人工时、按机器工时比例分配,也可以按耗用原材料的数量或成本、按直接成本、按产品产量等方式分配。具体采用哪种分配方法,由小企业自行决定。制造费用的分配方法一经确定,不得随意变更;如需变更,应当在财务报表附注中予以说明。

【例 7-3】 某企业本月发生制造费用总额为 100 000 元,共生产 A、B、C 三种产品。产量与工时资料如图表 7-5 所示。

图表 7-5

产量与工时资料

项目	A 产品	B 产品	C 产品
产品产量	200 件	350 件	500 件
生产工时	3 工时	5 工时	2 工时

要求:按生产工时比例分配各种产品应负担的制造费用。

$$制造费用分配率 = \frac{100\ 000}{600+1\ 750+1\ 000} = 29.85(元/小时)$$

A 产品分配制造费用 = 600×29.85 = 17 910(元)
B 产品分配制造费用 = 1 750×29.85 = 52 238(元)
C 产品分配制造费用 = 100 000−17 910−52 238 = 29 852(元)

（五）生产成本的汇集与分配

通过上述各项费用的汇集与分配，本期应计入生产成本的费用均已记入了"生产成本"科目，并已分配汇集到各种产品成本计算单（基本生产明细账）上。产品成本计算单详见图表7-6。

图表7-6

产品成本计算单
（基本生产明细账）
××年×月份

车间：一车间　　　　　　　　　　　　　　　　产成品数量：3 500 件
产品名称：乙产品　　　　　　　　　　　　　　在产品数量：800 件
　　　　　　　　　　　　　　　　　　　　　　完工程度：75%
　　　　　　　　　　　　　　　　　　　　　　计量单位：元

××××年		凭证号数	摘要	成本项目				
×月	×日			直接材料	直接人工	燃料和动力	制造费用	合计
（略）	（略）	（略）	期初在产品成本	17 054.00	332.76	1 188.00	426.00	19 000.76
			分配耗用材料	64 946.00				64 946.00
			分配人工费用		2 127.24			2 127.24
			分配外购动力费用			2 799.00		2 799.00
			分配辅助生产费用			933.00		933.00
			分配制造费用				16 794.00	16 794.00
			生产费用合计	82 000.00	2 460.00	4 920.00	17 220.00	106 600.00
			本期完工产品单位成本	20.00	0.60	1.20	4.20	26.00
			本期完工产品总成本	70 000.00	2 100.00	4 200.00	14 700.00	91 000.00
			期末在产品成本	12 000.00	360.00	720.00	2 520.00	15 600.00

根据基本生产明细账的记录，将本期费用与期初在产品成本相加，得到各产品的费用合计数，减去各产品的期末在产品成本后，其差额为产成品成本（完工产品成本）。即：

本期完工产品成本＝期初在产品成本＋本期生产费用－期末在产品成本

到了月末，企业生产的产品可以有以下三种情况出现。

一是产品已全部完工，产品成本明细账中归集的生产费用（如果有月初在产品，还包括月初在产品费用）之和，就是该完工产品的成本。

二是如果当月全部产品都没有完工，产品成本明细账中归集的生产费用之和，就是该种在产品的成本。

三是如果既有完工产品又有在产品，产品成本明细账中归集的生产费用之和，应在完工产品和月末在产品之间采用适当的分配方法，进行生产费用的归集和分配，以计算完工产品和月末在产品的成本，具体可分以下三种情况：

（1）先确定月末在产品成本，然后确定完工产品成本。这种方法是指先采用一定的方法对月末在产品进行计价,然后将汇总的基本生产总成本减去月末在产品成本,就可以计算出完工产品总成本。其具体方法有:在产品按年初数计价法、在产品按定额成本计价法和在产品不计价法等。

(2) 先确定完工产品成本,然后确定月末在产品成本。这种方法是先用历史成本、计划成本或定额成本对完工产品进行计算,然后根据生产费用总额减去完工产品成本,倒算出月末产品成本。

(3) 同时确定完工产品成本与月末在产品成本。该方法是按照一定比例在完工产品和月末在产品之间进行分配,同时求得完工产品成本和月末在产品成本。具体方法有约当产量法、定额比例法等。

小企业常用的完工产品成本及未完工产品成本计算法如下:

(1) 约当产量法。约当产量即月末在产品的实际数量按其完工程度折算为相当于完工产品的数量。

(2) 定额耗用量比例法。即将各种产品成本按完工产品定额耗用量和在产品定额耗用量的比例分别成本项目计算划分完工产品和在产品成本的方法。

(3) 在产品定额成本扣除法。定额成本是根据消耗定额资料对各加工步骤的在产品和完工产品确定的单位定额成本。

(六) 成本计算方法的恰当选用

小企业应当根据生产特点,选择适合于本企业的成本核算对象、成本项目和成本计算方法。

(1) 品种法。按产品品种组织成本计算,适用于大量大批单步骤生产。

(2) 分批法。按批别产品组织成本计算,适用于单件小批生产的企业及企业新产品试制、大型设备修造等。

(3) 分步法。按产品在加工过程中的步骤组织成本计算,适用于大量大批连续式多步骤生产企业。分步法又分为逐步结转分步法和平行结转分步法。逐步结转分步法是指按照产品生产加工的先后顺序,逐步结转产品生产成本,直至最后一个步骤算出产成品成本。平行结转分步法是指按照各步骤归集所发生的成本费用,最后从各步骤一起将应计入产成品成本的份额结转出来,再汇总计算产成品成本。

(4) 分类法。按照类别产品汇集生产费用,计算出各类产品的总成本,然后将总成本按一定标准在该类产品的各种产品间进行分配,计算出各种产品成本。另类法适用于产品品种、规格繁多,并且可以按一定标准将产品划分为若干类别的制造企业。

在实际工作中,由于情况错综复杂,各个企业实际采用的成本计算方法往往不只是某一种方法。例如,一个企业的各个车间,一个车间的各种产品,它们的生产特点和管理要求并不相同,这就要求在一个企业或车间中同时采用几种不同的方法。即使是一种产品,由于它们的各个生产步骤、各种半成品或者各个成本项目,以及它们的生产特点或管理要求也可能有所不同,因而在计算一种产品成本时,也可能将几种方法结合起来应用。

知识拓展

企业内部管理有相关要求的,还可以按照现代企业多维度、多层次的管理需要,确定多元化的产品成本核算对象。

多维度,是指以产品的最小生产步骤或作业为基础,按照企业有关部门的生产流程及其相应的成本管理要求,利用现代信息技术,组合出产品维度、工序维度、车间班组维度、生产设备维度、客户订单维度、变动成本维度和固定成本维度等不同的成本核算对象。

多层次,是指根据企业成本管理需要,划分为企业管理部门、工厂、车间和班组等成本管控层次。

由于不同的目的需要不同的成本信息,所以一个特定的成本计算系统,应尽可能同时满足多方面的需要。采用多元化、多维度、多层次核算成本,可以满足不断发展的管理需要。

小企业计算出完工产品成本后,应按产成品入库单等凭证,结转产成品成本,借记"库存商品"科目,贷记"生产成本——基本生产成本"科目。月末,根据已销产品数量计算已销产品成本后,应借记"主营业务成本"科目,贷记"库存商品"科目。上述关于生产成本核算的基本程序,见图表7-7。

图表7-7

生产成本核算的基本程序

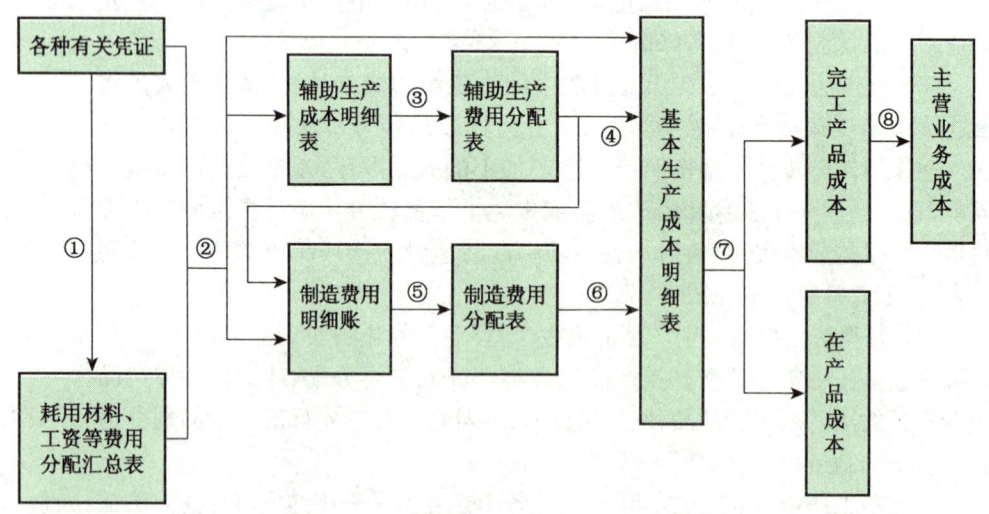

说明:
① 根据有关凭证编制耗用材料等费用分配汇总表。
② 根据耗用材料等费用分配汇总表和有关生产费用明细账。
③、④ 根据辅助生产成本明细账编制辅助生产费用分配表,然后据以登记基本生产成本明细账和有关的生产费用明细账。
⑤、⑥ 根据制造费用明细账编制制造费用分配表,然后据以登记基本生产成本明细账。
⑦ 按完工程度计算完工产品成本和在产品成本。
⑧ 计算已销产品的数量和已销产品成本。

四、主营业务成本核算

👉 主营业务成本是指小企业销售商品、提供劳务等经常性活动所发生的成本。小企业应当设置"主营业务成本"科目,用以核算小企业确认销售商品、提供劳务或让渡资产使用权等日常活动而发生的实际成本。"主营业务成本"科目可按主营业务的种类进行明细核算。

(1) 期(月)末,小企业可根据本期(月)销售各种商品(或提供各种劳务)等实际成本,计算应结转的主营业务成本,借记"主营业务成本"科目,贷记"库存商品""生产成本"等科目。

(2) 本期(月)发生的销售退回,可以直接从本月的销售数量中减去,得出本月销售的净数量,然后计算应结转的销售成本,也可以单独计算本月销售退回成本,借记"库存商品"等科目,贷记"主营业务成本"科目。

(3) 期(月)末,可将"主营业务成本"科目的余额转入"本年利润"科目,结转后"主营业务成本"科目无余额。

小企业可以根据具体情况,采用先进先出法、加权平均法、移动加权平均法、个别计价法等方法,确定销售商品等的实际成本。确定销售商品的方法一经确定,不得随意变更。如需变更,应当在财务报表附注中予以说明。

小企业采用售价核算库存商品的,平时的销售成本按售价结转,月度终了,计算并结转本月销售商品应分摊的进销差价,将已销商品的售价调整为进价。

【例7-4】 东海实业有限公司月末根据有关产品销售凭证和资料,计算本月已销产品制造成本为18 075元,其中,A产品净销售457件,单位生产成本为24.781 18元;B产品销售450件,单位生产成本为15元。应进行账务处理如下:

借:主营业务成本——A产品　　　　　　　　　　　　11 325
　　主营业务成本——B产品　　　　　　　　　　　　 6 750
　贷:库存商品——A产品　　　　　　　　　　　　　　11 325
　　　库存商品——B产品　　　　　　　　　　　　　　 6 750

承[例6-5]在分期收款发出商品每期实现销售时,可按其产品全部销售成本与全部销售收入的比率,计算出本期应结转的销售成本,借记"主营业务成本"科目,贷记"库存商品"科目。

$$\text{本期收入应结转销售成本} = \text{本期销售收入} \times \text{销售成本率}$$
$$= 6\,000 \times \frac{9\,000}{18\,000} = 3\,000(元)$$

应进行账务处理如下:

借:主营业务成本——B产品　　　　　　　　　　　　 3 000
　贷:库存商品　　　　　　　　　　　　　　　　　　　 3 000

【例7-5】 东海实业有限公司本月份"主营业务成本"科目核算的 A、B 主营业务成本合计为 21 075 元,其中:A 产品 11 325 元,B 产品 9 750 元。月终,全部转入"本年利润"科目,应进行账务处理如下:

借:本年利润　　　　　　　　　　　　　　　　　　　　21 075
　　贷:主营业务成本——A 产品　　　　　　　　　　　　　11 325
　　　　主营业务成本——B 产品　　　　　　　　　　　　　 9 750

五、其他业务成本核算

☞ 其他业务成本是指小企业确认的除主营业务活动以外的其他经营活动发生的支出。小企业应当设置"其他业务成本"科目用以核算小企业确认的除主营业务活动以外的其他经营活动所发生的支出,包括销售材料的成本、出租固定资产的折旧额、出租无形资产的摊销额、出租包装物的成本或摊销额、发生的相关税费等。"其他业务成本"科目可按其他业务成本的种类进行明细核算。

小企业发生的其他业务成本,借记"其他业务成本"科目,贷记"原材料""包装物""累计折旧""无形资产""应交税费""银行存款"等科目。

期(月)末,可将"其他业务成本"科目余额转入"本年利润"科目,结转后本科目无余额。

【例7-6】 东海实业有限公司本月销售材料一批,实际成本为 250 元,按其实际成本予以结转。应进行账务处理如下:

借:其他业务成本——材料销售　　　　　　　　　　　　　 250
　　贷:原材料　　　　　　　　　　　　　　　　　　　　　 250

【例7-7】 东海实业有限公司结转出租包装物的成本为 400 元。应进行账务处理如下:

借:其他业务成本——包装物出租　　　　　　　　　　　　 400
　　贷:包装物　　　　　　　　　　　　　　　　　　　　　 400

【例7-8】 期末,东海实业有限公司将"其他业务成本"科目借方余额 650 元转入"本年利润"科目。应进行账务处理如下:

借:本年利润　　　　　　　　　　　　　　　　　　　　　 650
　　贷:其他业务成本　　　　　　　　　　　　　　　　　　 650

第 3 节　期间费用核算

期间费用是指小企业日常活动发生的不能计入特定核算对象的成本,而应计入发生当期损益的费用。期间费用是小企业日常活动中发生的经济利益的流出,具体包括销售费用、财务费用和管理费用。

一、销售费用的核算

☞ 销售费用是指小企业销售商品和材料、提供劳务过程中发生的各种费用。小企业应当设置"销售费用"科目,用以核算小企业销售商品和材料(或提供劳务)的过程中发生的各种费用,通常包括保险费、包装费、展览费和广告费、商品维修费、装卸费等。"销售费用"科目可按费用项目进行明细核算。

(1)小企业在销售商品过程中发生费用时,借记"销售费用"科目,贷记"库存现金""银行存款"等科目。

(2)期(月)末,可将"销售费用"科目余额转入"本年利润"科目,结转后本科目无余额。

【例7-9】 东海实业有限公司以银行存款支付A产品销售时的外包装费用100元。应进行账务处理如下:

借:销售费用　　　　　　　　　　　　　　　　　　　　100
　　贷:银行存款　　　　　　　　　　　　　　　　　　　　100

【例7-10】 东海实业有限公司以银行存款支付B产品的广告宣传费300元,应进行账务处理如下:

借:销售费用　　　　　　　　　　　　　　　　　　　　300
　　贷:银行存款　　　　　　　　　　　　　　　　　　　　300

【例7-11】 东海实业有限公司根据工资结算汇总表,结转本月销售机构的职工工资200元。应进行账务处理如下:

借:销售费用　　　　　　　　　　　　　　　　　　　　200
　　贷:应付职工薪酬　　　　　　　　　　　　　　　　　　200

【例7-12】 月终,东海实业有限公司将"销售费用"科目的借方余额600元全部转入"本年利润"科目。应进行账务处理如下:

借:本年利润　　　　　　　　　　　　　　　　　　　　600
　　贷:销售费用　　　　　　　　　　　　　　　　　　　　600

二、财务费用的核算

☞ 财务费用是指小企业为筹集生产经营所需资金等而发生的筹资费用。小企业应当设置"财务费用"科目用以核算小企业为筹集生产经营所需资金发生的筹资费用,包括利息支出(减利息收入)、汇兑损失、银行相关的手续费等。"财务费用"科目可按费用项目进行明细核算。

小企业为购建固定资产在竣工决算前发生的借款费用,应当计入固定资产的成本,而不计入财务费用。

(1)小企业发生的财务费用,借记"财务费用"科目,贷记"银行存款""应付利息"等科目。

(2)发生的应冲减财务费用的利息收入等,借记"银行存款"等科目,贷记"财务费用"科目。

(3)期(月)末,可将"财务费用"科目余额转入"本年利润"科目,结转后本科目应无余额。

【例7-13】 东海实业有限公司本月应预提银行借款利息1 183元。应进行账务处理如下:

借:财务费用——利息支出　　　　　　　　　　　　　　1 183
　　贷:应付利息　　　　　　　　　　　　　　　　　　1 183

【例7-14】 东海实业有限公司本月收到银行存款利息结息通知单,利息收入200元已收妥入账。应进行账务处理如下:

借:银行存款　　　　　　　　　　　　　　　　　　　　200
　　贷:财务费用——利息收入　　　　　　　　　　　　　200

【例7-15】 月末,东海实业有限公司将本月发生的财务费用983元(1 183-200)转入"本年利润"科目。应进行账务处理如下:

借:本年利润　　　　　　　　　　　　　　　　　　　　983
　　贷:财务费用　　　　　　　　　　　　　　　　　　983

三、管理费用的核算

管理费用明细科目的大乾坤

管理费用是指小企业为组织和管理企业生产经营发生的各种费用。小企业应当设置"管理费用"科目用以核算小企业发生的除主营业务成本、税金及附加、其他业务成本、销售费用、财务费用、营业外支出外的其他费用,包括小企业在筹建期间内发生的开办费、行政管理部门在经营管理中发生的费用(包括行政管理部门职工薪酬、物料消耗、固定资产折旧、修理费、办公费和差旅费等)、聘请中介机构费、咨询费(含顾问费)、诉讼费、业务招待费等。"管理费用"科目可按费用项目进行明细核算。

小企业(商品流通)管理费用不多的,可不设置本科目。"管理费用"科目的核算内容可并入"销售费用"科目核算。

(1)小企业在筹建期间内发生的开办费,包括人员薪酬、办公费、培训费、差旅费、印刷费、注册登记费以及不计入固定资产成本的借款费用等在实际发生时,借记"管理费用"科目(开办费),贷记"银行存款"等科目。

(2)行政管理部门人员的职工薪酬,借记"管理费用"科目,贷记"应付职工薪酬"科目。

(3)行政管理部门计提的固定资产折旧和发生的修理费,借记"管理费用"科目,贷记"累计折旧""银行存款"等科目。

（4）发生的办公费、水电费、业务招待费、聘请中介机构费、咨询费、诉讼费、技术转让费、排污费等,借记"管理费用"科目,贷记"银行存款"等科目。

（5）期（月）末,可将"管理费用"科目的余额转入"本年利润"科目,结转后本科目无余额。

【例7-16】 东海实业有限公司本月以现金报销采购员差旅费计122元。应进行账务处理如下：

借：管理费用——差旅费　　　　　　　　　　　　122
　　贷：库存现金　　　　　　　　　　　　　　　　122

【例7-17】 东海实业有限公司本月以银行存款支付办公费320元。应进行账务处理如下：

借：管理费用——办公费　　　　　　　　　　　　320
　　贷：银行存款　　　　　　　　　　　　　　　　320

【例7-18】 东海实业有限公司本月以支票支付工商年检费700元。应进行账务处理如下：

借：管理费用——其他　　　　　　　　　　　　　700
　　贷：银行存款　　　　　　　　　　　　　　　　700

【例7-19】 月末,东海实业有限公司将"管理费用"科目的借方余额1 142元,结转至"本年利润"科目。应进行账务处理如下：

借：本年利润　　　　　　　　　　　　　　　　1 142
　　贷：管理费用　　　　　　　　　　　　　　　1 142

知识归纳

1. 收益性支出指受益期不超过1年或一个营业周期的支出,即发生该项支出是仅仅为了取得本期收益;资本性支出是指受益期超过一年或一个营业周期的支出,即发生该项支出不仅是为了取得本期收益,而且也是为了取得以后各期收益。

2. 按照权责发生制,凡是本期已经发生或应当负担的费用,不论其款项是否已经收付,都应作为当期费用处理;凡是不属于当期的费用,即使款项已经在当期收付,都不应作为当期费用。

3. 月末计算产品成本时,如果某产品已经全部完工,则计入该产品的全部生产成本之和,就是该产品的"完工产品成本";如果这种产品全部尚未完工,则计入该产品的生产成本之和，就是该产品的"月末在产品成本"。如果某种产品既有完工产品又有在产品，已计入该产品的生产成本还应在完工产品和在产品之间分配，以便分别确定完工产品成本和在产品成本。

4. 小企业可以根据具体情况，采用先进先出法、加权平均法、移动加权平均法、个别计价法等方法，确定销售商品等的实际成本。确定销售商品的方法一经确定，不得随意变更。如需变更，应当在财务报表附注中予以说明。

一、单项选择题

1. 下列项目中，符合小企业费用定义的是（　　）。
   A. 用银行存款偿还应付账款
   B. 向所有者分配利润
   C. 生产耗用材料
   D. 处置固定资产发生的损失

2. 小企业在一定期间发生的不能直接归属于某个特定产品的生产成本的费用，归属于期间费用，在发生时直接计入当期损益。期间费用不包括（　　）。
   A. 销售费用　　　　　　　　B. 制造费用
   C. 管理费用　　　　　　　　D. 财务费用

3. 某小企业只生产一种产品。2019年2月1日，期初在产品成本3.5万元；2月份发生如下费用：生产领用材料6万元，生产工人工资2万元，制造费用1万元，管理费用1.5万元，广告费用0.8万元；月末在产品成本3万元。该小企业2月份完工产品的生产成本为（　　）万元。
   A. 8.3　　　　　　　　　　B. 9
   C. 9.5　　　　　　　　　　D. 11.8

4. 小企业生产车间发生的制造费用分配后一般应转入（　　）科目。
   A. "库存商品"　　　　　　　B. "本年利润"
   C. "生产成本"　　　　　　　D. "主营业务成本"

5. 下列项目中，不属于工业小企业成本计算方法的是（　　）。
   A. 品种法　　　　　　　　　B. 分批法
   C. 分步法　　　　　　　　　D. 毛利率法

6. 产品单步骤、大批量生产的小企业，应采用的成本计算方法是（　　）。
   A. 品种法　　　　　　　　　B. 分步法
   C. 分批法　　　　　　　　　D. 分类法

7. 工业小企业结转销售原材料实际成本，应记入（　　）科目。
   A. "主营业务成本"　　　　　B. "销售费用"
   C. "其他业务成本"　　　　　D. "营业外支出"

8. 某小企业"生产成本"科目的期初余额为10万元,本期为生产产品发生直接材料费用80万元,直接人工费用15万元,制造费用20万元,企业行政管理费用10万元,本期结转完工产品成本为100万元。假定该企业只生产一种产品,"生产成本"科目的期末余额为( )万元。

   A. 5　　　　　　　　　　　　B. 15
   C. 25　　　　　　　　　　　　D. 35

9. 下列项目中,不属于销售费用的是( )。

   A. 小企业在购买商品过程中发生的运输途中合理损耗
   B. 小企业在实务中发生的销售佣金
   C. 小企业销售部门的差旅费
   D. 小企业销售部门的业务招待费

10. 下列项目中,不属于"财务费用"科目核算内容的是( )。

    A. 小企业经过1年期以上的制造才能达到预定可销售状态的存货发生的借款费用
    B. 汇兑损失
    C. 银行相关手续费
    D. 小企业给予的现金折扣

11. 下列各项中,不属于小企业期间费用的是( )。

    A. 处置固定资产发生的净损失　　B. 支付的业务宣传费
    C. 发生的外币汇兑损失　　　　　D. 销售商品发生的运费

12. 下列各项中,不应计入财务费用的是( )。

    A. 支付的发行股票的手续费　　　B. 支付的银行结算手续费
    C. 支付的银行承兑汇票手续费　　D. 确认的短期借款利息费用

二、多项选择题

1. 下列项目中,应确认为费用的有( )。

   A. 因违约支付罚款　　　　　　　B. 因借款支付银行借款利息
   C. 对外捐赠　　　　　　　　　　D. 支付水电费

2. 《小企业会计准则》按照费用的功能对小企业的费用进行了分类,具体分为( )等。

   A. 生产成本　　　　　　　　　　B. 营业成本
   C. 税金及附加　　　　　　　　　D. 期间费用

3. 小企业的费用应当在发生时计入当期损益。这里所讲的发生包括( )。

   A. 实际支付相关费用
   B. 虽然没有实际支付,但是小企业应当承担相应义务
   C. 虽然没有实际支付,但是小企业为与收入相配比,结转已销售的商品成本或已提供劳务的成本
   D. 小企业准备将来购买材料,支付相关费用

4. 对于工业小企业而言,一般应设置( )等成本项目。

A. 直接材料 B. 直接人工
C. 制造费用 D. 期间费用

5. 下列项目中,属于生产费用在本月完工产品和月末在产品之间分配方法的有(　　)。
   A. 不计算在产品成本 B. 在产成品按其所耗用费用计算
   C. 约当产量比例法 D. 在产品按定额成本计算

6. 下列各项目中,不应计入产品成本的有(　　)。
   A. 技术转让费 B. 行政管理部门设备折旧费
   C. 行政管理人员工资 D. 生产车间管理人员的工资

7. 制造费用的分配方法有(　　)。
   A. 按生产工人工时分配 B. 按机器工时分配
   C. 按生产工人工资分配 D. 按产成品产量分配

8. 下列项目中,在"税金及附加"科目核算的有(　　)。
   A. 资源税 B. 房产税
   C. 印花税 D. 矿产资源补偿费

9. 下列项目中,属于管理费用的有(　　)。
   A. 小企业在筹建期间内发生的开办费
   B. 业务招待费
   C. 相关长期待摊费用摊销
   D. 聘请中介机构费

10. 下列项目中,在"财务费用"科目核算的有(　　)。
    A. 利息费用 B. 利息收入
    C. 汇兑损失 D. 小企业享受的现金折扣

11. 下列各项中应作为企业期间费用核算的有(　　)。
    A. 债务重组损失 B. 产品质量保证损失
    C. 汇兑损失 D. 非货币性资产交换损失

12. 下列各项中,应通过"销售费用"科目核算的有(　　)。
    A. 商品维修费 B. 销售部门固定资产维修费
    C. 支付的代销手续费 D. 发生的宣传费

三、判断题

1. 小企业的费用应当在支付时按照实际支付额计入当期损益。(　　)
2. 实际工作中,生产费用与产品成本是同义语。(　　)
3. 管理费用和制造费用都是本期发生的费用,期末均应直接计入当期损益。(　　)
4. 小企业销售商品收入和提供劳务收入已予确认的,应当将已销售商品和已提供劳务的成本作为营业成本结转至当期损益。(　　)
5. 小企业向税务机关交纳的税收滞纳金及罚款应在"税金及附加"科目核算。(　　)
6. 小企业出售不动产应向税务机关交纳的增值税应在"固定资产清理"科目核算。
(　　)

7. 小企业（批发业、零售业）在购买商品过程中发生的费用（包括：运输费、装卸费、包装费、保险费、运输途中的合理损耗和入库前的挑选整理费等），应计入所购入商品的成本。（ ）

8. 小企业发生的超过企业所得税税前扣除标准的业务招待费，应计入管理费用，但在进行企业所得税汇算时，应调整增加应纳税所得额。（ ）

9. 小企业发生的汇兑收益，应贷记"财务费用"科目。（ ）

10. 小企业向非金融企业或个人借款的利息费用也应记入"财务费用"科目。（ ）

11. 企业支付的违约金会导致经济利益流出企业，所以应作为企业的费用核算。（ ）

12. 费用包括成本费用和期间费用，成本费用计入有关核算对象的成本，期间费用直接计入当期损益。（ ）

实战演练

业务题一

一、目的：练习管理费用的核算。

二、资料：甲小企业2019年用银行存款支付业务招待费100万元，假定当年营业收入为5 000万元，投资收益为120万元，营业外收入为30万元。

三、要求：编制甲小企业支付业务招待费的会计分录，说明应纳税所得额的调整情况。

业务题二

一、目的：练习财务费用的核算。

二、资料：乙小企业2019年1月1日因资金周转困难，向A商业银行贷款200万元，期限2年，贷款年利率为6%；又向B商业银行贷100万元，期限3年，借款年利率为8%。

三、要求：作出乙小企业每年应当发生的利息费用的会计分录。

业务题三

一、目的：练习制造费用的归集和分配。

二、资料：某小企业基本生产车间生产甲、乙、丙三种产品，共计生产工时22 000小时，其中，甲产品7 500小时，乙产品8 500小时，丙产品6 000小时。本月发生的各种间接费用如下：

1. 以银行存款支付劳动保护费1 300元。
2. 车间管理人员工资4 000元。
3. 以银行存款车间管理人员福利费560元。
4. 车间消耗材料1 700元。
5. 车间固定资产折旧费1 600元。
6. 以银行存款支付车间机器设备修理费500元。

7. 以银行存款支付车间水电费 400 元。

8. 辅助生产成本(修理、运输费)转入 1 200 元。

9. 以银行存款支付办公费、邮电费及其他支出等共计 940 元。

10. 采用工时比例法在各种产品之间分配制造费用。

三、要求:根据上列资料编制制造费用发生和分配的会计分录。

业 务 题 四

一、目的:练习期间费用的核算。

二、资料:某小企业 2019 年 8 月份发生的经济业务如下。

1. 发生无形资产研究费用 10 万元。

2. 发生专设销售部门人员工资 25 万元。

3. 支付业务招待费 15 万元。

4. 支付销售产品保险费 5 万元。

5. 计算本月应交纳的城市维护建设税 0.5 万元。

6. 支付本月末计提的短期借款利息 0.1 万元。

三、要求:假设不考虑其他事项,说明各项经济业务应该计入的会计科目并计算该企业 8 月份发生的期间费用总额。

课后习题答案

第 8 章 利　润

CHAPTER 8

通过本章你可以学习到：
- 利润的计算过程
- 投资收益的核算
- 营业外收支的核算
- 所得税费用的核算
- 利润分配的核算

学习目标 Learning objectives

微课:蛋糕切分有讲究

案例导入

小唐在筹划公司运作的时候询问老师:利润是怎样取得的?利润取得以后应当如何分配?可以分配给员工吗?要交税吗?利润和工资奖金有什么区别?带着这些问题,我们一起来学习利润构成及利润的分配程序等内容。

第1节 利润概述

一、利润概念

 利润是指小企业在一定会计期间的经营成果。利润包括收入减去费用后的净额、直接计入当期利润的利得和损失等。

其中,利得是指由小企业非日常活动所形成的、会导致所有者权益增加的、与所有者投入资本无关的经济利益的流入。损失是指由小企业非日常活动发生的、会导致所有者权益减少的、与向所有者分配利润无关的经济利益的流出。

正确分配企业的收入与利润,就是要正确处理与投资者、与企业、与职工等方面的经济利益关系,既要保证积累和消费的适当比例,使消费与生产发展相适应,又要使权限、责任、效果、利益有机结合,使眼前利益与长远利益相结合,从而最大限度地调动各方面的积极性。

小企业应当按照有关规定,及时、足额地上交税费等应交款项,这是小企业对国家应尽的义务,必须认真履行,拖欠和挪用应上交的款项属于违法行为。

二、利润的计算公式

由于利润是某一会计期间的收入和同一期间与之相联系的费用相配比之后的差额,这一差额反映出劳动者为社会劳动所创造的新价值。收入、费用与利润三个要素构成一组动态数据,从动态方面来反映企业的经营效果。

小企业一般应当按月计算利润总额,按月计算利润总额有困难的,可以按季或者按年计算利润总额。

小企业利润的计算过程可以反映出利润的来源与分布。利润有关计算公式如下。

1. 营业利润

营业利润＝营业收入－营业成本－税金及附加－销售费用－
管理费用－财务费用＋投资收益

其中,营业收入是指小企业经营业务所确认的收入总额,包括主营业务收入和其他业务收入。

营业成本是指小企业经营业务所发生的实际成本总额,包括主营业务成本和其他业务成本。

2. 利润总额

利润总额＝营业利润＋营业外收入－营业外支出

其中,营业外收入是指小企业发生的与其日常活动无直接关系的各项利得。

营业外支出是指小企业发生的与其日常活动无直接关系的各项损失。

3. 净利润

净利润＝利润总额－所得税费用

其中,所得税费用是指小企业确认的应从当期利润总额中扣除的所得税费用。

净利润在按法定程序提取盈余公积金后就是可供分配的利润,减去应分配给投资者的利润以后留存下来的就是未分配利润。

小企业一旦出现亏损,可以当年净利润弥补以前年度亏损,剩余的税后利润,可用于向投资者进行分配。

第2节 利润核算

一、利润的计算

小企业一定时期内取得的收入遵循配比的要求与其相应的成本费用相抵后的差额即为企业在当期的财务成果。

【例8-1】 东海实业有限公司本月份主营业务收入为42 350元,其他业务收入为800元,投资收益为6 400元。主营业务成本为21 075元,税金及附加为200元,其他业务成本为650元,销售费用为600元,管理费用为1 142元,财务费用为983元。

利润率行业盘点

主营业务利润＝42 350－21 075＝21 275(元)
其他业务利润＝800－650＝150(元)
营业利润＝21 075＋150＋6 400－600－1 142－983＝24 900(元)

小企业通过自身的经营行为,应当保持营业利润为正数才好。

小企业实现的利润一部分要以所得税的形式上交国家,形成财政收入;另一部分即税后利润,要按规定的程序在各方面进行合理的分配。通过利润分配,一部分资金要退出企业,一部分会重新投入小企业的生产经营过程中,开始新的资金循环。

二、投资收益的核算

☞ 投资收益包括对外投资分得的利润(股利)及债券利息、投资到期收回或者中途转让取得款项高于账面价值的差额。投资净收益是指投资收益扣除投资损失后的净额。

投资损失包括投资到期收回或者中途转让取得款项低于账面价值的差额等。

为了反映小企业对外投资收益和投资损失的情况,应当设置"投资收益"科目,"投资收益"科目可按投资项目进行明细核算。

(1) 对于短期股票投资、短期基金投资和长期股权投资,小企业应当按照被投资单位宣告发放的现金股利或利润中属于本企业的部分,借记"应收股利"科目,贷记"投资收益"科目。

处置短期投资或长期股权投资时,应当按照实际收到的金额,借记"银行存款"等科目;按照其账面余额,贷记"短期投资"或"长期股权投资"科目;按照尚未领取的现金股利或利润,贷记"应收股利"科目;按照其差额,贷记或借记"投资收益"科目。

(2) 小企业在持有短期债券投资和长期债券投资期间,月度终了,按照分期付息、一次还本的长期债券投资或短期债券投资的票面利率计算的利息收入,借记"应收利息"科目,贷记"投资收益"科目;按照一次还本付息的长期债券投资票面利率计算的利息收入,借记"长期债券投资——应计利息"科目,贷记"投资收益"科目。

(3) 小企业出售短期投资、处置长期股权投资和长期债券投资,应当按照实际收到的价款或收回的金额,借记"银行存款"或"库存现金"科目;按该项短期投资、长期股权投资或长期债券投资的账面余额,贷记"短期投资""长期股权投资""长期债券投资"科目;按照尚未领取的债券利息,贷记"应收利息"科目;按照其差额,贷记或借记"投资收益"科目。

(4) 期(月)末,可将"投资收益"科目余额转入"本年利润"科目,"投资收益"科目结转后应无余额。

【例8-2】东海实业有限公司对 A 公司投资,按成本法核算,已收到股利 3 500 元。应进行账务处理如下:

借:银行存款　　　　　　　　　　　　　　　　　　　3 500
　　贷:投资收益——A公司　　　　　　　　　　　　　　　　3 500

【例8-3】 东海实业有限公司将从B公司购入的股票出让,收到股票转让款项3 000元,存入银行存款户,该股票的实际成本为2 000元。应进行账务处理如下:

借:银行存款　　　　　　　　　　　　　　　　　　　3 000
　　贷:短期投资——B股票　　　　　　　　　　　　　　2 000
　　　　投资收益——B股票　　　　　　　　　　　　　　1 000

【例8-4】 东海实业有限公司将一部分债券转让给C公司,转让价格为3 000元,该债券的实际成本为3 100元。应进行账务处理如下:

借:银行存款　　　　　　　　　　　　　　　　　　　3 000
　　投资收益——C债券　　　　　　　　　　　　　　　　100
　　贷:短期投资——C债券　　　　　　　　　　　　　　3 100

【例8-5】 东海实业有限公司购买5年期F债券6 000元,现已到期收回本利和8 000元,其中债券利息2 000元,债券本息已收到并存入银行。应进行账务处理如下:

借:银行存款　　　　　　　　　　　　　　　　　　　8 000
　　贷:长期债权投资——F债券　　　　　　　　　　　　6 000
　　　　投资收益——F债券　　　　　　　　　　　　　　2 000

【例8-6】 东海实业有限公司将本年"投资收益"科目的贷方余额计6 400元转入"本年利润"科目,其中,股票投资收益1 000元,债券投资收益1 900元,其他投资收益3 500元。应进行账务处理如下:

借:投资收益——B股票　　　　　　　　　　　　　　　1 000
　　投资收益——F债券　　　　　　　　　　　　　　　　2 000
　　投资收益——A公司　　　　　　　　　　　　　　　　3 500
　　贷:本年利润　　　　　　　　　　　　　　　　　　　6 400
　　　　投资收益——C债券　　　　　　　　　　　　　　　100

三、营业外收支的核算

(一)营业外收入的核算

营业外收入,是指小企业非日常生产经营活动形成的、应当计入当期损益、会导致所有者权益增加、与所有者投入资本无关的经济利益的净流入。小企业应当设置"营业外收入"科目核算小企业营业外收入的取得及结转情况。"营业外收入"科目可按营业外收入项目进行明细核算。小企业的营业外收入包括:捐赠收益、盘盈收益、汇兑收益、出租包装物和商品的租金收入、逾期未退包装物押金收益、确实无法偿付的应付款项、已作坏账损失处理后又收回的应收款项、违约金收益等。通常,小企业的营业外收入应当在实现时按照其实现金额计入当期损益。

(1)小企业因出售、转让、报废、毁损等原因处置固定资产,应当按照该项

盘点那些有盈利无现金流的企业

固定资产的净值,清理过程中应支付的相关税费及其他费用,记入"固定资产清理"科目,固定资产清理完成后,如为借方余额,借记"营业外支出"科目;如为贷方余额,贷记"营业外收入"科目。

(2) 确认的政府补助收入,借记"银行存款"或"递延收益"科目,贷记"营业外收入"科目。

(3) 期(月)末,应将"营业外收入"科目余额转入"本年利润"科目,结转后本科目无余额。

【例8-7】 东海实业有限公司收到捐赠款200元,该款已存入银行。应进行账务处理如下:

借:银行存款　　　　　　　　　　　　　　　　　　　　　　200
　　贷:营业外收入——捐赠收益　　　　　　　　　　　　　　　　200

【例8-8】 东海实业有限公司处理旧机器1台,处理后的净收益为1 600元。应进行账务处理如下:

借:固定资产清理　　　　　　　　　　　　　　　　　　　　1 600
　　贷:营业外收入——处理固定资产收益　　　　　　　　　　　1 600

【例8-9】 月末,东海实业有限公司将"营业外收入"科目的贷方余额1 800元转入"本年利润"科目。应进行账务处理如下:

借:营业外收入　　　　　　　　　　　　　　　　　　　　　1 800
　　贷:本年利润　　　　　　　　　　　　　　　　　　　　　　1 800

温馨提醒

小企业收到出口产品或商品按照规定退回的增值税款,在"其他应收款"账户核算,不在"营业外收入"账户核算。

(二) 营业外支出的核算

营业外支出,是指小企业非日常生产经营活动发生的、应当计入当期损益、会导致所有者权益减少、与向所有者分配利润无关的经济利益的净流出。小企业应当设置"营业外支出"科目核算营业外支出的取得及结转情况。"营业外支出"科目可按营业外支出项目进行明细核算。小企业的营业外支出包括:存货的盘亏、毁损、报废损失,以及非流动资产处置净损失、坏账损失、无法收回的长期债券投资损失,无法收回的长期股权投资损失、自然灾害等不可抗力因素造成的损失、税收滞纳金、罚金、罚款、被没收财物的损失、捐赠支出、赞助支出等。

通常,小企业的营业外支出应当在发生时按照其发生额计入当期损益。期(月)末,可将"营业外支出"科目余额转入"本年利润"科目,结转后本科目无余额。

【例 8-10】 东海实业有限公司以银行存款向贫困地区捐赠 1 100 元。应进行账务处理如下：

借：营业外支出——捐赠支出　　　　　　　　　　　1 100
　　贷：银行存款　　　　　　　　　　　　　　　　　　　1 100

【例 8-11】 经批准,东海实业有限公司结转工程项目发生的非常损失 500 元。应进行账务处理如下：

借：营业外支出——非常损失　　　　　　　　　　　500
　　贷：在建工程　　　　　　　　　　　　　　　　　　　500

【例 8-12】 月末,将"营业外支出"借方余额 1 600 元转入"本年利润"科目。应进行账务处理如下：

借：本年利润　　　　　　　　　　　　　　　　　　1 600
　　贷：营业外支出　　　　　　　　　　　　　　　　　　1 600

第 3 节　所得税费用核算

一、所得税费用科目

把所得税作为费用处理,是贯彻配比原则的要求。配比原则是指营业收入应当与其相对应的成本、费用相互配比。而所得税是企业要取得收入所必须花费的代价(费用支出),没有收入自然也不必花费这笔费用支出。因此,把所得税作为企业的费用支出处理,符合收入与费用配比的原则。所得税是国家依法对企业的应纳税所得额课征的税,它具有强制性、无偿性和固定性,无论国家对企业是否有投资(即无论国家是否是企业的投资者),只要企业有所得,均要依法纳税。

按照《小企业会计准则》的要求,企业应在损益类科目中设置"所得税费用"科目,用以核算小企业根据税法规定确认的应从当期利润总额中扣除的所得税费用。

小企业按照税法规定计算确定的当期应交所得税,借记"所得税费用"科目,贷记"应交税费——应交所得税"科目。

年度终了,应将"所得税费用"科目的余额转入"本年利润"科目,结转后本科目无余额。

二、应付税款法

应付税款法是指将本期税前会计利润与纳税所得额之间的差异所造成的影响纳税的金额直接计入当期损益,而不递延到以后各期。其特点是指当期计入损益的所得税数额等于当期的应纳所得税,直接借记"所得税费用"科目,贷记"应交税费——应交所得税"科目,即当期"所得税费用"科目列支的数额等于当前"应交税费——应交所得税"科目列支的数额,两者之间无差额。

小企业应采用应付税款法核算所得税,对于税前会计利润与纳税所得之间差异的处理,通过按税法的规定对税前会计利润进行调整来解决。

【例8-13】某企业2019年全年利润总额(税前会计利润)为103万元,本年收到的国库券利息收入为3万元,所得税税率为25％,假设本年内无其他纳税调整因素。

按照税法的有关规定,企业购买国库券取得的利息收入免交所得税,即在计算纳税所得额时,可将其扣除,但企业在进行会计核算时,已将其利息收入作为投资收益计入了利润总额中(即计入了税前会计利润),因此,企业在计算纳税所得额时,应进行相应的调整。应进行如下账务处理:

纳税调整数为已计入税前会计利润但应从纳税所得额中扣除的国库券利息收入3万元,即:

$$应纳税所得额＝103-3＝100(万元)$$
$$应纳所得税＝100×25\%＝25(万元)$$

小企业核算应交所得税时,记入"所得税费用"和"应交税费——应交所得税"科目的金额都是250 000元,实际上交所得税时,减少"应交税费——应交所得税"科目250 000元。

三、所得税纳税调整分析

小企业应当在利润总额的基础上,按照税法规定进行适当纳税调整,计算出当期应纳税所得额,按照应纳税所得额与适用所得税税率计算确定当期应交所得税金额。

(一)所得与收入差异分析

"所得"是税法上的专有名词之一,它与会计上的"收入"既有联系又有区别,但不是同一概念。

所得在我国《企业所得税法》中具有特定的内涵与外延。所得的内涵为应税收入,包括以货币形式和非货币形式取得的收入。所得的外延包括销售货物所得、提供劳务所得、转让财产所得、股息红利等权益性投资所得、利息所得、租金所得、特许权使用费所得、接受捐赠所得和其他所得。其中,其他所得又包括企业资产溢余所得、逾期未退包装物押金所得、确实无法偿付的应付款项、已作坏账损失处理后又收回的应收款项、债务重组所得、补贴所得、违约金所得、汇兑收益等。

所得不是企业的全部收入,因为还存在着不征税收入和免税收入等。例如,财政部门发行的国债利息收入,符合条件的居民企业之间的股息、红利等权益性投资收益为免税收入。

【例 8-14】 某公司 2019 年全年利润总额（税前会计利润）为 62 万元，本年收益中列有居民企业股利收入为 2 万元，所得税税率为 25%，假设本年内无其他纳税调整因素。

由于居民企业的利润已经交纳过企业所得税，所以，当投资企业收到被投资企业（居民企业）的股利收入应当免交企业所得税，即在计算纳税所得额时，可将其扣除。即，居民企业股利作为投资收益已计入了利润总额中（税前会计利润），但企业在计算纳税所得额时，应进行相应的调整。应进行账务处理：

纳税调整数为已计入税前会计利润但应从纳税所得额中扣除的居民企业股利 2 万元，即：

调减应纳税所得额＝62－2＝60（万元）

应纳税额＝60×25%＝15（万元）

（1）核算应交所得税。

借：所得税费用　　　　　　　　　　　　　　　150 000
　　贷：应交税费——应交所得税　　　　　　　　　150 000

（2）实际上交所得税。

借：应交税费——应交所得税　　　　　　　　　150 000
　　贷：银行存款　　　　　　　　　　　　　　　150 000

（3）期末，将"所得税费用"科目的余额转入"本年利润"科目。

借：本年利润　　　　　　　　　　　　　　　　150 000
　　贷：所得税费用　　　　　　　　　　　　　　150 000

（二）税前扣除费用与成本费用差异分析

企业的应税收入总额进行法定扣除之后的余额才依法予以征税，但必须提请注意的是，不是会计凭证与会计账簿中记录的已经发生的所有的成本费用都是可以税前扣除的。

计算应纳税所得额时准予扣除项目的具体内容如下。

（1）成本。成本是指企业在生产经营活动中发生的销售成本、销货成本、业务支出以及其他耗费。

（2）费用。费用是指企业在生产经营活动中发生的销售费用、管理费用和财务费用，已经计入成本的有关费用除外。

（3）税金。税金是指企业发生的除企业所得税和允许抵扣的增值税以外的各项税金及其附加。在我国目前的税收体系中，允许税前扣除的税收种类主要有消费税、资源税和城市维护建设税、教育费附加，以及房产税、车船税、耕地占用税、城镇土地使用税、车辆购置税、印花税等。企业所得税、允许抵扣的增值税，是不允许税前扣除的。

（4）损失。损失是指企业在生产经营活动中发生的固定资产和存货的盘亏、毁损、报废损失以及转让财产损失、呆账损失、坏账损失、自然灾害等不可抗力因素造成的损失以及其他损失。企业发生的损失，应按照减除责任人赔偿和保险赔款后的余额扣除。

(5) 其他支出。其他支出是指除成本、费用、税金、损失外，企业在生产经营活动中发生的与生产经营活动有关的、合理的支出。

上述企业发生的、准予税前扣除的支出，必须是与取得收入有关的、合理的支出，并且税前扣除的确认上应遵循权责发生制原则、配比原则、相关性原则、确定性原则、合理性原则等。

又由于企业所发生的有关的、合理的支出，一般也会给企业带来相应经济利益的流入，所以，考虑真实性、相关性和合理性是企业所得税税前扣除的基本条件。

此外，现行税法还有一些特别的规定，如企业发生的与生产经营活动有关的业务招待费支出，只能按照发生额的60%扣除，但最高不得超过当年销售（营业）收入的5‰。

【例8-15】某公司2019年实现销售收入2 000万元，假定发生的与企业生产经营活动有关的业务招待费8万元，问应如何计算税前扣除的数额？如果发生的业务招待费为20万元，税前扣除的数额又是多少呢？

如果当年的业务招待费为8万元则：

$$2\ 000 \times 5‰ = 10(万元)， 8 \times 60\% = 4.8(万元)$$

因为，10＞4.8所以，只能在税前扣除4.8万元。

如果当年的业务招待费为20万元则：

$$2\ 000 \times 5‰ = 10(万元)， 20 \times 60\% = 12(万元)$$

因为，10＜12所以，只能在税前扣除10万元。

(三) 应纳税所得额与利润总额分析

应纳税所得额与会计上的"利润总额"既有联系又有区别，不是同一概念。

应纳税所得额是企业所得税的计税依据。企业每一纳税年度的收入总额，减除不征税收入、免税收入、各项扣除以及允许弥补的以前年度亏损后的余额，为应纳税所得额。

应纳税所得额可以采用直接计算法和间接计算法求得。

1. 直接计算法

采用直接计算法下应纳税所得额的计算公式如下：

$$\begin{matrix}应纳税\\所得额\end{matrix} = \begin{matrix}收入\\总额\end{matrix} - \begin{matrix}不征税\\收入\end{matrix} - \begin{matrix}免税\\收入\end{matrix} - \begin{matrix}各项\\扣除\end{matrix} - \begin{matrix}允许弥补的以\\前年度亏损\end{matrix}$$

【例8-16】A公司2018年年底经审计后认定的经营亏损挂账金额为80 000元。2019年营业收入为1 500 000元，年度报表决算时，公司财务账面上已经列支的成本、费用、损失合计为1 300 000元，并计算出当年实现利润总

免税收入大盘点

额为 200 000 元。该公司适用的所得税税率为 25%,2019 年当年已累计交纳企业所得税为 40 000 元。

经核对发现,A 公司 2019 年度有关支出数分别有以下调整事项:2019 年度营业外支出中直接列支税收滞纳金 5 000 元;管理费用中列支赞助某歌星演出 25 000 元,业务招待费经计算超过税法规定标准应调整数为 20 000 元。

根据上述资料分别计算 A 公司 2019 年度应纳税所得额和应上(或补)交的企业所得税。

(1) 全年应纳税所得额。

应纳税所得额 = 收入总额 − 不征税收入 − 免税收入 − 各项允许扣除 − 允许弥补的以前年度亏损
= 1 500 000 − 0 − 0 − (1 300 000 − 5 000 − 25 000 − 20 000) − 80 000
= 1 500 000 − 1 250 000 − 80 000 = 170 000(元)

(2) 全年应纳所得税。

应纳所得税税额 = 应纳税所得额 × 适用税率 − 减免税额 − 抵免税额
= 170 000 × 25% − 0 − 0 = 42 500(元)

(3) 应上(或补)交企业所得税。

应补交企业所得税 = 42 500 − 40 000 = 2 500(元)

2. 间接计算法

采用间接计算法计算应纳税所得额,是指在会计利润总额的基础上加减按照税法规定应当调整的金额,如调整税前不予扣除项目、超标项目、不能计入收入的项目、未计入收入的项目等,从而计算出应纳税所得额。其计算公式如下:

应纳税所得额 = 会计利润总额 + 纳税调增金额 − 纳税调减金额

纳税调整金额可以归纳为两方面内容:一是企业财务会计处理与税收政策不一致的应予调整的金额;二是企业按税法规定准予扣除的金额。

在一个盈利的企业中,应纳税所得额大部分可能来源于企业的利润,在税收政策与会计规定差异不大的情况下,应纳税所得额与利润总额之间的差异也不会很大;但是,在税收政策与会计规定差异很大的情况下,应纳税所得额与利润总额可能差异很大,甚至可能出现利润总额为负数的企业,其应纳税所得额为正数的情况,这种情况下也需要交纳企业所得税。

从目前税收政策与会计规定差异不断出现的情况来看,应纳税所得额与利润总额相等的情况是偶然的,而不相等可能是必然的。从理论上分析,应纳税所得额与利润总额肯定不是同一概念。

(四) 应纳税额

如果说应纳税所得额是企业所得税的计算依据,那么,应纳税额就是企业所得税的计算结果(标的)。应纳税所得额乘以适用的所得税税率,减除依照

税收优惠的规定减免和抵免的税额后的余额就是应纳税额,即:

应纳税额=应纳税所得额×适用税率-减免税额-抵免税额

应纳税额应当包括企业以应纳税所得额为基础计算的各种境内和境外税额。

目前,大多数企业采用间接计算法计算应纳税所得额和应纳税额,其计算与调整过程如图表 8-1 所示。

图表 8-1

应纳税额的调整过程

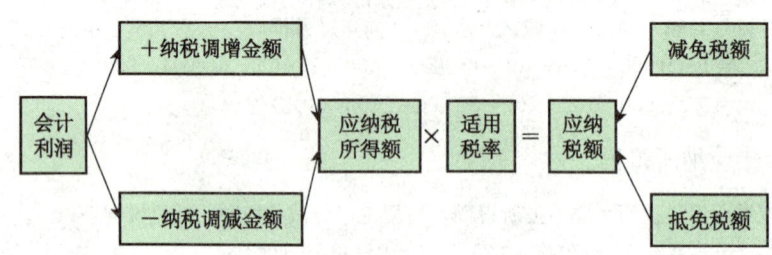

上述公式中的减免税额和抵免税额,是指依照《企业所得税法》和国务院的税收优惠规定减征、免征和抵免的应纳税额。

例如,企业购置用于环境保护、节能节水、安全生产等专用设备的投资额,可以按一定比例实行税额抵免。税额抵免是指企业购置并实际使用《环境保护专用设备企业所得税优惠目录》《节能节水专用设备企业所得税优惠目录》和《安全生产专用设备企业所得税优惠目录》规定的环境保护、节能节水、安全生产等专用设备的,该专用设备的投资额的 10% 可以从企业当年的应纳税额定中抵免;当年抵免不足的,可以在以后 5 个纳税年度结转抵免。

在经济领域中,会计和税收是两个不同的分支。同一企业在同一会计期间按照会计方法计算的收益和按照税法规定计算的纳税所得额之间会产生差异。于是,就要求企业按照税法规定对某一会计期间的会计收益进行调整和反映。所得税会计就是为了调整会计收益和纳税所得额之间的差异而产生的。

所得税会计主要内容来自于两个方面:一是会计核算中的税务问题,即在会计收益的基础上,如何依据税收政策的规定调整应税所得,进而确定应纳税款,正确履行纳税义务;二是税务事项中的会计核算问题,即在调整会计收益的基础上,如何正确反映会计政策与税收政策的差异,当存在不同的纳税方案可供选择的情况下,如何通过包括会计核算在内的各种会计处理方法进行税务筹划,降低税收负担。

五、本年利润核算

小企业应设置"本年利润"科目核算本年度实现的净利润(或发生的净亏

损)。"本年利润"属于所有者权益类科目,月度终了结转利润时,小企业可以将"主营业务收入""其他业务收入""营业外收入"科目的余额转入"本年利润"科目,借记"主营业务收入""其他业务收入""营业外收入"科目,贷记"本年利润"科目;将"主营业务成本""税金及附加""其他业务成本""销售费用""财务费用""管理费用""营业外支出"科目的余额转入"本年利润"科目,借记"本年利润"科目,贷记"主营业务成本""税金及附加""其他业务成本""销售费用""财务费用""管理费用""营业外支出"科目;将"投资收益"科目的贷方余额转入"本年利润"科目,借记"投资收益"科目,贷记"本年利润"科目,如为借方余额,作相反的会计分录。

利润不能看表面

结转后,"本年利润"科目的贷方余额为当期实现的净利润;借方余额为当期发生的净亏损。

年度终了,应当将本年收入和支出相抵后结出的本年实现的净利润,转入"利润分配"科目,借记"本年利润"科目,贷记"利润分配——未分配利润"科目;如为净亏损,作相反的会计分录。结转后本科目应无余额。

【例8-17】 东海实业有限公司结转本月份主营业务收入42 350元、主营业务成本21 075元、税金及附加200元、其他业务收入800元、其他业务成本650元、销售费用600元、管理费用1 142元、财务费用983元、投资收益6 400元、营业外收入1 800元、营业外支出1 600元。应进行账务处理如下:

(1) 借:主营业务收入　　　　　　　　　　　　　42 350
　　　　其他业务收入　　　　　　　　　　　　　　 800
　　　　投资收益　　　　　　　　　　　　　　　 6 400
　　　　营业外收入　　　　　　　　　　　　　　 1 800
　　　　贷:本年利润　　　　　　　　　　　　　 51 350

(2) 借:本年利润　　　　　　　　　　　　　　　26 250
　　　　贷:主营业务成本　　　　　　　　　　　 21 075
　　　　　　税金及附加　　　　　　　　　　　　　 200
　　　　　　其他业务成本　　　　　　　　　　　　 650
　　　　　　销售费用　　　　　　　　　　　　　　 600
　　　　　　管理费用　　　　　　　　　　　　　 1 142
　　　　　　财务费用　　　　　　　　　　　　　　 983
　　　　　　营业外支出　　　　　　　　　　　　 1 600

【例8-18】 东海实业有限公司计算出的利润总额为25 100元(51 350—26 250)。其投资收益中有3 500元为居民企业股利收益,应调整计算本期的应纳税所得额。其适用的所得税税率为25%。则

本期应交所得税=(25 100-3 500)×25%=5 400(元)

(1) 结转应交所得税时,应进行账务处理如下:

借：所得税费用 5 400
　　贷：应交税费——应交所得税 5 400

（2）上交所得税时，应进行账务处理如下：

借：应交税费——应交所得税 5 400
　　贷：银行存款 5 400

（3）期末结转本年利润科目时，应进行账务处理如下：

借：本年利润 5 400
　　贷：所得税费用 5 400

上述结转所得税至"本年利润"科目的账务处理也可以合并入前述结转的损益类科目内一并处理。

经上述计算，可求出东海实业有限公司当月净利润为 19 700 元（25 100－5 400）。以上几个方面的核算内容详见图表 8-2。

图表 8-2

本年利润科目之间的对应关系

主营业务成本			本年利润			主营业务收入	
21 075	21 075	→	21 075	42 350	←	42 350	42 350
销售费用						其他业务收入	
600	600	→	600	800	←	800	800
营业税金及附加						投资收益	
200	200	→	200	6 400	←	6 400	6 400
其他业务成本						营业外收入	
650	650	→	650	1 800	←	1 800	1 800
管理费用							
1 142	1 420	→	1 142				
财务费用							
983	983	→	983				
营业外支出							
1 600	1 600	→	1 600				
所得税费用							
5 400	5 400	→	5 400				
			31 650	51 350			
				19 700			

第4节 利润分配核算

一、利润分配核算的规定

企业实现的利润,按照国家的规定进行相应调整后,应先交纳所得税;交纳所得税后的利润,称为净利润(税后利润)。

公司分配当年税后利润时,应当提取利润的10%列入公司法定盈余公积。公司法定盈余公积累计额为公司注册资本的50%以上的,可以不再提取。

公司从税后利润中提取法定盈余公积后,经股东会或者股东大会决议,还可以从税后利润中提取任意盈余公积。

公司弥补亏损和提取盈余公积后的税后利润可以向股东分配利润,但在公司弥补亏损和提取法定盈余公积之前向股东分配利润的,股东必须将违反规定分配的利润退还公司。

我国上市公司
利润分配盘点

二、利润分配核算方法

为了如实反映和监督企业历年积累的未分配利润的情况,小企业应设置"利润分配"总分类科目。"利润分配"属于所有者权益类科目,核算小企业利润的分配(或亏损的弥补)和历年分配(或弥补)后的余额,可按"提取法定盈余公积""应付利润""未分配利润"等进行明细核算。

(1) 小企业按照法律规定提取盈余公积,借记"利润分配——提取法定盈余公积"科目,贷记"盈余公积——法定盈余公积"科目。

(2) 根据相关规定,经投资者决议,小企业分配给投资者的利润,借记"利润分配——应付利润"科目,贷记"应付利润"科目。

(3) 年度终了,小企业应当将本年实现的净利润,自"本年利润"科目转入"利润分配"科目,借记"本年利润"科目,贷记"利润分配——未分配利润"科目;为净亏损的,作相反的会计分录。同时,将"利润分配——应付利润"科目的余额转入"利润分配——未分配利润"科目。结转后,"利润分配"科目除"未分配利润"明细科目外,其他明细科目应无余额。

(4) "利润分配"科目年末余额,反映小企业的未分配利润(或未弥补亏损)。

【例8-19】 东海实业有限公司按当月净利润19 700元的10%的比例提取法定盈余公积1 970元,应进行账务处理如下:

借:利润分配——提取法定盈余公积　　　　　　　1 970
　　贷:盈余公积——法定盈余公积　　　　　　　　　　1 970

【例8-20】 东海实业有限公司按照股东会的决议计算出应付给股东的现金股利共计9 850元。应进行账务处理如下:

借:利润分配——应付利润　　　　　　　　　　　　　　　　9 850
　　贷:应付利润　　　　　　　　　　　　　　　　　　　　　　9 850

"应付利润"科目核算小企业向投资者分配的利润,可按投资者进行明细核算。小企业根据规定或协议计算出应分配给投资者的利润时,借记"利润分配"科目,贷记"应付利润"科目;向投资者实际支付利润时,借记"应付利润"科目,贷记"库存现金""银行存款"科目;"应付利润"科目期末贷方余额,反映小企业应付未付的利润。

【例8-21】 经全年汇总计算得出,东海实业有限公司全年实现净利润为174 200元,全年提取的盈余公积为17 420元;全年应付利润为87 100元。应进行账务处理如下:

(1) 结转"本年利润"科目。

借:本年利润　　　　　　　　　　　　　　　　　　　　　　174 200
　　贷:利润分配——未分配利润　　　　　　　　　　　　　　174 200

(2) 结转利润分配各有关明细科目时。

借:利润分配——未分配利润　　　　　　　　　　　　　　　104 520
　　贷:利润分配——提取法定盈余公积　　　　　　　　　　　17 420
　　　　利润分配——应付利润　　　　　　　　　　　　　　　87 100

经过上述计算与核算,可得出东海实业有限公司"利润分配——未分配利润"科目的期末余额为69 680元(174 200－104 520),可以留待以后年度分配。

知识归纳

1. 营业利润＝主营业务收入－主营业务成本＋其他业务收入－其他业务成本
　　　　　－税金及附加－销售费用－管理费用－财务费用＋投资收益
　利润总额＝营业利润＋营业外收入－营业外支出
　净利润＝利润总额－所得税

2. 应付税款法的特点是指当期计入损益的所得税数额等于当期的应纳所得税,两者之间无差额。小企业应采用应付税款法核算企业所得税。

3. 投资收益包括对外投资分得的利润(股利)及债券利息、投资到期收回或者中途转让取得款项高于账面价值的差额。投资损失包括投资到期收回或者中途转让取得款项低于账面价值的差额等。

4. 企业实现的利润,按照国家的规定进行相应调整后,应先交纳所得税;交纳所得税后的利润,称为净利润(税后利润)。公司分配当年税后利润时,应当提取利润的

10%列入公司法定盈余公积。公司法定盈余公积累计额为公司注册资本的50%以上的,可以不再提取。

基本训练

一、单项选择题

1. 某工业小企业2019年度营业利润为4 530万元,主营业务收入为5 500万元,销售费用为20万元,管理费用25万元,投资收益为20万元,营业外收入为220万元,营业外支出为200万元,所得税税率为25%。假定不考虑其他因素,该小企业2016年度的净利润应为(　　)万元。
   A. 3 397.5　　　　　　　　B. 3 427.5
   C. 3 412.5　　　　　　　　D. 3 753.75

2. 下列各项中,不属于小企业营业利润项目的是(　　)。
   A. 劳务收入　　　　　　　　B. 财务费用
   C. 出租无形资产收入　　　　D. 出售固定资产净收益

3. 小企业收到与资产相关的政府补助,应当确认为递延收益,并在相关资产的使用寿命内平均分配,计入(　　)。
   A. 管理费用　　　　　　　　B. 财务费用
   C. 营业外收入　　　　　　　D. 营业外支出

4. 某小企业2019年因政策原因导致本期亏损200万元,期末收到300万元财政补助,其中100万元将用于下一年度补贴亏损,该小企业应确认(　　)。
   A. 递延收益300万元
   B. 营业外收入300万元
   C. 递延收益100万元和营业外收入200万元
   D. 资本公积100万元和营业外收入200万元

5. 下列各项中,不属于小企业营业外支出的是(　　)。
   A. 坏账损失
   B. 无法收回的长期债券投资损失
   C. 无法收回的长期股权投资损失
   D. 汇兑损失

6. 下列各项损失按《企业所得税法》规定不得在税前扣除的是(　　)。
   A. 存货盘亏损失
   B. 非流动资产处置净损失
   C. 坏账损失
   D. 被没收财物损失

7. 下列项目中,属于政府补助的是(　　)。

A. 政府与小企业间的债务豁免

B. 直接减免的增值税

C. 即征即退的增值税

D. 增值税出口退税

8. 关于政府补助,下列说法正确的是( )。

A. 政府补助通常附有一定的条件,因此都是有偿的

B. 政府补助都是货币性资产

C. 政府补助都是非货币性资产

D. 政府补助可以是货币性资产,也可以是非货币性资产

9. 小企业收到其他政府补助,用于补偿本企业已发生的相关费用或损失的,取得时( )。

A. 冲减营业外支出

B. 冲减营业外收入

C. 计入递延收益

D. 计入营业外收入

10. 企业收到用于补偿已发生的政策性损失的财政拨款时,借记"银行存款"科目的同时,贷记的会计科目为( )。

A. "银行借款" B. "资本公积"

C. "营业外收入" D. "实收资本"

11. 下列各项中,不影响小企业当期营业利润是( )。

A. 销售原材料取得的收入

B. 销售产品取得的收入

C. 无法查明原因的现金溢余

D. 提供劳务取得的收入

12. 下列各项中,不应计入营业外收入的是( )。

A. 债务重组利得

B. 处置固定资产净收益

C. 收发差错造成存货盘盈

D. 确实无法支付的应付账款

二、多项选择题

1. 利润,是指小企业在一定会计期间的经营成果。包括( )。

A. 主营业务利润 B. 营业利润

C. 利润总额 D. 净利润

2. 下列各项中,会影响企业营业利润项目的有( )。

A. 管理费用 B. 劳务收入

C. 出售原材料收入 D. 投资收益

3. 下列各科目的余额,期末应结转到"本年利润"科目的有(   )。
   A. "营业外收入"　　　　　　　　B. "营业外支出"
   C. "投资收益"　　　　　　　　　D. "财务费用"
4. 下列项目中,属于营业外收入的有(   )。
   A. 转让无形资产使用权收入　　　B. 出售旧设备的收入
   C. 出售股票收入　　　　　　　　D. 接受捐赠收入
5. 下列支出中,属于营业外支出的有(   )。
   A. 捐赠支出　　　　　　　　　　B. 罚款支出
   C. 坏账损失　　　　　　　　　　D. 非常损失
6. 下列各项中,属于"营业外支出"科目核算的内容,但不得在企业所得税前扣除的有(   )。
   A. 税收滞纳金
   B. 非广告性赞助支出
   C. 非常损失
   D. 按照经济合同规定支付的违约金、罚款和诉讼费
7. 小企业在进行企业所得税核算时,下列项目能引起会计利润与纳税所得额产生差异的有(   )。
   A. 小企业违法经营的罚款和被没收的财物损失
   B. 小企业超过标准支付的业务招待费
   C. 小企业购买国库券取得的利息收入
   D. 小企业购买其他企业债券取得的利息收入
8. 公司制小企业"利润分配"科目应设置的明细科目主要有(   )。
   A. "未分配利润"　　　　　　　　B. "提取公益金"
   C. "应付利润"　　　　　　　　　D. "提取法定盈余公积"
9. 盈利企业年度终了,一般应将(   )科目的余额转入"利润分配——未分配利润"科目的借方。
   A. "本年利润"
   B. "利润分配——应付利润"
   C. "利润分配——提取法定盈余公积"
   D. "应交税费——应交所得税"
10. "利润分配——未分配利润"科目的年末余额反映的可能是(   )。
    A. 历年累计的未分配利润
    B. 历年累计的未弥补亏损
    C. 本年累计的未分配利润
    D. 本年累计的未弥补亏损
11. 下列各项中,不影响企业当期营业利润的有(   )。

A. 无法查明原因的现金短缺　　　B. 公益性捐赠支出
C. 固定资产处置净损失　　　　　D. 支付的合同违约金

12. 下列各项中,应通过"销售费用"科目核算的有(　　)。
A. 商品维修费
B. 销售部门固定资产维修费
C. 支付的代销手续费
D. 发生的宣传费

三、判断题

1. 小企业确认的已作坏账损失处理后又收回的应收款项,借记"银行存款"等科目,贷记"营业外收入"科目。(　　)
2. 小企业按照规定实行企业所得税、增值税(不含出口退税)、消费税等先征后返的,应当在实际收到返还的企业所得税、增值税、消费税等时,借记"银行存款"科目,贷记"所得税费用""营业外收入""税金及附加"等科目。(　　)
3. 《企业所得税法》中的租金收入,按《小企业会计准则》进行会计处理时,应确认为营业外收入。(　　)
4. 《企业所得税法》中的其他收入,按《小企业会计准则》规定进行会计处理时,应确认为营业外收入。(　　)
5. 小企业确认的坏账损失应计入管理费用。(　　)
6. 小企业取得的各类财政性资金,除属于国家投资和资金使用后要求归还本金的以外,均应计入企业当年所得税收入总额,计算交纳企业所得税。(　　)
7. 小企业利润表中的"所得税费用"的金额等于《中华人民共和国企业所得税年度纳税申报表》中第33行"实际应纳所得税额"的金额。(　　)
8. "本年利润"属于损益类科目,所以年终需要将其余额转入"利润分配"科目,转账后该科目无余额。(　　)
9. 所得税属于小企业的费用,应当通过"税金及附加"科目核算。(　　)
10. 某小企业年初未分配利润借方余额为45万元,即以前年度亏损45万元,当年实现利润总额20万元,则该小企业当年需要交纳企业所得税6.6万元。(　　)
11. 企业支付的违约金会导致经济利益流出企业,所以应作为企业的费用核算。(　　)
12. 费用包括成本费用和期间费用,成本费用计入有关核算对象的成本,期间费用直接计入当期损益。(　　)

业 务 题 一

一、练习利润的计算与账务处理。

二、资料：某小企业 2019 年 12 月份发生如下经济业务：

1. 销售 A 产品 1 000 件，每件售价 2 400 元，货款 2 400 000 元，增值税税率为 13％，已收到货款和增值税款。A 产品的单位成本为 2 000 元。

2. 销售 B 产品 10 件，每件售价 50 000 元，每件单位成本为 26 000 元，收到商业汇票一张。

3. 企业转让无形资产所有权一项，该项无形资产账面价值 250 000 元，转让收入 300 000 元，增值税税率为 6％。

4. 核销无法支付的应付账款 60 000 元。

5. 本月发生管理费用 17 000 元，销售费用 12 000 元，财务费用 60 000 元，均用银行存款支付。

6. 本月处理固定资产净损失为 36 000 元。

三、要求：根据上述资料编制会计分录，并计算营业利润和利润总额指标。

业 务 题 二

一、目的：练习营业外收入的核算。

二、资料：某小企业 2019 年发生下列政府补助业务：

1. 2019 年 1 月 1 日，收到一笔用于补偿企业以后 5 年期间的因与治理环境相关的费用 2 000 万元。

2. 2019 年 6 月 10 日，收到一笔用于补偿企业已发生的相关费用 1 000 万元。

3. 2019 年 6 月 15 日，收到国家 2 400 万元的政府补助用于购买一台医疗设备；6 月 20 日，企业用 2 400 万元购买了一台医疗设备。假定该设备采用直线法计提折旧，无残值，设备预计使用年限为 5 年。

4. 收到增值税返还 560 万元。

三、要求：根据上述资料，编制该企业 2019 年度与政府补助有关的会计分录，涉及固定资产，编制 2019 年固定资产计提折旧的会计分录。

业 务 题 三

一、目的：练习所得税费用的核算。

二、资料：利安公司 2019 年实现的利润总额为 1 000 000 元，适用的所得税税率为 25％。本年度收到国债利息收入 10 000 元，发生赞助支出 20 000 元；该公司固定资产折旧采用双倍余额递减法，本年折旧额为 45 000 元，按照税法规定采用直线法，本年折旧额为 30 000 元。假设无其他纳税调整因素。

三、要求：计算利安公司 2019 年应交所得税和本年所得税费用，并作出会计分录。

业 务 题 四

一、目的：练习期间费用的核算。

二、资料：某小企业 2019 年 3 月份发生的经济业务有：

1. 发生无形资产研究费用 10 万元。

2. 发生专设销售部门人员工资 25 万元。

3. 支付业务招待费 15 万元。

4. 支付销售产品保险费 5 万元。

5. 计算本月应交纳的城市维护建设税 0.5 万元。

6. 支付本月末计提的短期借款利息 0.1 万元。

三、要求：假设不考虑其他事项，说明各项经济业务应该记入的会计科目并计算该企业 3 月份发生的期间费用总额。

课后习题答案

第 9 章 财务报表

CHAPTER 9

通过本章你可以学习到：

- 小企业财务报表的构成
- 财务报表的分类及编制要求
- 资产负债表的内容及具体编制方法
- 利润表的内容及具体编制方法
- 现金流量表的内容及具体编制方法

Learning objectives 学习目标

微课:账面利润
信不信

小钟拿到了某公司的财务报表,翻来翻去地看也看不懂。他好奇地去问老师:这么多的信息究竟反映什么内容啊?这么复杂的数据是怎么编制出来的?怎样才能看懂财务报表呢?带着这些问题我们一起学习本章财务报表的具体内容吧。

第1节 财务报表概述

一、财务报表的组成内容

在信息社会中,谁掌握的信息越充分、越及时、越有效,谁就在竞争中掌握主动权。尤其是小微企业,为了取得竞争优势,更应当结合自身经营特点和财务状况,知己知彼,通过优化业务流程,建立财务和业务一体化的信息处理系统,实现财务、业务相关信息实时共享,并充分发挥出财务信息和财务分析的积极作用。

小企业在日常经营活动过程中所发生的各种各样的经济业务,通过会计核算的确认、计量,记录在会计凭证之上,反映在会计账簿之中。但是,会计凭证、账簿上的记录是分散的、局部的,它所提供的会计信息,不能集中反映企业在一定时期内经营活动和财务收支的全貌,所以,企业就需要定期对日常的会计记录加以整理汇总编制成能够总括反映企业财务状况、经营成果和现金流量的财务报表。

☞ 财务报表是指对小企业财务状况、经营成果和现金流量的结构性表述。小企业的财务报表至少应当包括下列组成部分。

(1) 资产负债表。资产负债表是指反映小企业在某一特定日期的财务状况的会计报表。

(2) 利润表。利润表是指反映小企业在一定会计期间的经营成果的会计报表。

(3) 现金流量表。现金流量表是指反映小企业在一定会计期间现金流入和流出的报表。

(4) 附注。附注是指对在资产负债表和利润表等报表中列示项目的文字描述或明细资料,以及对未能在这些报表中列示项目的说明等。

我国《小企业会计准则》明确规定小企业(包括小型企业和微型企业)应当

按月和按年编制资产负债表、利润表、现金流量表等主要报表、附表和附注。小企业财务报表名称及其编报期如图表9-1所示。

图表 9-1

小企业财务报表种类

编　　号	报表名称	编报期
会小企 01 表	资产负债表	月报、年报
会小企 02 表	利润表	月报、年报
会小企 03 表	现金流量表	月报、年报

温馨提醒

小企业应当按照国家规定的期限对外报送财务报表。对外报送的财务报表，应当依次编定页码，加具封面，装订成册，加盖公章。封面上应当注明：单位名称，单位地址，财务报表所属年度、季度、月度，送出日期，并由单位领导人、总会计师、会计机构负责人、会计主管人员签名或者盖章。

二、财务报表的作用

编制财务报表是会计核算的一个专门方法，它把账簿中的资料加以归纳整理，形成一种书面的报告形式，从而既全面又概括地反映出企业在一定时期内的财务状况及其经营成果，以进一步发挥会计的核算和监督作用。正因为财务报表所提供的经济信息与其他会计资料相比，具有更集中、更概括、更系统和更带有条理性的特点，所以财务报表具有其他会计资料无法替代的作用。

（1）财务报表可以定期、全面、综合地反映企业生产经营和财务的状况，考核、分析财务成本计划的执行情况，提供系统的信息资料，是企业领导、所有者和债权人进行各项决策的重要依据。

（2）财务报表可以向银行、税务、财政等部门以及投资者、债权人等提供所需的会计资料，用来检查、了解和监督企业的贷款使用、税款交纳和财经纪律的执行情况，以便及时采取措施，促使企业严格按照有关法规、制度和政策办事。

（3）财务报表可以为企业经济预测、编制近期和长远计划提供重要依据。财务报表应当完整地反映企业的生产经营情况及其成果，不能残缺不全，不能设账外账，更不能故意隐瞒、遗漏。

编制财务报表，既是对会计核算工作的全面总结，也是及时提供合法、真实、准确、完整的会计信息的重要环节。实际工作中存在的会计信息失真的问题，在很大程度上是在编制财务报表时有意违纪或犯技术性差错造成的。因此,小企业必须严格按照财务报表的编制程序和质量要求编制。

三、财务报表编制前的操作规范

财务报表应当根据真实的交易或事项以及完整、准确的账簿记录等资料,按《小企业会计准则》规定的编制基础、编制依据、编制原则和编制方法编制。为此,企业在编制财务报表前,应当做好以下几项工作。

(1) 核对各会计账簿记录与原始凭证、记账凭证的时间、凭证字号、内容、金额是否一致,记账方向是否相符,保证账证相符。

(2) 按会计准则规定的结账日进行结账,结出有关会计账簿的余额和发生额,并核对各会计账簿之间的余额,保证账账相符。

年度结账日指公历年度每年的 12 月 31 日。半年度、季度、月度结账日分别为公历年度每半年、每季、每月的最后 1 天。任何企业和个人不得违反规定提前或者延迟结账。

(3) 检查是否按照《小企业会计准则》规定进行相关的会计核算,如未按规定进行会计核算的,应当予以调整。

(4) 检查对于没有规定统一核算方法的,企业自行进行相关账务处理是否合理。

(5) 企业在编制年度财务报表前,应当全面清查下列各项财产物资:①房屋建筑物、机器设备、运输工具等各项固定资产的实存数量与账面数量是否一致。②原材料、在产品、自制半成品、库存商品等各项存货的实存数量与账面数量是否一致,是否有报废损失和积压物资等。③结算款项,包括应收、应付款项、应交税费等是否存在,与债务、债权单位的各项债务、债权金额是否一致。④各项投资是否存在,投资收益是否按规定进行确认和计量。⑤在建工程的实际发生额与账面记录是否一致。⑥其他需要清查、核实的内容。

通过上述清查,核实各项财产物资,查明财产物资的实存数量与账面数量是否一致,固定资产的使用情况及其完好程度,材料物资的实际储备情况,各项结算款项的拖欠情况及其原因等,向企业的董事会或类似机构报告清查结果及其处理办法,并根据《小企业会计准则》的规定进行相关的会计处理,保证账实相符。

四、财务报表的编制要求

小企业的财务报表是企业会计核算的最终成果,是企业对外提供财务会计信息的主要形式。企业的日常会计核算工作就是为了期末编制财务报表积累资料和做好前期的准备工作。企业的外部利益关系人(投资者、债权人、政府管理部门等)了解企业的财务状况、经营成果和现金流量等方面的信息的主要渠道就是企业编制和对外提供的财务报表。小企业应当按照《小企业会计准则》的规定编制和对外提供真实、完整的财务报表,财务报表应符合以下几点要求。

（1）定期编制。财务报表可以分月度、季度、半年度、年度等编制。对外报送的财务报表的格式、编制要求、报送期限应当符合国家有关规定；企业内部使用的财务报表，其格式和要求由各企业自行规定。

（2）真实完整。财务报表应当根据登记完整、核对无误的会计账簿记录和其他有关资料编制，做到数字真实、计算准确、内容完整、说明清楚。任何人不得篡改或者授意、指使、强令他人篡改财务报表数字。

（3）核对一致。财务报表之间、财务报表各项目之间，凡有对应关系的数字，应当就其勾稽关系相互核对一致。本期财务报表与上期财务报表之间有关的数字应当相互衔接。如果在不同会计年度的财务报表中各项目的内容和核算方法有变更的，应当在年度会计报表中加以说明。

（4）格式规范。对外报送的财务报表，应当依次编定页码，加具封面，装订成册，加盖公章。封面上应当注明：企业名称、企业地址、财务报表所属年度、季度、月度、送出日期，并由企业主要领导人、会计机构负责人、会计主管人员签名或者盖章。企业负责人应当保证财务报表真实、完整，并对本企业的会计工作和会计资料的真实性、完整性负责。

（5）经过审计。凡根据法律和国家的有关规定应当进行审计的财务报表，财务报表编制企业应先行委托注册会计师进行审计，并将注册会计师出具的审计报告随同财务报表按照规定的期限报送有关部门。

由注册会计师对财务报表进行审计，这是保证财务报表质量的重要措施，也是便于财务报表使用者有效利用财务报表的重要手段。财务报表的使用者由于受专业水平、信息取得成本等因素的限制，无从了解财务报表的内容是否真实、完整，而注册会计师有其优势，通过对财务报表的全面审计，客观、公正地评价财务报表的内容是否真实、完整，以向投资者、债权人等财务报表使用者提供鉴证服务，并承担相应的法律责任。经过注册会计师审计的财务报表，可以增强使用者对财务报表的信任度。

（6）正确无误。如果发现对外报送的财务报表有错误，应当及时办理更正手续。除更正本企业留有的财务报表外，并应同时通知接受财务报表的单位更正。错误较多的，应当重新编报。

第2节 资产负债表

一、资产负债表的概念与结构

资产负债表是反映企业在某一特定日期财务状况的报表。由于资产负债表反映的是一个时点的情况，如1年中最后1天的情况，所以它属于静态报表。具体来说，它反映的是一个企业资产、负债、所有者权益的总体规模，以及资产、负债和所有者权益的结构,即资产有多少,负债有多少,所有者权益有多少;资产中,货币资金有多少,应收账款有多少,存货有多少等。

资产负债表反映了某一时期报告截止日小企业的财务状况,都是时点数,就像给公司拍摄的一张静态的"照片",能够总括地反映出小企业在某一特定日期的财产分布景象。分析者从这张"照片"中,可以清楚看到公司拥有的各种资产、负债以及公司所有者能够拥有的权益等。

一张资产负债表,包括表头和表身两个部分。其中,表头包括报表名称、日期、报表编号、货币单位等几个元素。表身一般分为左右两方,左方列示资产项目;右方列示负债和所有者权益项目。《小企业会计准则》规定,资产负债表除了提供期末数外,还应当包括年初数,以便于进行期初期末的对比。提供两个以上时点或期间数据的报表,称为比较财务报表,其目的是通过不同时点或时期数字的对比,掌握企业某一方面的发展趋势。

资产负债表的结构通常采用账户式结构的形式,左方反映各类资产的数额及其总计;右方反映各类负债、所有者权益的数额及其总计。

(1)资产按其流动性的大小排列,流动性大的排在前,小的排在后,如图表9-2所示。

图表 9-2

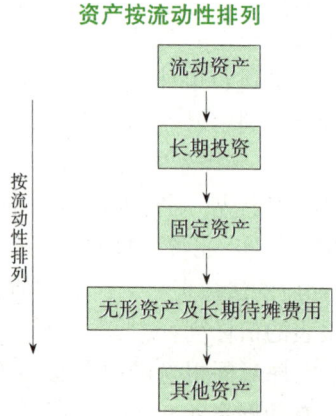

(2)负债按其到期日的远近排列,近的排在前,远的排在后,如图表9-3所示。

图表 9-3

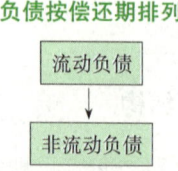

(3)所有者权益按其金额的稳定性程度排列,稳定程度高的排在前,稳定程度低的排在后,如图表9-4所示。

图表 9-4

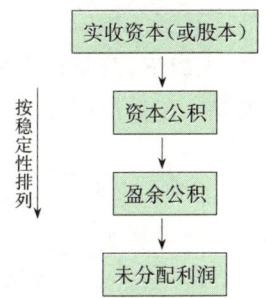

二、资产负债表的编制方法

资产负债表的编制主要是通过对日常会计核算中各科目记录的数据加以归集、整理，使之成为有用的财务信息。资产负债表的编制方法主要有以下几种。

1. 根据总账科目余额直接填列

资产负债表的大部分项目的数据来源，主要是根据总账科目期末余额直接填列，如"实收资本"项目，根据"实收资本"总账科目的期末余额直接填列；"短期借款"项目，根据"短期借款"总账科目的期末余额直接填列等等。

2. 根据总账科目余额计算填列

资产负债表某些项目需要根据若干个总账科目的期末余额计算填列，如"货币资金"项目，根据"库存现金""银行存款"科目的期末余额的合计数填列；"存货"项目，根据"原材料""库存商品""低值易耗品""包装物"等科目的期末余额的加减计算后填列。

3. 根据明细科目余额计算填列

资产负债表某些项目不能根据总账科目的期末余额，或若干个总账科目的期末余额计算填列，需要根据有关科目所属的相关明细科目的期末余额计算填列，如"应收账款"项目，根据"应收账款""预收账款"等科目的所属相关明细科目的期末借方余额计算填列；"应付账款"项目，根据"应付账款""预付账款"等科目的所属相关明细科目的期末贷方余额计算填列。

资产负债表内各项目的数据应分别填列在"年初数"和"期末数"栏。"年初数"栏内各项数字，应根据上年年末资产负债表"期末数"栏内所列数字填列。如果本年度资产负债表规定的各个项目的名称和内容同上年度不相一致，应对上年年末资产负债表各项目的名称和数字按照本年度的规定进行调整，填入本表"年初数"栏内。"期末数"主要根据总分类账户和有关明细分类账户填列，其中大部分项目可以根据有关账户的期末余额直接填列，一部分项目则需要根据有关账户的期末余额加以归类或分析填列。

【**例 9-1**】 晓晖有限责任公司（以下简称晓晖公司）是按照我国《公司

法》的要求设立的有限责任公司,由 5 个自然人共同出资人民币 500 万元设立,属于工业产品制造业。取得一般纳税人资格,适用增值税税率为 13%。

晓晖公司目前从业人员 20 人以下,营业收入 300 万元以下,按照《关于印发中小企业划型标准规定的通知》(工信部联企业〔2011〕300 号),晓晖公司属于微型企业。①

晓晖公司按照《小企业会计准则》的要求编制财务报表。2019 年总分类账户本期发生额及余额表如图表 9-5 所示。

图表 9-5

总分类账户本期发生额及余额表

单位:晓晖公司　　　　　　　　　　　2019 年　　　　　　　　　　　单位:元

账户名称	期初余额		本期发生额		期末余额	
	借方	贷方	借方	贷方	借方	贷方
库存现金	2 200.00		392 000.00	393 300.00	900	
银行存款	1 573 200.00		2 090 034.00	2 850 934.00	812 300.00	
其他货币资金	117 000.00		0.00	117 000.00	0.00	
短期投资	15 000.00		0.00	15 000.00	0.00	
应收票据	246 000.00		292 500.00	492 500.00	46 000.00	
应收账款	300 000.00		351 000.00	71 000.00	580 000.00	
预付账款	100 000.00		0.00	0.00	100 000.00	
其他应收款	5 000.00		0.00	0.00	5 000.00	
材料采购	100 000.00		249 800.00	199 800.00	150 000.00	
原材料	1 660 000.00		195 000.00	700 000.00	1 155 000.00	
周转材料	86 000.00		0.00	50 000.00	36 000.00	
材料成本差异	92 300.00		5 000.00	37 700.00	59 600.00	
库存商品	641 700.00		1 282 400.00	750 000.00	1 174 100.00	
长期股权投资	400 000.00		0.00	0.00	400 000.00	
固定资产	1 700 000.00		1 501 000.00	600 000.00	2 601 000.00	
累计折旧		400 000.00	330 000.00	100 000.00		170 000.00
工程物资			150 000.00	150 000.00		

---

①　工业:从业人员 1 000 人以下或营业收入 40 000 万元以下的为中小微型企业。其中,从业人员 300 人及以上,且营业收入 2 000 万元及以上的为中型企业;从业人员 20 人及以上,且营业收入 300 万元及以上的为小型企业;从业人员 20 人以下或营业收入 300 万元以下的为微型企业。

(续表)

账户名称	期初余额		本期发生额		期末余额	
	借方	贷方	借方	贷方	借方	贷方
在建工程	1 500 000.00		478 000.00	1 400 000.00	578 000.00	
无形资产	600 000.00		0.00	0.00	600 000.00	
累计摊销			0.00	60 000.00		60 000.00
固定资产清理			320 500.00	320 500.00		
短期借款		700 000.00	250 000.00	0.00		450 000.00
应付票据		200 000.00	100 000.00	0.00		100 000.00
应付账款		990 169.00	37 434.00	0.00		952 735.00
其他应付款		20 000.00	0.00	0.00		20 000.00
应付职工薪酬			342 000.00	342 000.00		0.00
应交税费	53 034.00		224 466.00	280 632.00		3 132.00
应付利息		1 000.00	12 500.00	21 500.00		10 000.00
长期借款		1 760 000.00	1 000 000.00	400 000.00		1 160 000.00
生产成本			1 282 400.00	1 282 400.00		
制造费用			233 900.00	233 900.00		
主营业务收入			1 250 000.00	1 250 000.00		
主营业务成本			750 000.00	750 000.00		
税金及附加			10 000.00	10 000.00		
销售费用			22 000.00	22 000.00		
管理费用			158 000.00	158 000.00		
财务费用			41 500.00	41 500.00		
投资收益			31 500.00	31 500.00		
营业外收入			50 000.00	50 000.00		
营业外支出			40 100.00	40 100.00		
所得税费用			58 132.00	58 132.00		
本年利润			1 331 500.00	1 331 500.00		
实收资本		5 000 000.00	0.00	0.00		5 000 000.00
资本公积		100 000.00	0.00	0.00		100 000.00
盈余公积		4 053.00	0.00	50 353.60		54 406.60
利润分配		16 212.00	50 353.60	251 768.00		217 626.40
合　计	9 191 434.00	9 191 434.00	14 913 019.60	14 913 019.60	8 297 900.00	8 297 900.00

　　晓晖公司的资产负债表可以根据资产、负债、所有者权益有关账户的记录，或依据"总分类账户本期发生额对照表"分析填列，其基本格式如图表9-6所示，其主要编制方法分析说明如下。

图表 9-6

资产负债表

编制单位：晓晖公司　　2019 年 12 月 31 日　　会小企 01 表　单位：元

资产	行次	期末余额	年初余额	负债和所有者权益	行次	期末余额	年初余额
流动资产：				流动负债：			
货币资金	1	813 200.00	1 692 400.00	短期借款	24	450 000.00	700 000.00
短期投资	2	0.00	15 000.00	应付票据及应付账款	25	1 052 735.00	1 190 169.00
应收票据及应收账款	3	626 000.00	546 000.00	预收账款	26		
预付账款	4	100 000.00	100 000.00	应付职工薪酬	27	0.00	0.00
其他应收款	5	5 000.00	5 000.00	应交税费	28	3 132.00	−53 034.00
存货	6	2 574 700.00	2 580 000.00	其他应付款	29	30 000.00	21 000.00
其中：原材料	7	1 362 800.00	1 848 000.00	其他流动负债	30		
在产品	8			流动负债合计	31	1 535 867.00	1 858 135.00
库存商品	9	1 174 100.00	641 700.00	非流动负债：			
周转材料	10	37 800.00	90 300.00	长期借款	32	1 160 000.00	1 760 000.00
其他流动资产	11			长期应付款	33		
流动资产合计	12	4 118 900.00	4 938 400.00	递延收益	34		

(续表)

资产	行次	期末余额	年初余额	负债和所有者权益	行次	期末余额	年初余额
非流动资产：				其他非流动负债	35		
长期债券投资	13	400 000.00	400 000.00	非流动负债合计	36	1 160 000.00	1 760 000.00
长期股权投资	14	2 431 000.00	1 300 000.00	负债合计	37	2 695 867.00	3 618 135.00
固定资产	15	578 000.00	1 500 000.00				
在建工程	16						
生产性生物资产	17	540 000.00	600 000.00	所有者权益(或股东权益)			
无形资产	18			实收资本(或股本)	38	5 000 000.00	5 000 000.00
开发支出	19			资本公积	39	100 000.00	100 000.00
长期待摊费用	20			盈余公积	40	54 406.60	4 053.00
其他非流动资产	21	3 949 000.00	3 800 000.00	未分配利润	41	217 626.40	16 212.00
非流动资产合计	22			所有者权益合计	42	5 372 033.00	5 120 265.00
资产总计	23	8 067 900.00	8 738 400.00	负债和所有者权益总计	43	8 067 900.00	8 738 400.00

资产负债表的"期末余额"栏各项目主要是根据有关科目按下述编制方法编制而成的。

(1)"货币资金"项目,反映小企业库存现金、银行存款、其他货币资金的合计数。本项目应根据"库存现金""银行存款"和"其他货币资金"科目的期末余额的813 200元(900+812 300+0)填列。

(2)"短期投资"项目,反映小企业购入的能随时变现并且持有时间不准备超过1年的股票、债券和基金投资的余额。本项目应根据"短期投资"科目的期末余额填列。

(3)"应收票据及应收账款"项目,反映小企业收到的未到期收款也未向银行贴现的应收票据(银行承兑汇票和商业承兑汇票)和小企业因销售商品、提供劳务等日常生产经营活动应收取的款项。本项目应根据"应收票据"科目的期末余额46 000元和"应收账款"的期末余额580 000元分析填列。

如"应收账款"科目期末为贷方余额,应当在"预收账款"项目列示。

(4)"预付账款"项目,反映小企业按照合同规定预付的款项。包括:根据合同规定预付的购货款、租金、工程款等。本项目应根据"预付账款"科目的期末借方余额100 000元填列。

如"预付账款"科目期末为贷方余额,应当在"应付账款"项目列示。

如属于超过1年期以上的预付账款的借方余额应当在"其他非流动资产"项目列示。

(5)"其他应收款"项目,反映小企业除应收票据、应收账款、预付账款等以外的其他各种应收及暂付款项。包括:各种应收的赔款、应向职工收取的各种垫付款项等。本项目应根据"其他应收款"科目的期末余额5 000元和"应收股利"科目的期末余额及"应收利息"科目的期末余额分析填列。

(6)"存货"项目,反映小企业期末在库、在途和在加工中的各项存货的成本。包括:各种原材料、在产品、半成品、产成品、商品、周转材料(包装物、低值易耗品等)、消耗性生物资产等。本项目应根据"材料采购""在途物资""原材料""材料成本差异""生产成本""库存商品""商品进销差价""委托加工物资""周转材料""消耗性生物资产"等科目的期末余额分析填列。

晓晖公司采用计划成本核算原材料和周转材料,在填列报表时应当还原为实际成本。

原材料:材料采购余额150 000元+原材料余额1 155 000元+原材料成本差异57 800元=1 362 800元。

周转材料:周转材料余额36 000元+周转材料成本差异1 800元=37 800元。

存货:原材料1 362 800元+库存商品1 174 100元+周转材料37 800元=2 574 700元。

(7)"其他流动资产"项目,反映小企业除以上流动资产项目外的其他流动资产(含1年内到期的非流动资产)。本项目应根据有关科目的期末余额分析填列。

（8）"长期债券投资"项目,反映小企业准备长期持有的债券投资的本息。本项目应根据"长期债券投资"科目的期末余额分析填列。

（9）"长期股权投资"项目,反映小企业准备长期持有的权益性投资的成本。本项目应根据"长期股权投资"科目的期末余额 400 000 元填列。

（10）"固定资产"项目应根据"固定资产"科目的期末余额 2 601 000 元减去"累计折旧"科目的期末余额 170 000 元再加上"固定资产清理"科目的期末余额后的金额 2 431 000 元填列。

（11）"在建工程"项目,反映小企业尚未完工或虽已完工,但尚未办理竣工决算的工程成本。本项目应根据"在建工程"科目的期末余额 578 000 元加"工程物资"科目的期末余额填列。

（12）"生产性生物资产"项目,反映小企业生产性生物资产的账面价值。本项目应根据"生产性生物资产"科目的期末余额减去"生产性生物资产累计折旧"科目的期末余额后的金额填列。

（13）"无形资产"项目,反映小企业无形资产的账面价值。本项目应根据"无形资产"科目的期末余额 600 000 元减去"累计摊销"科目的期末余额 60 000 元后的金额 540 000 元填列。

（14）"开发支出"项目,反映小企业正在进行的无形资产研究开发项目满足资本化条件的支出。本项目应根据"研发支出"科目的期末余额填列。

（15）"长期待摊费用"项目,反映小企业尚未摊销完毕的已提足折旧的固定资产的改建支出、经营租入固定资产的改建支出、固定资产的大修理支出和其他长期待摊费用。本项目应根据"长期待摊费用"科目的期末余额分析填列。

（16）"其他非流动资产"项目,反映小企业除以上非流动资产以外的其他非流动资产。本项目应根据有关科目的期末余额分析填列。

（17）"短期借款"项目,反映小企业向银行或其他金融机构等借入的期限在 1 年内的、尚未偿还的各种借款本金。本项目应根据"短期借款"科目的期末余额 450 000 元填列。

（18）"应付票据及应付账款"项目,应根据"应付票据"科目的期末余额 100 000 元加"应付账款"科目的期末余额 952 735 元分析填列。

如"应付账款"科目期末为借方余额,应当在"预付账款"项目列示。

（19）"预收账款"项目,反映小企业根据合同规定预收的款项。包括:预收的购货款、工程款等。本项目应根据"预收账款"科目的期末贷方余额填列。

如"预收账款"科目期末为借方余额,应当在"应收账款"项目列示。

属于超过 1 年期以上的预收账款的贷方余额应当在"其他非流动负债"项目列示。

（20）"应付职工薪酬"项目,反映小企业应付未付的职工薪酬。本项目应根据"应付职工薪酬"科目期末余额填列。

（21）"应交税费"项目,反映小企业期末未交、多交或尚未抵扣的各种税费。本项目应根据"应交税费"科目的期末贷方余额 3 132 元填列。

如"应交税费"科目期末为借方余额,以"－"号填列。

(22)"其他应付款"项目,反映小企业除应付账款、预收账款、应付职工薪酬、应交税费等以外的其他各项应付、暂收的款项。本项目应根据"其他应付款"科目的期末余额 20 000 元加"应付利润"科目的期末余额加"应付利息"科目的期末余额 10 000 元分析填列。

(23)"其他流动负债"项目,反映小企业除以上流动负债以外的其他流动负债(含1年内到期的非流动负债)。本项目应根据有关科目的期末余额填列。

(24)"长期借款"项目,反映小企业向银行或其他金融机构借入的期限在1年以上的、尚未偿还的各项借款本金。本项目应根据"长期借款"科目的期末余额 1 160 000 元分析填列。

(25)"长期应付款"项目,反映小企业除长期借款以外的其他各种应付未付的长期应付款项。包括:应付融资租入固定资产的租赁费、以分期付款方式购入固定资产发生的应付款项等。本项目应根据"长期应付款"科目的期末余额分析填列。

(26)"递延收益"项目,反映小企业收到的、应在以后期间计入损益的政府补助。本项目应根据"递延收益"科目的期末余额分析填列。

(27)"其他非流动负债"项目,反映小企业除以上非流动负债项目以外的其他非流动负债。本项目应根据有关科目的期末余额分析填列。

(28)"实收资本(或股本)"项目,反映小企业收到投资者按照合同协议约定或相关规定投入的、构成小企业注册资本的部分。本项目应根据"实收资本(或股本)"科目的期末余额 5 000 000 元分析填列。

(29)"资本公积"项目,反映小企业收到投资者投入资本超出其在注册资本中所占份额的部分。本项目应根据"资本公积"科目的期末余额 100 000 元填列。

(30)"盈余公积"项目,反映小企业(公司制)的法定盈余公积和任意盈余公积,小企业(外商投资)的储备基金和企业发展基金。本项目应根据"盈余公积"科目的期末余额 54 406.60 元填列。

(31)"未分配利润"项目,反映小企业尚未分配的历年结存的利润。本项目应根据"利润分配"科目的期余额 217 626.40 元填列。未弥补的亏损,在本项目内以"－"号填列。

三、小企业资产负债表的主要勾稽关系

勾稽关系是编制财务报表时常用的一个专业术语,它是指某个财务报表和另一个财务报表之间以及本财务报表项目的内在逻辑对应关系,包括平衡勾稽关系、对应勾稽关系、和差勾稽关系、积商勾稽关系、动静勾稽关系、补充勾稽关系等。

上述资产负债表中各项目之间数量上的勾稽关系主要表现在以下几个方面,它们之间存在着一种可以稽核的内在联系。

行 12＝行 1＋行 2＋行 3＋行 4＋行 5＋行 6＋行 11

行 6≥行 7＋行 8＋ 行 9＋行 10

行 22＝行 13＋行 14＋行 15＋行 16＋行 17＋行 18＋行 19＋行 20＋行 21

行 23＝行 12＋行 22

行 31＝行 24＋行 25＋行 26＋行 27＋行 28＋行 29＋行 30

行 36＝行 32＋行 33＋行 34＋行 35

行 37＝行 31＋行 36

行 42＝行 38＋行 39＋行 40＋行 41

行 43＝行 37＋行 42＝行 23

第 3 节 利 润 表

一、利润表的概念与结构

☞ 利润表是总括反映企业在一定期间(如月、季、年度)的经营成果及其分配情况的报表。利润表是从动态角度来说明企业报告期内的经营成果,反映出资金的净流入,因而又称为流量表。利用利润表可以考核企业利润预算(计划)的实现情况、分析利润增减变化的原因、评价企业的经营成果。

利润表分项列示了企业在一定期间里因销售商品、提供劳务、对外投资等所取得的各种收入,以及与各种收入相对应的费用、损失,并将收入与费用、损失加以对比,结出当期的净利润,这在会计上称为配比,目的是为了衡量企业在特定时期或特定业务中所取得的成果,以及为取得这些成果所付出的代价,为考核经营效益和效果提供数据。

小企业利润表的编制从企业的主营业务收入开始,采用多步式结构,依次划分营业利润、利润总额和净利润三个层次。

利润表分类反映了小企业报告期内的收支和盈利情况,所列报的数据都是按照权责发生制编制的,均为会计期间发生的累计数据,但不一定有现金流量。

二、利润表的编制方法

利润表的"本月数"反映各项目的本月实际发生额,应根据损益类总分类账户净发生额填列。在编报年度报表时,填列上年全年累计实际发生额,并将"本月数"栏改成"上年数"栏。如果上年度利润表与本年度利润表的项目名称和内容不相一致时,应对上年度报表项目的名称和数字按本年度的规定进行调整,填入本表"上年数"栏内。

利润表的"本年累计数"栏反映各项目自年初起至本月月末止的累计实际发生额,应根据各损益类总分类账户的累计净发生额填列,或者根据上月本表的"本年累计数"加上本月本表的"本月数"填列。

【例 9-2】 晓晖公司的利润表可以根据收入、成本费用、利润有关账户的记录分析填列,其基本格式如图表 9-7 所示,其主要编制方法分析说明如下。

图表 9-7

利 润 表

会小企 02 表

编制单位:晓晖公司　　　　　　　2019 年　　　　　　　　　单位:元

项　　目	行次	本年累计金额	上期金额
一、营业收入	1	1 250 000.00	（略）
减:营业成本	2	750 000.00	
税金及附加	3	10 000.00	
其中:消费税	4		
城市维护建设税	5	7 000.00	
资源税	6		
土地增值税	7		
城镇土地使用税、房产税、车船税、印花税	8		
教育费附加、矿产资源补偿费、排污费	9	3 000.00	
销售费用	10	22 000.00	
其中:商品维修费	11		
广告费和业务宣传费	12	12 000.00	
管理费用	13	158 000.00	
其中:开办费	14		
业务招待费	15	900.00	
研究费用	16		
财务费用	17	41 500.00	
其中:利息费用(收入以"-"号填列)	18	41 500.00	
加:投资收益(损失以"-"号填列)	19	31 500.00	
二、营业利润(亏损以"-"号填列)	20	300 000.00	
加:营业外收入	21	50 000.00	
其中:政府补助	22		
减:营业外支出	23	40 100.00	
其中:坏账损失	24	20 000.00	
无法收回的长期债券投资损失	25		
无法收回的长期股权投资损失	26		
自然灾害等不可抗力因素造成的损失	27		
税收滞纳金	28		
三、利润总额(亏损总额以"-"号填列)	29	309 900.00	
减:所得税费用	30	58 132.00	
四、净利润(净亏损以"-"号填列)	31	251 768.00	

上述利润表的"上期金额"反映各项目的本年实际发生额,应根据损益类总分类账户净发生额填列。如果上年度利润表与本年度利润表的项目名称和内容不相一致时,应对上年度报表项目的名称和数字按本年度的规定进行调整,填入本表"上期金额"栏内。

利润表的"本年累计金额"栏反映各项目自年初起至报告期末止的累计实际发生额,应根据各损益类总分类账户的累计净发生额填列,或者根据上月本表的"本年累计金额"加上本月本表的"本月金额"填列。

利润表各项目的内容及其填列方法如下。

(1)"营业收入"项目,反映小企业销售商品和提供劳务所实现的收入总额。本项目应根据"主营业务收入"科目和"其他业务收入"科目的发生额合计填列。

(2)"营业成本"项目,反映小企业所销售商品的成本和所提供劳务的成本。本项目应根据"主营业务成本"科目和"其他业务成本"科目的发生额合计填列。

(3)"税金及附加"项目,反映小企业开展日常生产活动应负担的消费税、城市维护建设税、资源税、土地增值税、城镇土地使用税、房产税、车船税、印花税和教育费附加、矿产资源补偿费、排污费等。本项目应根据"税金及附加"科目的发生额填列。

(4)"销售费用"项目,反映小企业销售商品或提供劳务过程中发生的费用。本项目应根据"销售费用"科目的发生额填列。

(5)"管理费用"项目,反映小企业为组织和管理生产经营发生的其他费用。本项目应根据"管理费用"科目的发生额填列。

(6)"财务费用"项目,反映小企业为筹集生产经营所需资金发生的筹资费用。本项目应根据"财务费用"科目的发生额填列。

(7)"投资收益"项目,反映小企业股权投资取得的现金股利(或利润)、债券投资取得的利息收入和处置股权投资和债券投资取得的处置价款扣除成本或账面余额、相关税费后的净额。本项目应根据"投资收益"科目的发生额填列;如为投资损失,以"—"号填列。

(8)"营业利润"项目,反映小企业当期开展日常生产经营活动实现的利润。本项目应根据营业收入扣除营业成本、税金及附加、销售费用、管理费用和财务费用,加上投资收益后的金额填列。如为亏损,以"—"号填列。

(9)"营业外收入"项目,反映小企业实现的各项营业外收入金额。包括:非流动资产处置净收益、政府补助、捐赠收益、盘盈收益、汇兑收益、出租包装物和商品的租金收入、逾期未退包装物押金收入、确实无法偿付的应付款项、已作坏账损失处理后又收回的应收款项、违约金收益等。本项目应根据"营业外收入"科目的发生额填列。

(10)"营业外支出"项目,反映小企业发生的各项营业外支出金额。包括:存货的盘亏、毁损、报废损失,非流动资产处置净损失,坏账损失,无法收回的长期债券投资损失,无法收回的长期股权投资损失,自然灾害等不可抗力因素造成的损失,税收滞纳金、罚金、罚款,被没收财物的损失,捐赠支出,赞助支出等。本项目应根据"营业外支出"科目的发生额填列。

(11)"利润总额"项目,反映小企业当期实现的利润总额。本项目应根据营业利润加上营业外收入减去营业外支出后的金额填列。如为亏损总额,以"一"号填列。

(12)"所得税费用"项目,反映小企业根据企业所得税法确定的应从当期利润总额中扣除的所得税费用。本项目应根据"所得税费用"科目的发生额填列。

(13)"净利润"项目,反映小企业当期实现的净利润。本项目应根据利润总额扣除所得税费用后的金额填列。如为净亏损,以"一"号填列。

三、小企业利润表的主要勾稽关系

上述利润表中各项目之间的主要勾稽关系如下:

行20＝行1－行2－行3－行10－行13－行17＋行19
行3≥行4＋行5＋行6＋行7＋行8＋行9
行10≥行11＋行12
行13≥行14＋行15＋行16
行17≥行18
行29＝行20＋行21－行23
行21≥行22
行23≥行24＋行25＋行26＋行27＋行28
行31＝行29－行30

第4节 现金流量表

一、现金流量表的概念与作用

现金流量表是反映小企业一定会计期间内有关现金流入和流出信息的会计报表。小企业现金流量表所称现金的内涵是指货币资金,这与小企业资产负债表上的货币资金概念相等,对账简捷明了;其外延是指小企业的库存现金以及可以随时用于支付的存款和其他货币资金[①],不包括现金等价物。《小企业会计准则》没有出现现金等价物的概念。

---

① 需要应当关注的是,小企业的其他货币资金核算内容不仅包括小企业的银行汇票存款、银行本票存款、信用卡存款、信用证保证金存款、外埠存款,还包括备用金,而备用金原属于"其他应收款"的核算内容。

小企业的现金流量表按照收支两条线采用三段式结构编报①,分别对经营活动、投资活动和筹资活动按照现金流入和现金流出分项目列报。其中:

投资活动,是指小企业固定资产、无形资产的购建和短期投资、长期债券投资、长期股权投资及其处置活动。

筹资活动,是指导致小企业资本及债务规模和构成发生变化的活动。

经营活动,是指小企业投资活动和筹资活动以外的所有交易和事项。

现金流量表是按照收付实现制编制的,提供了小企业在报告期内关于现金收入与现金支出的所有信息。在其他报表中,分析者只能掌握小企业现金的静态情况,而现金流量表是从各种活动引起的现金流量的变化及各种活动引起的现金流量占现金流量总额的比重等方面去分析的,它反映了现金流动的动态情况。因此,在阅读现金流量表时,与其他财务报表结合起来分析,就会更加全面的了解这一企业。

编制现金流量表的目的,就是要为财务报表使用者提供企业在一定会计期间内现金和现金等价物流入和流出的信息,以便报表使用者了解和评价企业获取现金和现金等价物的能力,并据以预测企业未来的现金流量。

温馨提醒

在市场经济条件下,企业现金流量在很大程度上决定着企业生存和发展的能力。即使企业有盈利能力,但若现金周转不畅,现金调度不灵,也将严重影响企业的发展,甚至影响着企业的生存。现金流量信息表明企业经营状况是否良好、资金是否紧缺、企业偿付能力大小。小企业可以通过编制现金流量表及时地掌握现金流动的信息,为科学、合理地利用现金奠定基础;投资者和债权人也可以通过现金流量表所提供的信息,了解企业如何使用现金以及将来生成现金的能力。

二、现金流量表的编制方法

由于现金流量表反映的是企业在特定期间(如一个会计年度)内有关的经营活动、投资活动、筹资活动中的现金流入与现金流出,即应当提供小企业有关现金流量方面的全部信息。现金流量表"本年数"栏反映各项目自年初起至报告期末止的累计实际发生数或本年实际发生数。在编制年度财务报表时,还应在"上年数"填列上年全年累计实际发生数。如果上年度现金流量表与本年度现金流量表的项目名称和内容不一致,应对上年度现金流量表项目的名称和数字按本年度的规定进行调整,填入本表"上年数"栏。

小企业现金流量表应按照经营活动产生的现金流量、投资活动产生的

---

① 小企业的现金流量表没有单列"汇率变动对现金的影响额"。

现金流量和筹资活动产生的现金流量分别反映,并采用直接法报告。

【例 9-3】 晓晖公司的现金流量表可以根据库存现金、银行存款、其他货币资金等有关账户的记录分析填列,其基本格式如图表 9-8 所示,其主要编制方法分析说明如下。

图表 9-8

现金流量表

编制单位:晓晖公司　　　　　2015 年　　　　　会小企 03 表　　单位:元

项　目	行次	本年累计金额	上期金额
一、经营活动产生的现金流量:			(略)
销售产成品、商品、提供劳务收到的现金	1	1 342 500.00	
收到其他与经营活动有关的现金	2		
购买原材料、商品、接受劳务支付的现金	3	429 700.00	
支付的职工薪酬	4	342 000.00	
支付的税费	5	167 000.00	
支付其他与经营活动有关的现金	6	171 300.00	
经营活动产生的现金流量净额	7	232 500.00	
二、投资活动产生的现金流量:			
收回短期投资、长期债券投资和长期股权投资收到的现金	8	16 500.00	
取得投资收益收到的现金	9	30 000.00	
处置固定资产、无形资产和其他非流动资产收回的现金净额	10	300 300.00	
短期投资、长期债券投资和长期股权投资支付的现金	11		
购建固定资产、无形资产和其他非流动资产支付的现金	12	596 000.00	
投资活动产生的现金流量净额	13	−249 200.00	
三、筹资活动产生的现金流量:			
取得借款收到的现金	14	400 000.00	
吸收投资者投资收到的现金	15		
偿还借款本金支付的现金	16	1 250 000.00	
偿还借款利息支付的现金	17	12 500.00	
分配利润支付的现金	18		
筹资活动产生的现金流量净额	19	−862 500.00	
四、现金净增加额	20	−879 200.00	
加:期初现金余额	21	1 692 400.00	
五、期末现金余额	22	813 200.00	

现金流量表"本年累计金额"栏反映各项目自年初起至报告期末止的累计实际发生额。该表"本月金额"栏反映各项目的本月实际发生额;在编报年度财务报表时,应将"本月金额"栏改为"上年金额"栏,填列上年全年实际发生额。

现金流量表各项目可以根据有关科目记录分析填列,其内容及填列方法如下。①

(一) 经营活动产生的现金流量

(1)"销售产成品、商品、提供劳务收到的现金"项目,反映小企业本期销售产成品、商品、提供劳务收到的现金。本项目可以根据"库存现金""银行存款"和"主营业务收入"等科目的本期发生额分析填列。

(2)"收到其他与经营活动有关的现金"项目,反映小企业本期收到的其他与经营活动有关的现金。本项目可以根据"库存现金"和"银行存款"等科目的本期发生额分析填列。

(3)"购买原材料、商品、接受劳务支付的现金"项目,反映小企业本期购买原材料、商品、接受劳务支付的现金。本项目可以根据"库存现金""银行存款""其他货币资金""原材料""库存商品"等科目的本期发生额分析填列。

(4)"支付的职工薪酬"项目,反映小企业本期向职工支付的各种薪酬。本项目可以根据"库存现金""银行存款""应付职工薪酬"科目的本期发生额填列。

(5)"支付的税费"项目,反映小企业本期支付的税费,包括本期发生并已支付的、本期支付以前各期的、本期预交的各种税费,还应当包括税收滞纳金和代扣代交的个人所得税等,但不包括本期退回的增值税和所得税等税费。收到的各种税费返还应当在"收到其他与经营活动有关的现金"项目中反映。本项目可以根据"库存现金""银行存款""应交税费"等科目的本期发生额填列。②

(6)"支付其他与经营活动有关的现金"项目,反映小企业本期支付的其他与经营活动有关的现金。本项目可以根据"库存现金""银行存款"等科目的本期发生额分析填列。

---

① 采用直接法具体编制现金流量表时,还可以采用工作底稿法或 T 型账户法,也可以利用多栏式日记账编制现金流量表,可以把编报的工作量分散在平时,又直捷简便,是一种很实用的编制方法,详细介绍请参阅李敏主编的《小企业会计》(第二版)(上海财经大学出版社 2016 年 7 月出版)。

② 中国财政经济出版社 2011 年出版财政部会计司《小企业会计准则释义》出于增值税是价外税和简化报表编制等方面的考虑,要求销售产成品、商品、提供劳务收到的增值税销项税额不构成"销售产成品、商品、提供劳务收到的现金"项目的内容,而应当属于"收到的其他与经营活动有关的现金"项目构成的内容,从而可以使"销售产成品、商品、提供劳务收到的现金"项目与利润表"营业收入"项目都不含增值税,从而便于对比分析。购买原材料、商品、接受劳务支付的增值税进项税额也不构成"购买原材料、商品、接受劳务支付的现金"项目的内容,而应当属于"支付的税费"项目的构成内容,至于上交的增值税额还是应当反映在"支付的税费"项目中。也就是说,增值税的进项税额和上交税额等都集中在"支付的税费"项目中反映,便于与相关纳税申报表核对。

(二) 投资活动产生的现金流量

(1)"收回短期投资、长期债券投资和长期股权投资收到的现金"项目,反映小企业出售、转让或到期收回短期投资、长期股权投资而收到的现金,以及收回长期债券投资本金而收到的现金,不包括长期债券投资收回的利息。本项目可以根据"库存现金""银行存款""短期投资""长期股权投资""长期债券投资"等科目的本期发生额分析填列。

(2)"取得投资收益收到的现金"项目,反映小企业因权益性投资和债权性投资取得的现金股利或利润和利息收入。本项目可以根据"库存现金""银行存款""投资收益"等科目的本期发生额分析填列。

(3)"处置固定资产、无形资产和其他非流动资产收回的现金净额"项目,反映小企业处置固定资产、无形资产和其他非流动资产取得的现金,减去为处置这些资产而支付的有关税费等后的净额。本项目可以根据"库存现金""银行存款""固定资产清理""无形资产""生产性生物资产"等科目的本期发生额分析填列。

(4)"短期投资、长期债券投资和长期股权投资支付的现金"项目,反映小企业进行权益性投资和债权性投资支付的现金。包括:小企业取得短期股票投资、短期债券投资、短期基金投资、长期债券投资、长期股权投资支付的现金。本项目可以根据"库存现金""银行存款""短期投资""长期债券投资""长期股权投资"等科目的本期发生额分析填列。

(5)"购建固定资产、无形资产和其他非流动资产支付的现金"项目,反映小企业购建固定资产、无形资产和其他非流动资产支付的现金。包括:购买机器设备、无形资产、生产性生物资产支付的现金、建造工程支付的现金等现金支出,不包括为购建固定资产、无形资产和其他非流动资产而发生的借款费用资本化部分和支付给在建工程和无形资产开发项目人员的薪酬。为购建固定资产、无形资产和其他非流动资产而发生借款费用资本化部分,在"偿还借款利息支付的现金"项目反映;支付给在建工程和无形资产开发项目人员的薪酬,在"支付的职工薪酬"项目反映。本项目可以根据"库存现金""银行存款""固定资产""在建工程""无形资产""研发支出""生产性生物资产""应付职工薪酬"等科目的本期发生额分析填列。

(三) 筹资活动产生的现金流量

(1)"取得借款收到的现金"项目,反映小企业举借各种短期、长期借款收到的现金。本项目可以根据"库存现金""银行存款""短期借款""长期借款"等科目的本期发生额分析填列。

(2)"吸收投资者投资收到的现金"项目,反映小企业收到的投资者作为资本投入的现金。本项目可以根据"库存现金""银行存款""实收资本""资本公积"等科目的本期发生额分析填列。

(3)"偿还借款本金支付的现金"项目,反映小企业以现金偿还各种短期、长期借款的本金。本项目可以根据"库存现金""银行存款""短期借款""长期借款"等科目的本期发生额分析填列。

（4）"偿还借款利息支付的现金"项目，反映小企业以现金偿还各种短期、长期借款的利息。本项目可以根据"库存现金""银行存款""应付利息"等科目的本期发生额分析填列。

（5）"分配利润支付的现金"项目，反映小企业向投资者实际支付的利润。本项目可以根据"库存现金""银行存款""应付利润"等科目的本期发生额分析填列。

三、小企业现金流量表的主要勾稽关系

上述现金流量表中各项目之间的主要勾稽关系如下：

行 7 ＝ 行 1 ＋ 行 2 － 行 3 － 行 4 － 行 5 － 行 6
行 13 ＝ 行 8 ＋ 行 9 ＋ 行 10 － 行 11 － 行 12
行 19 ＝ 行 14 ＋ 行 15 － 行 16 － 行 17 － 行 18
行 20 ＝ 行 7 ＋ 行 13 ＋ 行 19
行 22 ＝ 行 20 ＋ 行 21

四、复核财务报表的勾稽关系

👉 勾稽关系是编制财务报表时常用的一个专业术语，勾稽关系是指某个财务报表和另一个财务报表之间以及本财务报表项目的内在逻辑对应关系，包括平衡勾稽关系、对应勾稽关系、和差勾稽关系、积商勾稽关系、动静勾稽关系、补充勾稽关系等。

例如，在资产负债表中，资产、负债、所有者权益三个要素构成一组，是企业财务状况的静态反映，被称为资产负债表的要素，并由此形成了反映特定日期财务状况的平衡公式（勾稽关系），即资产 ＝ 负债 ＋ 所有者权益。

又如，现金流量表上"期末现金余额"＝资产负债表"货币资金"期末余额；现金流量表上"期初现金余额"＝资产负债表"货币资金"期初余额；现金流量表上"现金净增加额"＝资产负债表上货币资金的期末余额与期初余额的差额。

再如，利润表的"净利润"项目反映企业实现的净利润，与资产负债表的"盈余公积"项目和"未分配利润"项目存在勾稽关系，如此等等。

复核勾稽关系就是通过设置报表项目间的比较公式，来核对项目数据、检查报表编制的正确性，复核勾稽关系既可以用于表间审核，也可以用于项目差异审核等，是一种可检查验证的关系。

温馨提醒

在取得上述会计报表以后，养成核对勾稽关系的习惯，这对谨防差错或舞弊很有使用价值。报表之间的勾稽关系准确无误，是会计信息值得信赖的良好表现。

第5节　财务报表附注

一、财务报表附注的作用

☞ 财务报表附注是为了帮助报表使用者理解会计报表的内容而对报表的有关项目所作的解释。企业编制财务报表附注，有助于投资者、债权人以及政府有关部门等更充分地了解企业的财务状况、经营成果和现金流量状况，并有利于报表使用者作出正确的决策。

由于会计报表本身所能反映的财务信息是有限制的，而会计报表附注是会计报表必要的补充说明。许多与财务报表陷阱有直接关联的重要内容，如会计报表各项目的增减变动、或有事项、资产负债表日后事项、会计政策和会计估计及其变动、关联方关系及其交易、重要项目的详细资料（如存货的构成、应收账款的账龄、长期投资的对象、借款的期限与利率等），都在会计报表附注中予以详细披露，这些都是投资者进行分析和判断时不可忽视的重要内容。决定财务分析的结论是否有助于投资者决策的一个很重要因素在于分析是否完整，而财务分析的完整性往往取决于对完整财务报表的关注程度。须知，忽视会计报表附注有可能导致分析者对会计风险的认知不足。

财务报表附注编制主要采用文字叙述与表格列示方法。文字叙述可以起到表义明确、条理清楚的作用；列表显示能使财务报表附注直观生动、说明具体。财务报表附注的主要作用如下所述。

（一）增进会计信息的可理解性

财务报表的附注部分是对有关报表项目和数据作出的解释和说明，通过将抽象的数据具体化，弥补了财务报表格式的固定性和以数字反映为主的局限性，有助于报表使用者了解哪些是重要的信息，通过正确理解财务报表，从而合理利用会计信息。

（二）促使会计信息充分披露

财务报表的附注侧重于文字说明，辅以数字注释，两者结合，有利于充分披露所提供的信息以及披露财务报表以外但对报表使用者的决策有关的重要信息，从而便于广大投资者全面掌握财务状况、经营成果和现金流量情况，为正确投资提供决策。

（三）提高会计信息的可比性

财务报表是根据会计准则编制而成的，但会计准则在某些方面提供了多种会计处理方法，企业可以根据具体情况进行选择。这就造成了不同行业或同一行业的不同企业所提供的会计信息之间的差异。此外，在某些情况下，企业所采用的会计政策也允许有所变动，这就容易造成企业因所选用的会计政策发生变动而导致不同会计期间的会计信息失去可比性。通过编制财务报表附注，有利于了解会计信息的上述差异及其影响的大小，从而提高会计信息的可比性。

财务报表附注应站在企业的角度以第一人称叙述,应对财务报表中需要说明的事项作出真实、完整、清楚的说明。财务报表附注披露的会计信息应与报表相关,对决策有用,同时注意做到重要项目从详披露,次要项目从略披露,正确处理好充分性与适当性关系,既要规范,又要灵活。文字叙述应浅显明白,通俗易懂。

二、财务报表附注的主要内容

财务报表附注一般要求包括以下内容。

(1) 企业的基本情况。包括企业注册地、组织形式与地址,企业的业务性质和主要经营活动等。

(2) 财务报表的编制基础。企业按照权责发生制或是收付实现制作为核算基础。

(3) 遵循企业会计准则的声明。企业是否执行《小企业会计准则》,编制的财务报表是否符合《小企业会计准则》及有关财务会计制度的要求,是否真实、完整地反映了企业的财务状况、经营成果和现金流量等有关信息。

(4) 重要会计政策。不重要的会计政策可以不披露。

(5) 报表重要项目的说明。对报表重要项目(如金额较大,或占用比例较高,或增减变动幅度较多)的说明,应当按照资产负债表、利润表(或现金流量表)及其项目列示的顺序,采用文字和数字描述相结合的方式进行披露。

(6) 纳税调整过程的说明。小企业应当说明资产负债表或利润表项目,与税法规定存在的差异情况以及调整过程(可参见《企业所得税纳税申报表》的相关表格及其说明。

(7) 其他需要说明的事项,如或有事项、资产负债表日后事项、关联方关系及其交易等。

【例9-4】 晓晖公司按照《小企业会计准则》的规定披露附注信息,其主要内容摘要如下。

1) 遵循小企业会计准则的声明。本公司按照《小企业会计准则》的要求编制财务报表,真实、完整地反映了本公司的财务状况、经营成果和现金流量等有关信息。

晓晖公司制定的主要会计政策和相应的核算方法是如下所述。

(1) 短期投资采用历史成本计量,交易费用计入投资成本。出售短期投资,出售价款扣除其账面余额、相关税费后的净额,应当计入投资收益。

(2) 原材料和周转材料(低值易耗品)采用计划成本核算,会计期末分配材料成本差异。

(3) 周转材料(低值易耗品)采用一次摊销法进行会计处理。

(4) 产品按实际成本计价,采用品种法核算产品成本。采用加权平均法确定发出产品的实际成本。

(5) 长期股权投资采用成本进行初始计量,按照成本法进行核算。处置长期股权投资时,处置价款扣除其成本、相关税费后的净额,计入投资收益。

(6) 固定资产折旧采用年限平均法,按月计提折旧。当月增加的固定资产,当月不计提折旧,从次月起计提折旧;当月减少的固定资产,当月仍计提折旧,从次月起不计提折旧。固定资产计算折旧的年限规定如下:房屋、建筑物,为20年;飞机、火车、轮船、机器、机械和其他生产设备,为10年;与生产经营活动有关的器具、工具、家具等,为5年;飞机、火车、轮船以外的运输工具,为4年;电子设备,为3年。

(7) 无形资产按照成本进行计量,在其使用寿命内采用年限平均法进行摊销,根据其受益对象计入当期损益。

(8) 不计提资产减值准备,资产损失于实际发生时计入营业外支出,并报税务部门审批。

(9) 按照发出商品且收到货款或取得收款权利时,确认销售商品收入;按照从购买方已收或应收的合同或协议价款,确定销售商品收入金额。

(10) 利润分配根据董事会决议进行核算。公司取得净利润以后,应当按照净利润的10%提取法定盈余公积,按照净利润的10%提取任意盈余公积。

2) 重要资产信息质量的披露。

(1) 短期投资:年末无余额。

(2) 应收账款:如图表9-9所示。

图表9-9

应收账款信息

账龄结构	期末账面余额(元)	年初账面余额(元)
1年以内(含1年)	300 000.00	300 000.00
1年至2年(含2年)	280 000.00	
2年至3年(含3年)		
3年以上		
合　　计	580 000.00	300 000.00

(3) 存货:如图表3-10所示。

图表9-10

存货信息

存货种类	期末账面余额	期末市价	期末账面余额与市价的差额
原材料	1 362 800.00	1 362 800.00	0.00
在产品			
库存商品	1 174 100.00	1 174 100.00	0.00
周转材料	37 800.00	40 000.00	2 200.00

(续表)

存货种类	期末账面余额	期末市价	期末账面余额与市价的差额
消耗性生物资产			
……			
合　计	2 574 700.00	2 576 900.00	2 200.00

(4) 固定资产:如图表 3-11 所示。

图表 9-11

固定资产信息　　　　　　　　单位:元

项　　目	原　价	累计折旧	期末账面价值
房屋、建筑物	1 400 000.00	10 000.00	1 390 000.00
机器	400 000.00	80 000.00	320 000.00
机械			
运输工具	300 000.00	40 000.00	260 000.00
设备	501 000.00	40 000.00	461 000.00
器具			
工具			
……			
合　计	2 601 000.00	170 000.00	2 431 000.00

3. 重要财务事项的信息披露。

(1) 应付职工薪酬:年末无余额。

(2) 应交税费:如图表 9-12 所示。

图表 9-12

应交税费信息　　　　　　　　单位:元

项　　目	期末账面余额	年初账面余额
增值税		−53 034.00
消费税		
营业税		
城市维护建设税		
企业所得税	3 132.00	
资源税		
土地增值税		
城镇土地使用税		
房产税		
车船税		
教育费附加		
矿产资源补偿费		

(续表)

项　　目	期末账面余额	年初账面余额
排污费		
代扣代缴的个人所得税		
……		
合　　计	3 132.00	−53 034.00

（3）利润分配的说明：如图表 9-13 所示。

图表 9-13

利润分配信息　　　　　　　　　　单位：元

项　　目	行次	本年金额	上年金额
一、净利润	1	251 768.00	20 265.00
加：年初未分配利润	2	16 212.00	
其他转入	3		
二、可供分配的利润	4	267 980.00	20 265.00
减：提取法定盈余公积	5	25 176.80	2 026.50
提取任意盈余公积	6	25 176.80	2 026.50
提取职工奖励及福利基金	7		
提取储备基金	8		
提取企业发展基金	9		
利润归还投资	10		
三、可供投资者分配的利润	11	217 626.40	16 212.00
减：应付利润	12		
四、未分配利润	13	217 626.40	16 212.00

4）或有事项的信息披露：无。

5）发生严重亏损的，应当披露持续经营的计划、未来经营的方案：无。

6）对已在资产负债表和利润表中列示项目与《企业所得税法》规定存在差异的纳税调整过程。

本年度利润总额：309 900 元。

应当调增应纳税所得额：①无发票的广告费 10 000 元。②未通过捐赠机构的捐赠款 400 元。③业务招待费超过标准 360 元（900×40％）。

应当调减的应纳税所得额：被投资公司税后分得的投资收益 30 000 元。

调整后的应纳税所得额为 290 660 元。

适用所得税税率为 20％。

本年度应交所得税：58 132 元（290 660×20％）

7）其他需要说明的事项①：无。

---

① 这是一个兜底条款，也是一个鼓励性条款，鼓励小企业除上述 7 项要求外，增加披露的信息。

三、财务情况说明书

财务情况说明书是对企业一定会计期间内生产经营、资金周转、利润实现及分配等情况的综合性分析报告,是年度财务会计报告的重要组成部分。企业应依据《企业财务会计报告条例》的规定,对本年度的经营成果、财务状况及决算工作等情况进行认真总结,以财务指标和相关统计指标为主要依据,运用趋势分析、比率分析和因素分析等方法进行横向、纵向的比较、评价和剖析,以反映企业在经营过程中的财务状况、发展趋势和存在的问题,促进企业的经营管理和业务发展;同时便于财务报表使用者了解有关单位生产经营和财务活动情况,考核评价其经营业绩。

财务情况说明书主要包括以下内容。

(1) 企业生产经营的基本情况。例如,企业主营业务范围和附属其他业务,企业主要财务指标及变化情况(包括资产总额、负债总额、所有者权益,营业总收入、主营业务收入、营业总成本、应交税费、已交税费、利润总额、净利润),本年度企业生产经营情况(包括主要产品产量;出口额、进口额)等。

(2) 利润实现、分配及企业亏损情况。如主营业务收入的同比增减额及其主要影响因素,包括销售量、销售价格、销售结构变动和库存情况;成本费用变动的主要因素:包括主要营业成本构成及变动情况;原材料费用、能源费用、工资性支出、借款利率调整对利润增减的影响,利润分配的具体情况等。

(3) 资金增减和周转情况。例如,各项资产所占比重;应收账款、其他应收款、存货、长期投资等变化是否正常及增减原因;资产损失情况分析;流动负债与长期负债的比重;长期借款、短期借款、应付账款、其他应付款同比增减金额及原因;企业偿还债务的能力和财务风险状况;3年以上的应付账款和其他应付款金额、主要债权人及未付原因;逾期借款本金和未还利息情况等。

(4) 现金流量情况。例如,经营活动、投资活动、筹资活动产生的现金流量情况及其特点,与上年度现金流量情况对比产生的变化,对本年度现金流产生重大影响的事项。

(5) 企业外部经营环境分析。例如,对企业财务状况、经营成果和现金流量等有重大影响的其他事项;国家产业政策、财税政策、金融政策对企业经营的影响及效果;本企业、本行业当前经济运行中面临的突出矛盾和问题。

(6) 企业在加强财务管理方面采取的主要措施及取得的成效。

(7) 新年度拟采取的改进管理和提高经营业绩的具体措施及发展计划等。

(8) 其他应当说明的事项。

四、财务报表分析的现实重要性

财务报表分析,又称财务分析,是通过收集、整理企业财务报告中的有关

分析静态报表的财务比率

数据,并结合其他有关补充信息,对企业的财务状况、经营成果和现金流量情况进行综合比较和评价,为财务报告使用者提供管理决策和控制依据的一项管理工作。

日常财务分析主要就是以分析财务报表为主要特征的。

基于资产负债表等数据资料所进行的主要是财务状况的分析。通过分析资产负债表,能够揭示资产负债表相关项目的内涵,了解企业财务状况的变动情况及变动原因,反映偿还债务的能力和风险状况,以及公司经营管理总体水平的高低等。

基于利润表等数据资料所进行的主要是经营成果的分析。通过分析利润表,可直接了解公司的盈利状况和获利能力,并通过收入、成本、费用、利润的分析,具体地把握公司获利能力高低及其增减变动的原因等。

基于现金流量表等数据资料所进行的主要是现金流入、流出状况的分析。通过分析现金流量表,有助于对企业获取现金的能力、偿债能力、收益的质量、投资活动和筹资活动作出恰当的评价。

财务数据作为企业最重要、最庞大的数据信息来源,在企业财务活动日益复杂、企业规模日益庞大、竞争日益加剧的今天,其处理的能力与效率等问题考验和制约着小企业的进一步发展。

数据作为一种能够带来经济利益的资产,已经大量地摆在企业的面前。舍恩伯格在《大数据时代》一书中指出,"数据已经成为一种商业资本,一项重要的经济投入,可以创造新的经济利益。事实上,一旦思维转变过来,数据就能被巧妙地用来激发新产品和新型服务。数据的奥秘只为谦逊、愿意聆听且掌握了聆听手段的人所知。"大数据的价值堪比石油和黄金,可以换回更多的石油和黄金。

财务分析的价值就在于对大量会计信息分析以后,善于发现问题、分析问题,并找到解决问题的途径与方法。也就是说,财务部门和财会人员的职责不应当仅限于提供财务报告,还应该通过读懂与分析财务报告,让数据活起来,动起来,从而显示出财务数据的价值所在。身处信息社会和大数据的年代中,谁掌握的信息越充分、越及时、越有效,谁就越在竞争中掌握主动权。

目前,"大数据"一词越来越多地被提及,人们用它来描述和定义信息爆炸时代产生的海量数据,并命名与之相关的技术发展与创新。大数据是继云计算、互联网之后IT产业又一次技术变革。云计算主要为数据资产提供了保管、访问的场所和渠道,而数据才是真正有价值的资产。企业内部的经营交易信息、互联网世界中的商品物流信息,互联网世界中的人与人交互信息等数据信息都是最重要的数据资产。如何盘活现存的各种数据,一方面,通过数据挖掘让分析员更好地理解数据。另一方面,让数据自己说话,使其为经营决策服务,这才是大数据的核心议题,也是云计算的升级方向,更是财务分析有效性的重要基石与理想途径。

> **温馨提醒**
>
> 财会行业或财会人员如何能够做到算管结合,算为管用,有效地分析和应用数据信息,这既是财会行业或财会人员巨大潜力之所在,也是财会行业或财会人员目前面临的最大机遇。财务部门或财会人员运用其分析技能,能够为管理层提供更多变量的实时动态和决策有用的关键信息,并可能使他们跃居于战略管理的核心位置。

现金流管理学问大

对小企业来说,一方面,要关注海量数据对经营环境的影响。另一方面,更要关注自身已有的数据资料,结合自身经营或产品的特点,通过优化业务流程和会计信息处理流程,整合数据资源,建立起财务和业务一体化的信息处理系统,实现财务、业务相关信息一次性处理和实时共享。这将有利于充分发挥财务分析的积极作用。伴随着以云计算为标志的新的财务共享模式,有助于大数据时代下再造财务管理流程和提高财务处理效率。也就是说信息共享作为一种先进的管理模式,在大数据时代下对财务分析乃至财务管理尤为必要,这也正是财务分析的价值所在。分析财务报表的重要性至少体现在以下几个方面。

1. 评价过去的经营业绩

财务报表一般只能概括地反映企业过去的财务状况、经营成果和现金流量,如果不将报表上所列数据进一步加以剖析,势必不能充分理解这些数字的经济意义,不能充分掌握数据所传输的信息,这样就无法对企业过去财务状况的好坏、经营成果的大小、现金流量的多少、经营管理是否健全以及企业发展前景如何作出有事实根据的结论。因此,不论财务报表编得如何精细,也不管报表上的数据如何重要,要进行正确的决策,还需要对报表数据进一步加工,对其进行分析、比较、评价和解释。企业的经营管理者和其他报表使用者应当根据财务报表上的各项数据,有重点、有针对性地加以考虑和分析研究,了解企业过去的生产经营业绩,如利润的多少、投资报酬率的高低、销货量的大小、现金流量等,并采用专门的财务分析方法分析各项财务报表信息和指标,借以分析企业财务状况的好坏、经营成果的大小和经营管理上的得失,并与同行业相对比,以评价企业的成败得失。

2. 衡量目前的财务状况

过去的延伸是现在。通过对财务报表的分析,可以了解企业目前有多少资产,其分布与占用情况如何;企业的资金从何处取得,其融资结构如何;了解企业经营方针,尤其是投资管理的方针和企业内部资金流转的情况,借以判断企业在经营上有无进取心,财务上是否稳妥、可靠;了解企业一系列的重大财务问题,如购进新资产的资金来源是靠企业本身的营业盈余还是靠借债或发行股票等。熟知各项会计信息,可以为企业财务报表使用者提供了解企业目前财务状况的真相,用以衡量企业目前的财务状况。

3. 预测未来的发展趋势

现在的延续是将来。企业的发展都是由过去和现在延续而来的,并且应当追求可持续、稳定增长的科学发展观。任何未来的经营活动和增长速度都是在一定的客观经济条件下进行的,都要受到客观条件的制约,并受客观经济规律的支配。企业为了科学地组织生产经营,最有效地使用人力、物力和财力,实现最佳的经济效益。在规划未来的经济活动中,必须善于从客观的经济条件出发,按照客观经济规律办事,预测企业未来的发展趋势,并据以作出正确的决策。在这些方面,财务分析具有重要的作用。因为通过财务分析,可从经济活动这一复杂的现象中,把那些偶然的、非本质的东西摒弃掉,抽象出那些必然的、本质的东西,然后针对目前的情况,权衡未来发展的可能趋势,并作出相应的决策。对财务报表所提供的会计信息和其他经济信息,通过分析加工,提高质量,使之形成与预测企业未来发展趋势相关的高级信息,从而增加在进行经济决策时的科学性和预见性。

综上所述,小企业应当建立、健全财务分析与评价制度,在对财务状况、经营成果和现金流量进行专项分析的基础上,进行综合评价和考核。业绩考评应当以财务分析结果为依据,将定量分析与定性分析有效地结合起来,充分发挥出财务信息与报表分析的积极作用。

世界500强企业行业分析

知识归纳

1. 资产负债表反映的是一个企业资产、负债、所有者权益的总体规模,以及资产、负债和所有者权益的结构,即资产有多少,负债有多少,所有者权益有多少;资产中,货币资金有多少,应收账款有多少,存货有多少等。
2. 利润表是总括反映企业在一定期间(如月、季、年度)的经营成果及其分配情况的报表。利用利润表可以考核企业利润预算(计划)的实现情况、分析利润增减变化的原因、评价企业的经营成果。
3. 现金流量表是反映小企业一定会计期间内有关现金流入和流出信息的会计报表。要利润,更要现金流量。
4. 财务报表附注是为了帮助报表使用者理解会计报表的内容而对报表的有关项目所作的解释。

基本训练

一、单项选择题

1. 编制资产负债表依据的基本公式是(　　)。
   A. 资产＝负债＋所有者权益
   B. 收入－费用＝利润
   C. 本期所有账户的借方发生额合计＝本期所有账户的贷方发生额合计

    D. 所有账户的借方余额合计＝所有账户的贷方余额合计
2. 下列资产负债表项目中,其期末数可以根据若干个总账科目期末余额计算填列的有( )。
    A. 短期投资   B. 货币资金   C. 应付职工薪酬   D. 固定资产
3. 按照《小企业会计准则》的规定,预付账款科目明细账中若有贷方余额,应将其计入资产负债表中的( )项目。
    A. 应收账款   B. 预收款项   C. 应付账款   D. 其他应付款
4. 按照《小企业会计准则》的规定,应收账款科目明细账中若有贷方余额,应将其计入资产负债表中的( )项目。
    A. 应收票据   B. 预收款项   C. 应付账款   D. 其他应付款
5. 利润表至少应当单独列示反映下列信息( )。
    A. 货币资金   B. 未分配利润
    C. 增值税   D. 税金及附加
6. 小企业取得的用于补偿已发生费用的政府补助,反映在利润表的( )项目。
    A. 营业收入   B. 营业成本   C. 营业外收入   D. 营业外支出
7. 净利润是利润表中的项目,小企业的净利润表示的是( )。
    A. 利润总额扣除增值税后的金额   B. 利润总额扣除消费税后的金额
    C. 利润总额扣除营业税后的金额   D. 利润总额扣除所得税费用后的金额
8. 下列各项交易或事项所产生的现金流量中,不属于现金流量表中经营活动产生的现金流量的是( )。
    A. 经营租赁固定资产收到的租金
    B. 收到的教育费附加返还款
    C. 支付的保险费
    D. 购建固定资产、无形资产和其他非流动资产支付的现金
9. 某小企业用自有资金购入了一台机器设备,这项活动属于( )产生的现金流量。
    A. 经营活动   B. 投资活动   C. 筹资活动   D. 汇率变动
10. 某小企业利用2年期银行借款购入了一条生产线,因购进生产线而支付的借款利息属于( )产生的现金流量。
    A. 经营活动   B. 投资活动   C. 筹资活动   D. 汇率变动
11. 下列项目中,不属于资产负债表中"流动负债"项目的有( )。
    A. 应付职工薪酬   B. 应付债券
    C. 应交税费   D. 1年内到期的长期借款
12. 下列各项中,应根据相关总账科目的余额直接在资产负债表中填列的是( )。
    A. 应付账款   B. 固定资产   C. 长期借款   D. 短期借款
13. 下列各科目的期末余额,不应在资产负债表"存货"项目列示的是( )。
    A. 库存商品   B. 生产成本   C. 工程物资   D. 委托加工物资
14. 下列各项中,不应列入利润表"营业收入"项目的是( )。
    A. 销售商品收入   B. 处置固定资产净收入

C. 提供劳务收入　　　　　　　　　　D. 让渡无形资产使用权收入
15. 下列各项中,关于财务报表附注的表述不正确的是(　　)。
　　A. 附注中包括财务报表重要项目的说明
　　B. 对未能在财务报表中列示的项目在附注中说明
　　C. 如果没有需要披露的重大事项,企业不必编制附注
　　D. 附注中包括会计政策和会计估计变更以及差错更正的说明

二、多项选择题

1. 下列各资产负债表项目中,应根据明细科目余额计算填列的有(　　)。
　　A. 应收票据　　　B. 预收款项　　　C. 应收账款　　　D. 应付账款
2. 资产负债表中存货项目的金额,应根据(　　)账户的余额分析填列。
　　A. 生产成本　　　B. 商品进销差价　　　C. 发出商品　　　D. 材料采购
3. 下列项目中,属于资产负债表应付账款项目填列依据的有(　　)。
　　A. 应付账款所属明细账借方余额合计数
　　B. 应付账款总账余额
　　C. 预付账款所属明细账贷方余额合计数
　　D. 应付账款所属明细账贷方余额合计数
4. 资产负债表中的应收账款项目应根据(　　)填列。
　　A. 应收账款所属明细账借方余额合计数
　　B. 应收账款所属明细账贷方余额合计数
　　C. 预收账款所属明细账借方余额合计数
　　D. 预收账款所属明细账贷方余额合计数
5. 营业收入是利润表的一个项目,包括以下内容(　　)。
　　A. 生产企业销售自产的产品取得的收入
　　B. 生产企业销售外购的产品取得的收入
　　C. 生产企业销售生产用原材料取得的收入
　　D. 生产企业对客户违反合同规定收取的收入
6. 下列各项中,影响营业利润的项目有(　　)。
　　A. 已销商品成本　　　　　　　　　　B. 原材料销售收入
　　C. 出售固定资产净收益　　　　　　　D. 转让股票所得收益
7. 小企业发生的以下业务既是利润表的扣除项目,也是企业所得税的扣除项目,但是在计算企业所得税时可能需要进行纳税调整的项目有(　　)。
　　A. 小企业生产经营过程中发生的业务招待费
　　B. 小企业销售人员出差的差旅费
　　C. 小企业对外宣传自己的产品发生的业务宣传费
　　D. 小企业季节性生产支付的临时人员的劳动报酬
8. 下列交易和事项中,不影响小企业当期经营活动产生的现金流量的有(　　)。
　　A. 用产成品偿还长期借款　　　　　　B. 用现金支付行政管理人员工资
　　C. 收到被投资单位利润存入银行　　　D. 用银行存款支付的各项税费

9. 下列各项中,属于现金流量表中投资活动产生的现金流量的有(　　)。
   A. 购建固定资产支付的现金　　　B. 转让无形资产所有权收到的现金
   C. 处置固定资产收回的现金净额　　D. 收到分派的现金股利

10. 按照《小企业会计准则》的规定,下列内容中需要在财务报表附注中说明的是(　　)。
    A. 短期投资、应收账款、存货、固定资产项目的说明
    B. 应付职工薪酬、应交税费项目的说明
    C. 利润分配的说明
    D. 对已在资产负债表和利润表中列示项目与企业所得税法规定存在差异的纳税调整过程

11. 下列项目中,属于资产负债表中"流动资产"项目的有(　　)。
    A. 应收账款　　B. 应付账款　　C. 预收账款　　D. 存货

12. 下列关于企业财务报表编制的基本要求表述正确的有(　　)。
    A. 企业应当以持续经营为基础,根据实际发生的交易或事项编制财务报表
    B. 企业应在权责发生制和收付实现制中选择编制报表的基础
    C. 企业应对各个会计期间财务报表项目列报保持一致
    D. 财务报表需提供可比会计期间的数据

13. 在资产负债表中,下列各项目可以按总账科目余额直接填列的有(　　)。
    A. 短期借款　　B. 货币资金　　C. 资本公积　　D. 其他应付款

14. 企业在编制资产负债表时,"未分配利润"项目应当根据(　　)科目计算填列。
    A."本年利润"　　B."利润分配"　　C."盈余公积"　　D."资本公积"

15. 下列属于企业财务报告附注中应披露的内容有(　　)。
    A. 企业基本情况　　　　　　　　B. 财务报表的编制基础
    C. 会计估计变更的说明　　　　　D. 遵循企业会计准则的声明

三、判断题

1. 小企业的财务报表至少应当包括下列组成部分:资产负债表、利润表、财务报表附注、应交增值税明细表。(　　)

2. 小企业资产负债表中的长期借款项目是根据长期借款总账科目余额分析填列的。(　　)

3. 资产负债表中预收账款项目应根据预收账款和应付账款所属明细账贷方余额合计填列。(　　)

4. 资产负债表年初数栏内各项数字,应根据上年年末资产负债表期末数栏内所列数字填列。如果本年度资产负债表规定的各个项目的名称和内容同上年度不相一致,可直接把上年年末资产负债表各项目的名称和数字填入本表年初数栏内。(　　)

5. 按照《小企业会计准则》的规定,小企业的利润表不显示主营业务收入和其他业务收入。(　　)

6. 小企业销售货物时需要交纳增值税,销售货物属于小企业的经营活动,所以小企业

交纳的增值税应计入税金及附加。( )

7. 小企业利润表里的利润总额项目,反映小企业当期实现的利润总额,包括非经营活动产生的利润,是企业所得税的计算基础。( )

8. 现金流量表应当分别经营活动、投资活动和筹资活动列报现金流量。小企业交纳的各种税费不属于经营活动、投资活动和筹资活动,所以小企业交纳的各种税费不在现金流量表中反映。( )

9. 现金流量表以现金为基础编制,这里的现金是个广义的概念,包含库存现金、银行存款和其他货币资金,这里的银行存款与会计核算中"银行存款"科目包括的内容完全一致。( )

10. 现金流量表中取得投资收益所收到的现金项目包括小企业收到的股票股利。( )

11. "长期借款"项目根据"长期借款"总账科目余额直接填列。( )

12. 资产负债表日,应根据"库存现金"、"银行存款"和"其他货币资金"三个总账科目的期末余额合计数填列资产负债表"货币资金"项目。( )

13. 购买商品支付货款取得的现金折扣列入利润表"财务费用"项目。( )

14. 利润表是反映企业一定会计期间经营成果的报表,有助于保证财务报表使用者分析企业的获利能力及盈利增长趋势,但无法以此作出经济决策。( )

15. 财务报表附注是对资产负债表、利润表和现金流量表等报表中列示项目的文字描述或明细资料,以及对未能在这些报表中列示项目的说明等。( )

实战演练

业务题一

一、目的:练习编制小企业资产负债表。

二、资料:图表9-14是某小企业2019年年底的会计科目余额表。

图表9-14

科 目 余 额 表　　　　　　　　　　　　单位:元

科目名称	借方	科目名称	贷方
库存现金	6 000	短期借款	180 000
银行存款	259 300	应付票据	140 000
其他货币资金	110 000	应付账款	220 000
短期投资	90 000	其他应付款	10 000
应收票据	220 000	应付职工薪酬	47 000
应收账款	121 000	应交税费	65 700
		其他应交款	12 000
预付账款	220 000	应付利润	50 000

(续表)

科目名称	借方	科目名称	贷方
其他应收款	45 000	长期借款	110 000
原材料	369 000	其中：一年内到期的长期负债	15 000
库存商品	400 000	实收资本	1 770 000
材料成本差异	-12 600	盈余公积	207 000
长期股权投资	230 000	利润分配——未分配利润	120 000
固定资产	470 000		
累计折旧	96 000		
工程物资	100 000		
在建工程	270 000		
无形资产	115 000		
长期待摊费用	15 000		

三、要求：请根据表中资料编制资产负债表。

业 务 题 二

一、目的：练习编制小企业利润表。

二、资料：某小企业2019年度的会计科目发生额见图表9-15。

图表 9-15

科目发生额

单位：元

科目名称	借方发生额	贷方发生额
主营业务收入		195 621
主营业务成本	127 000	
税金及附加	9 000	
销售费用	15 100	
管理费用	12 500	
财务费用	3 100	
投资收益		6 000
营业外收入		5 700
营业外支出	2 200	
所得税费用	6 800	

三、要求：请根据《小企业会计准则》的规定编制小企业利润表。

业 务 题 三

一、目的：练习利润表相关利润指标的计算。

二、资料 已知乙公司2019年度有关损益类科目本年累计发生净额如图表9-16所示。(其中投资收益中包括本年收到的国债利息收入40 000元，所得税税率为25%)

图表 9-16

单位:元

科目名称	借方发生额	贷方发生额
主营业务收入		2 500 000
主营业务成本	1 400 000	
税金及附加	30 000	
销售费用	40 000	
管理费用	150 000	
财务费用	60 000	
投资收益		100 000
其他业务收入		140 000
其他业务成本	80 000	
营业外收入		30 000
营业外支出	20 000	

三、要求：计算如下利润表项目（列出算式）。

（1）营业利润＝_____

（2）利润总额＝_____

（3）所得税费用＝_____

（4）净利润＝_____

业 务 题 四

一、目的：练习资产负债表部分项目的计算。

二、资料：永安公司公司2019年1月31日有关账户余额如图表9-17所示。

图表 9-17

单位:元

账 户	余 额		账 户	余 额	
	借方	贷方		借方	贷方
库存现金	1 800		固定资产	500 000	
银行存款	220 000		累计折旧		100 000
原材料	213 460		本年利润		42 000
生产成本	63 750		利润分配——未分配利润		3 240
库存商品	37 260		——应付利润		9 000
应收账款——甲厂		30 000	应付账款——丙厂		80 000
——乙厂	75 000		——丁厂	20 000	
预付账款——A公司	35 000		预收账款——D公司		5 000
——B公司		64 000	——E公司	7 000	
——C公司		23 000	——F公司		8 000

三、要求：根据所提供资料计算下列资产负债表中的有关项目金额。

(1) 货币资金＝_____

(2) 存货＝_____

(3) 应收票据及应收账款＝_____

(4) 预收款项＝_____

(5) 应付票据＝_____

(6) 预付款项＝_____

(7) 固定资产＝_____

(8) 未分配利润＝_____

课后习题答案